心靈工坊
ZiPsyGarden

Holistic

探索身體，追求智性，呼喊靈性

攀向更高遠的意義與價值

是幸福，是恩典，更是內在心靈的基本需求

企求穿越回歸眞我的旅程

記得要快樂

A 到 Z 的法式幸福

ET N'OUBLIE PAS D'ÊTRE HEUREUX
ABÉCÉDAIRE DE
PSYCHOLOGIE POSITIVE

克里斯多夫‧安德烈 Christophe André 著

慕百合 譯

致　克里斯提昂・博班（Christian Bobin），

一個始終無畏無懼，

邁向心之所愛的人。

幸福的陰影 VS. 不幸的曙光

賴佩霞

超喜歡克里斯多夫·安德烈；談論幸福的人比比皆是，但能把幸福跟苦難放在同一個欄位，描述得如此精闢的人並不多見，這絕對是花上很多心思、深入探究，才領悟出的箇中道理。

謝謝心靈工坊的引薦，讓我從作者的另一部作品《靜能量》中認識了這號人物，或許你也是他的忠實讀者，如果不是，我倒想重申他在該書中提到的某個觀點，以便瞭解我對他的青睞。

我常常在演講中轉述這則故事：安德烈指出，冬天，當每天一如往常洗著熱水澡，並不會讓人特別感受幸福的存在，但是，當熱水爐壞了幾天，苦無熱水，在修好之際，當水龍頭一開，再次感受到溫潤的熱水花灑在身上的那一刻，同樣的溫度、同樣的場景，卻能喚醒有別於以往的一份超完美「幸福感」。為什麼？

因為少了不幸，幸福很難單獨存在。他還引用一位哲學家的話：「那些不主張幸福存在的人，很可能沒有真正體驗過痛苦。」真耐人尋味。

這一說，把人生中遇到的痛苦經驗帶到了一個與幸福、快樂同等的位置，不只同等重要，根本是如出一轍，缺一不可。這時，

千年以來人們在靈性上不斷努力追求的「離苦得樂」，相形之下，不得不讓人重新質疑起它的可行性與必要性。

相較於之前的作品，本書的書寫方式非常獨特，是一本需要花時間，細細咀嚼的智慧與經驗分享。閱讀本書，我經常得停下來，甚至沉澱一會兒，以滿足我心底那份渴望與其呼應，以及希望被渲染的需求。作者的誠實與誠懇，經常喚起我更深層的省思，很多事情我也曾質疑過，但由於不甚清晰，難免飄忽不定，也很難說個準。然而藉由作者的自省、剖析、觀察、研究、質疑，閱讀過程不時讓我打從心裡感受到一股共振，還有一種被瞭解的踏實感。

當靜下心，沉澱到底層最核心處，不難發現，人與人之間根本沒有距離，作者的心靈體會就是你我的經驗……差異不大。這也是為何這麼多年來，我如此熱衷閱讀成熟的心靈書籍，在字裡行間中看到的總是自己，而且是令人欣慰、心儀的自己。

閱讀間也不時檢視著自己對於幸福、正向思考，是否也像大眾一樣，早早掉入一廂情願的完美陷阱。這位長期與患者相處，專門陪伴焦慮症與恐慌症患者的精神科醫師，時常點出有哪些靈性目標也許不夠實際，哪些謬論與專業研究根本背道而馳，哪些具價值的人性弱點需要養分，哪些將我們往火裡推的隱形推手需要監控。這裡有許多不同於以往的觀點被提出、被提醒、被質疑。

如今正向心理學的推廣蔚為風潮，當全球都在強調幸福的重要與價值，作者也指出，大量標榜這類訊息，小心讓某些人更感

受到自己極其不幸。這讓我想起，美國每年到了聖誕節這種重大的家庭節慶前後，當家家戶戶、媒體、百貨公司都在傳揚幸福和樂的畫面同時，也是全國自殺率驟升的高峰期。這種鋪天蓋地頌揚幸福的聲浪，對一些正在面臨情感波折的人來說，影響不容小覷。相較於大環境呈現出來的歡樂，反差之大，更教人深感哀傷、挫敗，實難擺脫自己是被詛咒、被遺棄的可憐蟲框架。

說到社會現象，不可諱言，如今我們已經活在一個幾乎完全被媒體掌控的時代，而這種被推著走的形勢，大大主宰了我們所有的消費習慣，無論從服裝、酒精、食物、信仰、愛情等，無一不受媒體影響，我們也都心知肚明，只要沾到金錢的邊，其真實度都有待驗證。而這些生活裡會遇到的大小事，本書幾乎都涵蓋了，接下來可以做的是靜下心來，慢慢沉澱、檢視。也許你也會發現，快樂、幸福就藏在這些日常生活瑣碎的事物中。

我喜歡安德烈，喜歡他的詩意，喜歡他說故事的方式；即便已是精神科學領域的翹楚，他仍坦言在幸福的學習上，自己實屬資質不高之人，還是必須透過每天不斷學習跟努力才能讓自己趨於正向一些。對於這一點，我認為是他謙虛了，但這也是我覺得他平易近人的地方；平實的陳述，很多時候讓人覺得我們似乎都在面對同樣的掙扎、同樣的過程、同樣的再度掙扎……

最後幾個溫馨小提醒：無論哪方面的專業，無論年紀大小，套句作者說的，學習「幸福」就像學外語一樣，盡量越早開始越好。還有，要記得留個位置給不幸。我們要記得，無論遇到什

麼樣的困難，我們的內心都有足夠豐沛的資源可供自身汲取。「不幸是幸福不可分割的陰影」，它們同時存在。既然瞭解了不幸是生存無可避免的際遇，那麼就讓我們早一點做好準備，學習與之共存，別像個懵懂、天真的孩子，總幻想著它將永遠遠離。

是否願意接受我們的邀請，一起務實地看待「接受苦難」的必要性？也許這一回，你真的可以從不幸中看到幸福的曙光。

本文作者為魅麗雜誌發行人、身心靈成長導師、作家

在生命前行時，盡己所能

「我並不擅長幸福。不過，這幾年來，經由不斷的努力，確實
進步了許多。我盡量讓大腦維持清醒的狀態，觀察人類如何讓
自己快樂或不快樂。藉由這本最新著作《記得要快樂》，我想
要傳遞給讀者的，正是這些我個人以及其他人的努力。有快樂、
有痛苦，然而，都是豐富寶貴的，都是一些曾經長期幫助過我，
以及影響我至深的經驗與信念。」

（2014 年，克里斯多夫·安德烈）

心靈工坊繼去年出版了克里斯多夫·安德烈的《靜能量：找回
內在平衡的 25 個心靈處方》之後，今年再出版他的新書《記
得要快樂》。作者原先構想的書名是《全力以赴，特別是：
記得要快樂》（*Fais de ton mieux, et surtout: n'oublie pas d'être
heureux*），經過法國出版社建議之後，誕生了現在這個簡潔
有力的書名《記得要快樂》（*Et n'oublie pas d'être heureux*），
原文的副標題是「正向心理學入門書」（Abécédaire de
psychologie positive）。不過，從原先的書名裡，我們可以體會
到，「全力以赴」對作者而言，是多麼重要。

在這本書裡，作者向大家敘述了自己的精進努力，也希望大家
能夠將他視作一個實踐的範本，而不是成功的表率。他認為

非常重要的是，不應該僅僅把一本書的作者視為理論家，也要把他看作一個正在付出努力跟自己的困難與缺陷戰鬥的人。他認為，只有像他這樣天生並不擅長幸福的人，才需要用專業知識寫下來，提醒自己時時努力不懈。這也正如達賴喇嘛提醒我們的：「我們這個時代的問題之一就是，希望內在轉變的途徑能夠『方便，快捷，又廉價』。」克里斯多夫·安德烈自許為正向心理學的尖兵，捍衛並且積極實踐。他定義正向心理學為「旨在研究精神與情緒的能力，幫助我們享受生活、解決問題、克服逆境，或者至少能夠幫助自己安然度過逆境；以及培養我們學會樂觀、自信、感恩等等」。實現的方法則是相當簡單，首先需要有動力，然後付出行動，經常練習；必須堅持不懈，並且學習接受逆境。

作者堅信幸福快樂的存在；然而，也正視困境磨難的時刻。他希望，正向心理學不要被視為天真盲目地相信「必須永遠積極正向」，或「生命只有美好」。因為，幸福的功能不在碾碎苦難，而在幫助我們包容苦難，以最佳的狀態度過逆境。幸福是身為人類的第一要務。在這方面，每個人使用的方式不同，並非人人都能夠掌握得很好；然而，我們所有人都在追尋幸福。最主要的原因是，如果沒有幸福，生命甚至不值得一活。因此，追尋幸福不是要迴避死亡，而是要珍惜當下的生命。他也反駁了一些哲學家的觀點，以為幸福只是幻影、只是概念。他自知不擅長幸福，因此努力不懈學習快樂，並且透過寫作傳達專業上的所學所知，清楚展現出自己的堅持。他補充道：「這是一種信念，一種科學的作法。」

正向心理學曾長期被醫學界質疑，今日則已經被公認為既科學又有效的全方位途徑。自 1992 年以來，克里斯多夫・安德烈任職於巴黎聖安娜醫院精神治療與心理諮商部門，專長於焦慮以及憂鬱症的治療，特別著重於復發預防。他是行為及認知療法在法國的領導者之一，也是第一位在心理治療中運用正念方法的醫師。在這本關於正向心理學的著作中，他引導和建議焦慮、不幸及沮喪的人，如何在日常生活裡獵獲快樂。他也希望大家瞭解，這些人的病徵不是因為精神錯亂看到了不存在的向度；而是因為他們只看到、只專注於現實裡的黑暗、苦難與不幸的一面，生活才變得沉重，甚至難以繼續生存下去。正向心理學要告訴我們的，就是如何從日常生活裡的微小行為著手，「好好照顧自己」；正向心理學也可以說是一種預防的方式，讓自己避免陷入憂鬱症而必須接受治療。作者認為：「傳統的心理學，專注在『修復』患者精神與靈魂的傷口。但是，我們也必須幫助病患開發出能夠讓自己更快樂的利器。」不只是為了讓病患得到「快樂」；更是因為，我們現在知道了幸福是絕佳的利器，可以讓人避免罹患精神疾病，也可以預防精神疾病的復發。早在 1969 年，心理學家諾曼・布拉德（Norman Bradburn）就表明，愉快與不愉快不僅是相反的情緒，而且也代表著不同的機制，因此應該分別來研究。僅僅專注在消除悲傷與焦慮，並不能自動保證快樂幸福；就像消除了疼痛，並不表示一定能夠得到樂趣。因此，不僅有必要釋放負面情緒，同時也必須開發出積極正面的情緒。

克里斯多夫・安德烈認為：「多虧有幸福，我們才得以生存。

然而，生活也意味著面對逆境、遭遇苦難。因此，我堅持在這本書裡同時涵蓋正向心理學比較幽暗的一面。追求幸福到底是為了什麼呢？一方面是為了避免錯過生活中可能有的美好時刻。另一方面，也是為了讓自己變得更強大，以便經得起逆境、不幸的考驗。」因此，新生代的正向心理學旨在研究和加強積極的情緒，讓我們擁有更大的生活樂趣，活得更好。作者強調，大家不應該低估了正向心理學的重要性，以為正向心理學不過就是在傳授一些空泛的建議，要求我們「想想生命好的一面」，或者是鼓勵我們「正向思考」。正向心理學所做的，是尋找能夠使人類精神運作完善的方式，並且鼓勵大家找到「最適宜」的途徑。正向心理學不在保證生活柔美、無波、沒有苦難，而在確切地幫助我們無時無刻擁有最好的自己，讓我們能夠時時祥和、快樂。

這本正向心理學入門書，提到了許多能夠讓我們更快樂的科學研究。書中內容以法語字典 ABC 的形式編排，廣泛涵蓋各種定義、概念、練習與建議，也運用了各式的字眼、小故事以及個人經驗的表達，時不時透露出作者的日常生活片段，猶如零零星星的自傳。在這本個人色彩非常濃厚的著作中，充滿著生活的智慧靈光，以及作者所從事的科學專業。作者旁徵博引了許多理性的知識，諄諄善誘，傳遞正向心理學的理念及實踐；也將讀者當成好朋友，分享了許多他個人的看法，敘述中引用了許多有趣又有啟發性的軼事與生活小插曲。因此，這本書很感性，也富知性；似散文，又充滿詩意；是心理學、科學，又是作者的生活哲理；書中或靈光乍現，或沉吟生命，或分享專

業知識，或敘述日常體驗……就像字典，又像生命一樣，無所不包。另外，台灣的讀者們或許也可以藉由這本書，一窺法國民族的生活習性與自己的差異。

對我來說，翻譯是一項手工藝；譯者正如工匠。捧著另外一種語文的創作，譯者化為一面鏡子，總是再三端詳，期望盡量忠實呈現作者原貌。潛心於文字之中，也讓原文流動貫穿自己，以期與作者同呼同息。其實就是忘我體會，認真地像表演者一樣，迎接、伴隨、融入角色，再以譯文詮釋出來，然後告別。在此，我要特別感謝，因為我也是其他譯者筆耕成果下，受惠的大眾之一。

在我的舊識新交之中，總會遇到為憂鬱症所困的案例。藉由這本書，希望能夠讓他們感受到我想要相伴的心，以及虔誠祝福的念力。感謝人生旅途中的相遇相知，感謝他們的善良與勇氣，讓我們彼此看見了生命的困境與歡樂。

一本書的完成，要感謝的人很多。首先要感謝的是心靈工坊的徐嘉俊先生以及編輯團隊。法文的部分，特別感謝作者克里斯多夫・安德烈先生的指正說明，還要特別感謝 Bruno Mortgat 先生以及 Johanne Shan 小姐的協助。希望他們知道，我是多麼珍惜彼此之間的討論與分享。謝謝家人、朋友的關愛鼓勵。另外，就是要感謝正在翻看這本書的您，感謝這樣的紙上相遇，合手誠心祝禱您，在生命前行時，盡己所能，更別忘了要快樂。

我希望將這本譯作送給我的父親，感謝父親為我們的付出，並且希望他在顛沛流離、自立自給、歷經如此不平凡的生命之

餘，可以非常坦然地為自己喝采、以自己為榮。感謝父親一直的叮嚀：「人生就是要樂觀，要知道自尋快樂，津津有味地活著。」也請父親記得：「我們都很愛你，衷心為你加油，也希望爸爸，別忘了要快樂。」

最後，以一張明信片做結語。這是今年復活節假期，在法國中央山脈拉馬斯特小鎮（Lamastre）露天市場邊，一家小小的傳統書店裡巧遇的卡片。僅此，向真實良善又美好的生命致意。

1926 年二月二十五日，巴黎

親愛的寶貝：

希望妳跟著爸爸在家，一切安好。我們正在馬路旁邊，幫忙外婆粉刷房屋外牆。外婆很喜歡我們送的花，親自找了好幾個小瓶子，把花插得漂漂亮亮的，安放在房裡各個角落。妳畫的小兔子，外婆覺得很好玩。對了，妳應該從來沒有見過像這樣的明信片吧？

媽媽擁抱親吻妳

目錄

寬恕（Pardon）

日常（Quotidien）

呼吸（Respirer）

享受（Savourer）

叫你們老闆來！

直到這會，一切都很好，一切進行的都正常：跟一位我很喜歡的朋友在巴黎一家小餐館裡共進午餐，他外向、總有點亢奮又非常有主見；我們就快要討論完工作了。在這麼舒適的環境下，我們飽食了一頓可口的餐點，並且享受著有效率又面帶微笑的服務。真是無可挑剔。可是，朋友卻中斷了我們之間的談話，皺起眉頭，高聲叫喚侍者。侍者有點擔心，試圖想要瞭解發生了什麼事情。然而，朋友只是重複著同樣的話：「麻煩您，叫老闆來！」侍者露出一副有些無辜又困惑的模樣，表示歉意。我問道：「怎麼回事啊，兄弟？哪裡不對勁呢？」他不回答，還故弄玄虛地說：「沒事，沒事，你等著看吧！」他帶著一點點得意的神情，讓我半信半疑。

侍者陪同老闆，從廚房來到我們面前：「有什麼問題嗎，先生？」我的朋友，則報以滿足燦爛的笑容回道：「一點問題也沒有，老闆！只是我個人想要向您致意！你們的餐點美味可口，而且服務完美！」瞬時尷尬（我想從來沒有人做過這樣的舉動），老闆與侍者對這番讚語報以微笑，明顯表示欣慰，我們之間熱絡地交談了一下。顯然，客人若叫老闆出來，總是為了抱怨，從來沒有是為了表示讚賞的。

而我，就在剛才發現了：正面心理。

負面心理？

在那次事件之前，無論是工作或生活上，我總是懷抱著負面心理。我服膺儒勒·何納[1]的觀點：「我們不快樂。我們的幸福，只不過是不幸的沉默罷了。」

身為一位年輕的精神科醫師，我對自己的專業有個簡單的看法：治療病患，讓他們能夠重新回到生活；並且，期望不要再見到他們，至少不要太快再見到他們。而身為一個年輕人，儘管我覺得生命有趣，並且有時快樂；然而，我絕不是一個生來就有幸福天賦的人。日常生活中，當沒有什麼正面事情的時候，我就只會抱持著負面的心態，頂多像伍迪·艾倫（Woody Allen）一樣一笑置之地說：「我多想以一個充滿希望的訊息來做句點，可是卻沒有！那麼是否可以用兩個絕望的訊息來作為交換呢？」總之，我真的曾經覺得「心理醫師不好玩、人生沒樂趣。」

然後，漸漸地，我在工作和生活上，睜開了眼睛。

我不會在這裡對你們詳述自己的生活，因為在這本書裡我已經說了夠多自己的事情了（以我自己作為普通人的代表，而不是什麼特別與眾不同或傑出的人）。然而，正向心理學為我帶來許多明顯的良性改變。今天我意識到，作為一個心理醫師，我的工作不僅是治癒病患精神和靈魂的傷害（負面心理）；還要幫助他們開發自己良好的內在運作，或者幫助他們更容易讓自己過得好，變得更快樂，並且享受生活（正面心理）。不只是因為我希望他們好，也是因為我知道，我們都會知道，幸福是

防止精神痛苦發生或復發的利器（精神病院裡有許多復發的病人，因此我們實在還有許多努力的空間去追求幸福）。我們不能繼續將心理治療看作是這樣的一個過程——「你對著我一遍又一遍地講述你的問題，然後我們再看看可以怎麼處理……」我們不能一直等待著人們病發、復發，然後一次又一次地治療他們。這就是我們需要正向心理學的原因；而且，必須確認那是對的「正向心理學」，而不是某種替代或贗品……

「不要再多想了！要積極正面！」這不是正向心理學

記得我還是年輕的精神科醫生時，前輩們總是對痊癒的憂鬱症患者說：「好了，忘了這一切，現在都好了。只要正面生活，好好享受人生就好了。」可惜的是，往往幾個月或幾年後，病患又復發了。

自此，我們知道了憂鬱症是一種傾向復發的疾病，如癌症會轉移擴散一樣。注意，這只是「傾向」，不是絕對；也就是說，如果不努力或沒有改變生活方式，繼續像以前一樣，痛苦往往會傾向重新開始。這就是我們關注復發預防的原因。我們不再告訴患者要忘記這一切，而是要他們改變自己的生活型態以及思維方式。我們不會一味地安撫患者（「一切都結束了，不會再這樣了」）；而是給患者希望（「有很多方法能夠避免復發」），讓他們睜開眼睛（「這是有可能復發的」）。我們會讓患者明白：「要記得這些」，不是為了嚇唬他們，而是要激勵他們好好照顧自己。我們應給予患者一個具體的方法，而不是一堆空泛的忠告。這就是正向心理學的工作！

痊癒後，當然不要再去想那些會讓自己過得不好的事情（心理諮商可以幫助我們）；但是也應該多想想那些可以讓我們過得更好的事情（即是，正向心理學的功用）。

然而，正向心理學並不只是提供空泛的好建議，像是「看生活中美好的一面」，或是鼓勵人們「正面積極」。正面心理，不是一扇遮掩問題的屏風，不是只為了將患者的注意力轉向幸福快樂，而忘了逆境和不幸也全然是生命的一部分。正面心理，不是生存的空虛幻影，不是一味期望生活對我們溫柔以待，或者竭力強迫自己用這種方式看待生命。

正面心理，顯然比這一切更宏大、更複雜、更微妙……

什麼是正向心理學？

簡單的說，正向心理學就是一門研究如何讓人類精神領域運作良好的科學；探索那些能夠幫助我們享受生命、解決問題、克服逆境，或者至少讓自己生存下來的心理與情緒能力；培養我們精進內在的樂觀、自信、感恩等等。我們能從中學習如何讓自己擁有，並且維持這些珍貴的能力；特別是，我們要讓那些需要的人學會這一點。身為醫生，我當然知道這些對病人的益處：可以幫助憂鬱者減少鬱悶，讓焦慮者舒緩焦躁；這不僅減輕病患的症狀，也幫助他們轉頭看看生活中的各種幸福面。這一切，就是他們陷於疾病高峰期時所無法做的，也是他們好轉以後所沒有做的事情。更廣泛地說，除了那些最不堪的人，所有人自然都可以學會履行「人的本職」，然後發揮到極致。這種本職的首要目的就是成就自己的福祉和幸福，並且感染他

人。這帶來許多好處，不僅是在個人健康的範疇，而是有益於人類社會。我們堅信，心靈健全的人，才能以最佳狀態奉獻自己，無論是在學習的場域（例如學校）、生產的場域（例如公司），或者是以勇氣和寬厚來統率的場域（例如政治）。

正向心理學奠基於三部曲——信念、科學與實踐。

首先，要有信念：確信生命就是契機。因為欠缺智慧，我們經常蹉跎生命。這裡所說的，不是解決數學運算或複雜問題的智力；而是幸福的智慧，也就是能夠看清生命的本質有好與壞的一面，並且欣然愛惜降臨在自己身上的一切。要得到這種智慧，重點不是獲得新的知識，而是要拋棄陳舊的定見，清掃心靈門前，為幸福開道（那個人人皆知，存在於簡單裡的幸福）。正如西蒙娜·薇依[2]寫的：「智慧不需要去尋找，而在於去蕪存菁。」

其次，這是一門科學：正向心理學與「好建議」或「老方法」（有時是很確切的直覺）的區別，在於科學研究的驗證。正向心理學不光是良好的感知，同時也具有正確的論證：包括臨床研究（探討實踐的效果）、生物學、神經影像學等等。這些都是有條理又嚴謹的研究，可以帶給我們更多福祉。正向心理學經常與古代哲學中關於幸福的信念及概念不謀而合——例如，希臘人和羅馬人認為智慧和公民的幸福追求，都是該被重視的合理目標，他們以此目標精進自己。

最後是實踐：知識和概念是不夠的。要進步，就必須力行實踐……

五個實踐正向心理學的規則

關於正向心理學，已經有許多研究和手冊，而且都堅持以下幾點；我們可以視之為正向心理學的基礎。

（一）重要的是我做的事情，**而不是**我知道的事情。

兩千多年以來，東、西方的智者都傳遞著同樣的信息：想要快樂地生活，只需要珍惜當下、親近自然，過著簡單樸實的生活，並且尊重他人，不輕易發怒……。這些建議是如此理所當然，有時我們甚至會說這是「立意過高的陳詞濫調」。然而，儘管看似平淡的陳詞濫調，這些建議對我們還是有用的：若進一步瞭解，即可感受到話中的中肯。所有人聆聽智者、滿懷崇敬、深表認可；聽完後即遠離而去，沒有人身體力行，每個人依然故我。如果有人蜻蜓點水嘗試一下，然後放棄，這已是最好的情況了；因為這些話實踐起來比預期的困難，而且沒有立竿見影的效果，很可能還挺無聊的，於是也就放棄了。

如果智者有點惱火了，追在後面抓著我們的袖子不放，我們會說：「好，好，我知道，我知道……」我們當然知道！即使是個孩子，也知道什麼能使人快樂，什麼能讓生活美好！但是，我們不明白的是：困難不在於知道，而在於實踐，而且是始終如一、行之有恆的實踐。我們不瞭解，重要的不在於我所知道的事情，而在於我所做的事情。

也許，這就是為什麼正向心理學對我們法國人來說總是這麼困難。因為我們喜歡取笑多於嘗試？還是因為我們太看重智力卻沒有足夠的實踐力？我們比較喜歡當幸福的思想家、評論者，

而不是當一個幸福的工藝家、實踐者。

（二）沒有辛勞，就不能幸福？

我們都知道，要有更大的力氣、更好的柔軟度，就必須定期努力鍛鍊。空口說著「喂，從現在開始，我會盡量補強氣力，還有柔軟度」，加上殷切期望，這是不夠的；你必須努力跑步、鍛鍊肌肉、練習瑜伽或體操，而且還要持之以恆。

這些道理我們都明瞭，然而卻繼續以同樣的思維方式，看待自己心裡的決定：「這次是認真的，我有決心，我會試著不要有太多壓力，更享受生命，少發牢騷，好好珍惜美好的時光，不要任由自己被憂慮污染了……」沒有用的，這樣是行不通的！這就跟鍛鍊體力或肌肉一樣，光想望是不夠的，你必須鍛鍊。這種「心靈鍛鍊」，符合所有正向心理學的練習，並且不應該僅僅被視為可人的小配件，而應該當作是大腦網絡在正面情緒運作時所產生的常態性創造和活動。

「沒有辛勞，就不能幸福」，我承認這句話有點激進。有些生命賦予我們的幸福，就像出人意料又受之有愧的機運，總之就是不費吹灰之力就降臨在我們身上。但是，這從天而降的青睞卻有兩個缺點：一、這樣的機運並非如此頻繁；二、如果我們的意念退縮到只剩下擔憂或只專注於「我要做的事情」，我們可能就會浪費這些機運，甚至看不到它們。

所以，一點點辛勞的汗水可以給我們帶來更多快樂。一位朋友告訴我：「克里斯多夫，聞得到汗水的幸福，難道不就像一對耗竭心力相愛的夫妻嗎？真愛，和真正的幸福一樣，難道還需

要談什麼努力嗎？」沒錯，朋友，只是……愛情仍然是需要努力的！夫妻生活的路上，需要不斷堅持、深耕、成長，以喚起愛情，讓生活永保新鮮有趣。否則，即使一開始有愛，也不會有足夠的「燃料」走這條長遠的路。幸福也一樣：我們的努力，並不保證招來幸福，也不會無中生出幸福；但是，這些努力會幫助我們，在幸福飛過時，能夠好好把握、好好珍惜。並且，一輩子保持幸福永遠鮮活。

研究顯示，只有當你付出的是有效的努力時，才會增加幸福；如果努力是有效的，那麼我們愈努力，成果就愈好。前提是：我們的努力要用對地方！正向心理學，就是要找出這「有效的努力」。

（三）堅持不懈

正向心理學的練習，並不提供立即的幸福感。即使能得到，那也是很罕見的。這些練習，只是為了準備和促進幸福感受，使我們更關注在愉快經驗，對生活中的美好事物以及美好時光更敏感。因此，就像任何學習，改變是緩慢漸進的。大家都知道，學習新事物總是需要時間，才能得到實效。無論學習的是鋼琴或英語，水彩畫或日月球（bilboquet）[3] 等等，我們都理解並且接受這個道理；可是，一旦涉及心理健康方面的學習，我們就會希望這學習能夠立即見效。事實並不如我們所願，於是我們說：「我試過了，可是行不通。」如此，得出的結論就是：方法無效，或者方法不適合我們。報刊的諷刺文章或電視節目裡常常聽到這樣的話：「我們用盡了一切方法要快樂，結果你們知道怎樣嗎？都是騙人的，我們一點也沒有更快樂！」這就

像有人告訴我們：「我拿起小提琴，琴弓摩擦琴弦，沒有漂亮的音樂跑出來也就算了，竟然還發出可怕的聲音。小提琴，真是夠爛的！」

（四）繩索和股線

正向心理學的練習，服膺於我所說的繩索邏輯：繩索由許多股線組成，每根個別的股線都很細，不能承受任何重量；然而，一旦將股線編織在一起成了繩索，就能夠牽引非常大的重量（比如，能夠拉開不幸的蓋子，哪怕它是多麼沉重）。正向心理學的意念練習，也是遵循這種模式，只有一種類型的努力、練習，並不足以改變我們的思維習慣。我們不僅要重複練習，還必須累積、增加各種鍛鍊，再把全部聯合起來，才會成為重要的改變力量。這就像進食，我們不僅要多吃健康有益的食物，還必須維持多樣又均衡的飲食。例如，水果即使有利健康，但單吃水果也是會出問題的。各式的正向心理學練習，就是我們培養幸福生活所需的多樣特質。

（五）留個位置，給不幸

正向心理學，並不是為了要完全避免不幸，那太不實際了。正向心理學的目的，是幫助我們別陷入不必要或持續太久的不幸之中。因為，逆境和不幸確實是人類命運的一部分，所有東、西方的傳統，都一再地提醒我們：不幸，是幸福光明不可分割的陰影。因此，正向心理學也關注心理韌性（résilience），也就是個人面對苦難時的應對。我們不僅要盡可能地避免陷入痛苦，而是即使陷入不幸，也要從我們每個人自身汲取內心的資

源。當今世界上，至少在富裕的西方社會，還有一個有趣的逆論：社會透過越多的保障和援助來保護我們免於不幸，心理治療的實踐（不僅是正向心理學）就越回歸到斯多噶學派的傳統論述裡，重新看待接受苦難的必要性。在我們的生命裡，不幸的事件是無可避免的，重要的是做好準備，而不是夢想著永遠都不會遇見它們。

朝向清明的幸福

個人和集體的幸福，顯然是正向心理學的偉大目標。但是，幸福不是一道屏障，用來讓我們忘記逆境。反之，幸福應該是燃料，幫助我們面對逆境，正如克洛代爾[4]所寫的：「幸福不是生活的目標，而是生活的方式。」幸福是支撐生命黑暗面的方式。沒有幸福，生命就只不過是一連串的煩惱和憂慮，有時甚至是悲劇。生命也確實如此。幸運的是，生命不僅如此——生命也是歡樂與探索，帶著我們渡過逆境，並且激勵我們不管發生什麼事情，都要堅持下去。

因此，不需要緣木求魚地尋求幸福，不要像那些可憐的水果，被人刻意養在暖房裡，從不著地、不識四季。唯一值得的幸福，是根植在我們生命四季裡的幸福：它凹凸不整、不規則，又不可預料，但終究是最潤美的——它有自己的歷史，因而成了獨特的內涵和風味。

然而，接受不幸並不意味著期望不幸或執著於不幸，更不是隱忍不幸。只是單純地，承認它陰鬱的存在，知道它會定期出現在那裡，出現在我們生命裡的每一個時段——它可能以小小的

筆觸出現（像是幸福畫面裡的陰影），也可能以強烈風暴的姿態出現（也就是生命裡最幽暗的時刻）。我們也得承認，今天我們認為不幸的事，到了明天或後天可能就會被看作是「痛苦的幸運」，因為它扭轉了你的生命歷程。是否有必要急著尋求正面或負面的意義呢？是否應該期待發生在我們身上的一切都必須一致呢？還是應該接受這一切，帶著微笑面對奧祕，虛心以待？正如具有遠見的詩人克里斯提昂・博班[5]建議我們的：「我很快就意識到，真實的援助從來不像我們所想像的那樣。我們在這裡，被甩了耳光；到那裡，有人給我們一節丁香。而這些，都是來自同一個天使分發的恩惠。生命因不可理解，而光彩耀眼。」

就這樣：耳光與丁香，即是本書章頁裡的內容。

而天使呢？
天使，就在那裡，
在你身後。
就在你的肩膀上。
一如往常。

1. 編註：儒勒・何納（Jules Renard, 1864-1910），法國現代小說家、散文家、劇作家。代表作為《自然記事》（*Histoires naturelles*）和《胡蘿蔔鬚》（*Poil de Carotte*）。

2. 編註：西蒙娜・薇依（Simone Weil, 1909-1943），二十世紀法國哲學家、社會活動家、神祕主義者。曾參加西班牙內戰，亦曾親赴工廠勞動；一生著述豐富，卻因英年早逝，思想少為人知。近年隨著其著作陸續整理出版，聲譽日鵲。重要著作有《重負與神恩》、《哲學講稿》、《在期待之中》、《伊利亞德或詩歌的力量》等。

3. 編註：一種接球玩具，把用長細繩繫在一根小棒上的小球往上拋去，然後用小棒的尖端或棒頂的盤子接住。

4. 編註：保羅‧克洛代爾（Paul Claudel, 1868-1955），法國詩人、劇作家，為認作後期象徵主義最重要的詩人。年輕時在巴黎攻讀法律與政治，某年聖誕夜在巴黎聖母院參加大禮彌撒時深受震動，決心以追尋天主教信仰為終身職志。克洛代爾後來成為職業外交家，曾任駐中國福州領事和駐日本、美國及比利時大使。他在任職中國期間曾學習中文，並翻譯改寫一些中文詩，是近代法國文壇譯介中國文化的第一人。

5. 編註：克里斯提昂‧博班（Christian Bobin, 1951-），法國作家、詩人，擅長以簡樸精準的文字敘述雋永的人生故事，以超現實的手法描摹人性。其作品在經營詩意象的同時，亦呈現生命的無常感。

今天
Aujourd'hui

如果只能用一個詞
來描述幸福，
那一定就是：今天。

入門書（Abécédaire）

寫這本書的念頭，有一部分是我對著自己書房裡面一片歡愉混亂的景象冥想而來的。書房裡，當然充滿了書籍和科學期刊，還有其他各式各樣的東西：冥想用的板凳、綠色的植物、神像、聖母瑪麗亞像或佛像，以及用來抓頭的小玩意兒……。有一面牆上，貼滿了孩子們的圖畫，這些都是我女兒、甥侄輩、教子教女，或者其他孩子們畫的。還有，朋友們送的畫、紐西蘭全黑橄欖球隊的海報、馬丁·路德·金博士（Martin Luther King）的畫像、佛洛伊德（Freud）公仔布偶、女兒的照片、土魯斯橄欖球隊（Stade toulousain）的旗幟。這一切對我來說，都是幸福和對生命感激之情的源泉。這當中混雜著各式異樣的組合——幸福也就是這樣，一些看似不相干的時刻與經驗的堆壘，就像書房裡這些看似不相同的物件一樣。

這就是本書構想的由來，如同集結了追求美好生活過程裡的故事和感想，以一種稱之為「正向心理學」，既現代又科學的版本呈現。這種純以字母順序的排列方式，或許更有助於彰顯幸福的不可預測及其複雜的本質；更能夠提醒我們，追求幸福其實就在於拾掇起散落四處的小小幸福，就這樣周而復始地讓幸福生活的感覺浮現。有時，我們會感覺到，這些時刻富有意義而且一切和諧。當然，這樣的情形從來就不會持久；也幸虧如此，否則就太嚴肅乏味了。隨即，我們又擴散，即又回到了生命裡面。然而，這般不戴面紗的揚長逃逸，卻是如此精彩又令人振奮。

這本書究竟是一本入門書，還是一部字典呢？乍看之下，兩者頗為相似，都是按照字母順序排列呈現。不同之處只在於，昔日入門書負有啟蒙學童閱讀的重責大任。我希望讀者們在逐步翻閱這本正向心理學入門書的時候，也能夠更加清楚地落實在生命中，讓自己更幸福。我個人完全信服，快樂是可以學得來的。首先，因為有許多研究如此證實。其次，因為我自己也學習了如何幸福。在幸福的領域裡，我們會看到，有些人確實頗有天分；我並不是其中的一員。我應該只是個平庸的學生，因為科目有趣，所以努力罷了。然而，努力終究是會見效的。我們不會因此成為光芒四射的名家；只不過，相較於那些不曾努力過，或只是任由生命歷程中的人事物帶給自己幸福的人，我們顯然是快樂很多的。

因此，天賦異稟的人一點也不需要讀這本入門書；看破紅塵的人也不會想讀這本書。然而，其餘的人或許會有興趣讀一讀吧！

深淵（Abîmes）

「過去，是一個吞噬所有瞬間事物的無底洞；未來，則是另一個令我們百思不解的深淵。前者繼續不斷流入後者；過去流經現在，託向未來。我們置身於這兩道深淵之間，感受銘心；因為我們感覺到，未來流動在過去裡。也就是這樣的感覺，使當下存於深淵之上。」

楊森派[1]神學家皮埃爾・尼可（Pierre Nicole）的這段話被摘錄在巴斯卡・季聶[2]的著作《深淵》中，我第一次讀到時，非常

震撼。以後，每次再重讀這段話時，總是繼續震撼著我。這段話的音律，它的神祕和它的教誨，總讓我憶起築構在深淵之上的脆弱生命，以及不斷流動的時間。真是令人恐懼。然而，在這一刻恐怖之後，又該怎麼辦呢？深呼一口氣，微笑著。拾起痛苦和擔憂，拾起這當下瘋狂的脆弱，接受事實就是如此，必須周而復始地思忖這萬丈深淵。這不斷提醒著我們的深淵，永不休止又無情地體現生命的深淵；在這深淵之中，當下不過就是「流動在過去裡的未來」。然後，睜開眼睛看看周遭的一切：生命就在那裡。再次呼吸、微笑，一次又一次。朋友告訴我：「不要用一些負面的語詞，開始你的入門書。」可是，親愛的朋友們，無所謂的，讀者又不是傻瓜──他們知道，不幸從來就是離幸福不遠的。它提醒我們顯而易見的事實：面對恐懼，方能感到幸福的必要，以及幸福的極限。幸福，不能阻止深淵的存在，更不能阻絕深淵的必要；然而只有幸福，可以使我們掙脫對深淵的思索，使我們轉而思考其他迷人的事情──像是生命、愛、美……

豐富（Abondance）

「過多」會扼殺幸福的能力嗎？太過便利、太多幸運、過於保護、太多的愛？受寵的孩子，最終會不會生活得比較不快樂呢？有可能，因為他們容易變得麻木不仁。我們也有可能會變得無動於衷──我指的是，我們全部的人。作為二十一世紀西方社會的一分子，我們是現今地球上得天獨厚的居民。我們大多數的人都能夠享有水、食物、醫療、文化等等。豐富且源源

不斷，會讓我們的幸福能力變得麻木（幸好不是完全喪失），習慣於享樂——當幸福的泉頭源源不斷，終將失去讓我們歡喜的魔力。有兩種情況可以讓我們掙脫這樣的「習慣」：逆境（提醒我們幸福的價值），以及覺察（讓我們即使在一切順利的情境中，也能保持警覺）。如果擁有足夠的智慧，覺察即能讓我們享受簡單的快樂；然而，往往是逆境迫使我們打開雙眼。

節制（Abstinence）

美國作家安布羅斯‧比爾斯（Ambrose Bierce）的《魔鬼的字典》中，定義滴酒不沾為「軟弱者屈服於拒絕快感的誘惑」。也有許多節制幸福的人，認為幸福會使他們永遠軟弱。因此，他們總是一再拖延，寧願繼續前進，不斷工作，只為勞碌受苦。毋寧說，幸福，也是他們所嚮往的。他們自以為堅強，但也許僅僅是弱者，因為他們害怕放鬆，畏怯沉醉。

接受（Acceptation）

一切都始於接受。接受生命，也接受擔慮。接受擔慮？是的，也要接受擔慮。難道，只讓不幸掛在臉上，卻把幸福掩藏起來嗎？是的，那也是。都要接受。

接受，並不表示要我們慶幸痛苦，只是要我們看到痛苦的存在。並不是要說「痛苦很好」，而是說「痛苦是存在的」。接著自問：我該怎麼辦？然後接受各種可能的回答：改變現狀或改變自己的反應？動起來或者耐心等待？我們往往認為，叛逆地說「不」（「不，不可能的；不，我要抗爭」）比平靜地說

「是」來得有力。這想法有時是對的，但並非總是如此。最有力的方式，可能是以上兩者的合成：「沒錯，就是這樣，我接受，我了解，就是這樣；但是不可以，我不能讓事情往這個方向發展。」這樣的論調很動人，可是如何真正實踐呢？

真正地接受，就是在腦子裡認可那些與我們意見不同的人，而不只是認可對方的論點（「對，他說的有道理」）。也就是說，接受對方的論點和意見跟你不同（「是的，我知道他不同意」），反駁之前不忘聆聽並且好好理解。可以認可失敗，但並不服膺失敗。也就是說，認可逆境的存在，但是不因此而氣餒。接受，就是花點時間審視發生的事情；決定如何行事之前，花時間好好瞭解並且感覺事情的來龍去脈。這不是以接受來取代行動；而是，真正做出合適的行動選擇之前，必須有這樣的接受。如果沒有接受，就只有衝動的反應，總是讓我們一成不變、故步自封。那麼，幸福與接受有怎麼樣的關係呢？其實很簡單：接受，讓我們免去許多徒勞甚至多餘的爭鬥，不再陷入精疲力竭之中。身在其中，有時候放下才是最上策。腦海中的爭鬥，是因為我們無法接受現實而反覆思考（「不可能的！」、「不是真的！」、「我是在做夢吧！」），這只會耗盡內在精力。

指控（Accuser）

當我們遇到麻煩、感到失望的時候，只要再加上一丁點沮喪和憤怒，整個狀況就變得惱人，成為了我們的糟糕生活裡一件不正常的事；我們無法再將之視為正常生活裡的一個正常問題。我們極想要在周圍環境或者自己身上找出罪魁禍首。這不禁讓

我們想起智者伊比克泰德（Épictète）的一段話：「指控別人應為我們的不幸負責，是無知的人；指控自己必須負責自己不幸的人，是已經開始學習的人；不指控自己也不指控他人的人，則是一個已經受過教育的人。」如果我們學著不再動不動就指控、評判，不再把自己、別人或任何該死的生命看作是罪魁禍首，我們也就贏得了許多時間、精力和幸福。只要看看有什麼需要修改，不再重蹈覆轍，以此為用，然後就可以轉移到另一件事情了。浪費在憤怒和輾轉反思的時間，就是失去幸福的時間。更何況，伊比克泰德又加了一句：生命短暫！

購買（Acheter）

是為了讓自己放鬆、興奮，或者鼓勵自己。為了讓自己多一點快樂、少一些不滿。為了不去想生命裡太多複雜的事情。為了進入一個虛飾簡化的世界，只因為我們嚮往簡易舒適。為了不去想，當下生活中的不幸，還有空虛。花費（Dépenser），就是為了什麼都不去想（Dé-penser）……3

當然，消費並不能使我們更快樂。可是在任何情況下，消費都可能是個陷阱，就像那個在路燈下找鑰匙的主人翁——他在別處丟了鑰匙，只因為路燈下比較亮，所以在那兒尋找。問題在於，消費就是故事中的亮光：購買東西，能給我們帶來快樂。這是最省事的方法，顯然可以暫時給我們快樂或失望。甚至，逐漸冷漠。購物無疑是消費社會中最簡單的行為：買一個滑鼠、買一張信用卡，甚至預支我們所沒有的金錢（也就是信用賒貸）。任何時間，不論白天或晚上，足不出門也能買東西。

在我們的社會裡，還有什麼其他的行為比這更容易的呢？面對這一切人為的便利，幸福變得不再那麼簡單了。購買之前，請再三考慮：「我真的需要這樣東西嗎？或者，只是正在為一個自己也不知曉的缺憾，尋找省事的慰藉？」

喪志（Acrasie）

意志薄弱，使我們不能依據自己的價值觀和意圖行事。本來決定要保持冷靜的，卻發脾氣了；明明曉得，寬厚才是放諸四海的唯一存活之道，卻偏偏自私行事；很清楚抱怨是沒有用的，卻怨天尤人。為什麼會這樣呢？巴斯卡[4]認為，這就是人性——「人，既非天使也非野獸；不幸，卻讓想扮演天使的人，成了野獸。」心理學也講到了自制能力的缺乏：那些並非早自童年就開始、從觀察他人及親身實踐學會的自我行為，是非常不容易掌控的。以正向心理學來說，喪志似乎是正常並且可預見的困難；至少對於那些成年以後才發展出來而非幼年就已經養成的行為而言，確實如此。一旦我們決定改變，就牽涉到大腦的運作和反應，必須反覆練習；在這段期間，不要以成果來自我批判。無論以人性或以個人角度來看，有困難並不意味著不可能。那只不過是困難罷了。

佩服（Admirer）

佩服是一種正面的情緒，在於欣然發現或凝思某事或某人的優質超越我們，並且使我們快慰。當這些特質不會造成我們的負擔，或不具威脅的時候，比較容易產生欽佩之情。我們可以欽

佩一個人或者他的某些行為，讚嘆藝術作品或自然風景，甚至欣賞一隻動物或一株植物。由衷的讚嘆，讓人感受到發現美好事物的喜悅。為什麼會如此令人愉悅呢？因為，藉由生命以及令人欽佩的對象，能引起我們的興趣，使我們領受感恩欣喜之情，並且豐富我們。

無法佩服，可能與心靈狹隘有關。敬佩某人，幹嘛呢？如果仔細找找，他總是有缺點的吧！那麼，欣賞風景、動物、古蹟呢？是啊，那又怎樣，有什麼用呢？好了，快去做點其他的事情吧，一些正經的事情，比方說，批評一下……

另一個無法佩服的原因，在於個人心理缺乏安全感：自信不足時，佩服是件痛苦的事。我們很自然地以為，佩服，尤其是佩服他人，是在矮化自己——「我沒有他的那些優點」，甚至以為「我不如人」。平心欽佩他人，就是一種不蔑視自己也不理想化別人的欽佩之情；低估自己的人，不可能做到。學習佩服他人又不貶低自我，對於幸福的追求或自我價值感的提升，均是很好的鍛煉。

所以，正向心理學的課程會鼓勵大家練習佩服：在一個星期當中，遵循兩個基本原則，每天訓練佩服！

第一個原則是：要用心，而不僅僅只用智力。只在腦海裡注意到某事或某人值得欽佩，是不夠的，而是必須暫時靜止下來，花點時間來觀察、瞭解所佩服的對象，以及感受沉思的愉悅。只需要幾分鐘的時間，僅僅停下來欣賞。面對風景或事物時，**讓身體停駐**（而不是繼續往前，只輕描淡寫地領略剛發生

的美麗）。面對個人時，則要停止智力思維（沒有必要在鼻子底下湊出心滿意足的微笑來證明成效，就只是花些時間沉潛冥想）。

第二個原則是，磨礪自己欣賞的眼光：不要只被特殊明顯的事物吸引或啟動，也要轉向所有容易被急躁眼光忽略的低調無形事物，因為它們也是值得讚嘆的。放低能夠引起讚嘆的門檻，會帶來更多機會令自己感到欣喜。

逆境（Adversité）

逆境是生活的一部分，但是否能使我們更快樂呢？我的意思是：逆境是否能夠促使我們更明智面對幸福？能讓我們更明白幸福的重要性嗎？是的，當然。

逆境也能夠幫助我們重新看待生命運行的方式：逆境讓我們遠離幸福，也因此使我們更能夠看清楚幸福。逆境（例如自己或親人的疾病、痛苦或困頓）讓我們睜開眼睛，看見自己真正在意的事以及關注的焦點。在我生命裡，曾有過一段憂慮的時期，一位天主教朋友寫給我這樣的話：「你知道嗎，每天我靜坐冥想時，我將你託付給上帝。有天晚上，我突然想到《約伯記》⁵ 三十六章十五節裡專門為你寫的一段話：『神藉著困苦救拔困苦人，趁他們受欺壓，開通他們的耳朵。』」

藉由困苦打開他的耳朵？迫使他傾聽自己的心，朝向自己的幸福？然而，我走的是正確的路嗎？

在危機和逆境之際，我們經常會發現自己是多麼地浪費生命、

時間和精力在物質目標上，而不是投入在更重要的地方，比如幸福，或者愛情。

有些研究已經清楚證實了這點：少許逆境能使人更堅強、更幸福。反之，過多的逆境或過度的保護，則會讓人脆弱，失去幸福的能力。但是，也不要延宕，因為有另一些研究毫不留情地告訴我們逆境所帶來的「教訓」——只有在面對逆境時立即行動、改變生命，逆境才會有用。若是拖延幾個月，逆境不過就成了糟糕的回憶，而不再是改變生存的靈感和動機源泉了。逆境讓你看清事物的精髓之後，要改變生命，不要蹉跎太久，否則眼睛很快又會閉上的。

煩擾（Agacements）

有一件事，我無法每次都辦到，但是當我能夠超越的時候，還真是高興，那就是：平心靜氣地接待煩擾。就像當我們全力處理著緊急要件的時候，電話卻陣陣作響；或者當我們明明有理（永遠都是這樣！），可是對方卻不通情理。這裡一點小東西、那裡一個小零件，都同時故障了，再加上其他的枝枝節節……

以前，這樣的情況總是惹得我非常惱火，讓我抓狂。然而，我漸漸明白了，這些都是正常的，都是生活的一部分。但是，再遇上麻煩時我還是一次又一次惱怒。終於，我學著接待這些煩擾——先深呼吸，然後微笑，對自己說：「好，好，很好，我明白了，事情沒法像我希望的那樣……」事實上問題就在那兒，煩擾並不會讓現實變得跟我們所期望的一樣。我們不但沒有放掉原來的期許來適應現實，反而還攻擊它、怨懟它，就只

知道心煩氣燥。如果我們原先的期許就是為了不要浪費時間，那麼如此一來反而多耗費了三倍的時間。

我不斷地自我訓練，煩擾到來時，我漸漸發覺自己變得越來越有能力不要做出惱怒的愚蠢反應。我從「接受」做起，接著去面對與處理真正的問題。真正的問題，不在那些令人擔憂的事情，而是我的心煩氣躁。我讓自己冷靜下來，然後做我有能力做到的事。當然，這不是每回都行得通的，只要奏效，我總是高興。

因為幸福，雪上加霜（Aggravations à cause du bonheur）

福樓拜[6]在給朋友阿爾弗德·勒·波特凡（Alfred Le Poitevin）的信中，表達了自己的看法：「你可曾想過，幸福，如此可怕的詞彙讓多少人濺淚？如果沒有幸福這詞，我們可以睡得更安穩，活得更自在。」

正如有些人這麼說：一心想要幸福，會不會反而使我們不快樂？這個說法實在讓人無法確定。可是有一點是可以確定的——如果我們從外在接收到這樣的訊息：「你具備了一切能夠快樂的條件！」並且將這些外在的訊息轉化成自己的心聲，不斷對自己重複著：「說的也是，我擁有了一切快樂的條件！」但卻不見有任何建設性的作為或努力——我保證你會很慘。反之，我們應該慢慢地、虛心地學習如何享受生命，不對自己做太多的設定；若陷入憂鬱，就需要求助於護理人員。

一項研究顯示，一味地標榜幸福，會讓某些人更不幸。我們讓

參與者讀一篇心理學的研究報告。第一組參與者所閱讀的研究報告，其結論顯示大多數人都比較喜歡快樂的人，勝於那些悲傷、無感或不表達的人。第二組參與者閱讀另一篇結論相反的研究報告，報告中證實悲傷的人與快樂的人一樣受歡迎；當中也提到，即使是負面的情緒，感覺和表達自己的情感也是很重要的。然後，要求參與者回憶一段讓他們不愉快的情緒經驗，例如憂鬱、焦慮或壓力。最後，研究人員評估參與者在這些測驗之後的情緒。

當然，回憶起一件非常悲傷的事件之後，參與者顯得比較憂鬱；但更令人驚訝的結果是，一旦他們認為悲傷情緒是不太恰當的，他們就會更悲傷。事實上，該研究結果顯示，第一組參與者（閱讀的報告宣稱大多數人比較喜歡快樂的人），遠比第二組參與者（閱讀的報告指人們可以感受與表達自己的悲傷），來得更難過。

社會一面倒讚揚幸福，形成一股壓力，似乎譴責著那些正在悲傷的人。他們自責不能像周圍那些自我感覺良好的人一樣，並且隱約傳達著這樣的訊息：幸福才是常態，而悲傷是一種弱點。這也許可以說明為什麼在多數人口都覺得幸福且表示過得相當快樂的國家，如丹麥，自殺率卻高得驚人。個人痛苦和集體快樂之間的反差，實在令人難以忍受。

該怎麼辦呢？第一步或許就是，當你不開心的時候，就不要暴露在「要幸福」的勸世語錄之中。你應該先專注於瞭解與消化自己的悲傷情緒，並且以實際行動來減輕傷痛。對於不幸之人，我們也千萬別這麼不識相地急著提供「幸福教誨」──倒

不如建議他們去散步，或看一部精心挑選的電影（記得，不要選爆笑喜劇，也別是催淚悲劇）。

高速公路休息站的幸福風
（Air heureux sur aire d'autoroute）

生命中，有些偶然擦身而過的影像、面孔，會跟隨我們好多年。就在寫這段文字的時候，我心中浮現的面孔，是一位坐在輪椅上的太太。那是有一次收假回程在高速公路休息站裡見到的情景，那天的太陽慘白無力地穿透秋日多風的天際。一位先生推著這位太太，想必是她的丈夫，神色安詳而沒有特別的表情。但是，這位輪椅上的女士臉上卻神采奕奕，微笑看著前方以及周遭的一切。她看上去是如此開心，完全無視自己的殘障，這不禁引我注目。當時，我因為旅途勞頓，而且因太晚啟程而擔心傍晚的塞車路況，心裡正無端地鬧著脾氣。然而，該怎麼說呢？這樣的擦身巧遇讓我受益匪淺。她愉悅的神情並沒有使我自責，反而激勵了我。在那一刻，我並沒有對自己說：「你實在沒有權利無緣無故地鬧彆扭，那些有理由不高興的人，都還沒像你這樣子呢！」反而，我對自己說的是：「老兄，你想怎樣隨便你。但是，你腦滿腸肥又陰沉的死樣子，看起來真的有點混蛋。這有啥長進的？試著學學那位太太，向她的勇氣和智慧致敬吧，微笑一下，記得要知足常樂……」那一天，這句話生效了，此後也經常奏效。

我很高興自己的進步——雖然我還不能自然且一貫地保持好情緒，但是，當我被不必要的壞情緒（壞心情，往往都是不必要

的）拖著走的時候，已經無需太費周章就能讓自己張開眼睛。那一天，剛巧是那位太太的笑容；其實，也可以是藍天裡驚鴻一瞥的雲彩，或者是女兒無聊的玩笑。回應俗世裡的小小樂趣，會慢慢給你帶來進步。別再與這些微小事物擦身而過，打開心靈，讓它們進駐我們內心。

酒精（Alcool）

我完全理解，為什麼酒精能夠如此強悍地左右著人類的命運。喝酒的時候，我們看世界的觀點也跟著變化，感覺得到撫慰，所以好像就變得幸福了。所有的磨難，終於變得不再那麼嚴重；其實困頓仍然存在，只不過看起來比較容易挺得過去。酒精讓你覺得跟其他的人更接近了，一股四海一家的兄弟情誼由內心升起，頓時感受到與世界的連結。如果已喝到這種地步，就必須趕緊停下來，並且要深深地思忖、自問：我怎麼了？原先對我而言是千斤重擔的世界，怎麼突然變得如此友好了？身邊的一切都沒有改變，只不過是自己的感覺不一樣了。一切都只是源於看待生命的觀點嗎？所以，結論很簡單——我必須讓自己即使不借助酒精，也能夠如此平和喜樂地看待生命；我不必再藉著買醉，才能夠體驗到和平友愛。學著不借助任何替代物，就能沉醉在生活裡，並且珍惜當下的喜悅。

食物（Alimentation）

吃的東西是否會影響我們的內在平衡？

當然，而且這還涉及吃的方式。不要狼吞虎嚥（否則食物不能

經由唾液和咀嚼進行消化），也不建議邊吃東西邊做其他事，像是聽廣播、看電視、看書、打電話等等；這樣會讓我們無從細細品味食物，更無法接收到飽足感的信息，結果吃得過量。全神貫注吃東西，就能細細品味，因而感受到進食中的簡單小樂趣。

我們要談談所吃下的東西，以及食物的本質。許多研究顯示，減少肉類、糖分而增加水果、蔬菜的攝取量，幾乎能夠改善所有類型的健康狀況，因此也包括所有類型的心理狀況。還有其他研究顯示，補充 Oméga-3 使我們不再那麼焦慮，對憂鬱症患者著實有益；另外，減少攝取糖分，則有益於過動兒童。不過，還沒有足夠的實例與數據來驗證食物對心理健康的促進作用。對身體有益的食物（少肉少糖，多蔬菜水果），很可能對大腦也有益。大腦需要脂類，千萬不要避開脂肪的攝取，但請儘量限制動物性脂肪（如奶油），多使用植物油。其餘的還缺乏明確的研究結果，但這顯然是未來研究的重要領域。

哈利路亞（Alléluia）

這個基督宗教的讚語，當然是源於希伯來語，意指「榮耀上帝」。信徒以歌唱或者祝禱來感謝上帝的幫助、保護，或者只是單純感謝上帝讓他們存在。在我看來，這不僅僅是一句信仰的用語，也是一種生命的智慧——慶幸自己能夠存活在世上，而非不存於世。哪個世俗用語能夠替代基督徒超級的哈利路亞呢？

悲傷的利他主義者（Altriste）

服務他人，使我們更快樂；快樂，使我們更願意服務他人。我們提供的服務，能讓接受服務的人更快樂一些（或者少一些不幸），也能讓他們更容易去接近別人、給予幫助。這樣做，就是在傳播利他主義的良好共鳴。利他主義和幸福之間，有不可分割的互惠關係。想必是基於這樣的原因，大多數哲學及宗教傳統都非常強調，慈悲必須出於喜樂，才不會讓利他者受苦（不然，利他主義終究會枯竭）。我們應該成為無私的利他主義者（altruistes），而不是悲傷的利他主義者（altriste）。利他主義有充分的理由讓人喜樂，而助人的快樂從來不會斷絕。這必須建立在對他人的感情基礎上，也就是真誠喜悅地渴望幫助他人，並且樂於服務他人。陰鬱者給人道德教誨；快樂者則親身實踐，無須太多長篇大論。實際行動勝過反覆思索，歡樂總是超越悲傷……

利他主義（Altruisme）

不求感恩，也無須回報，以他人幸福為己任，關注並且努力使他人幸福。

一些心胸狹隘的人斷言，利他主義只不過是變相的自私：幫助別人，就是希望回報福利和快樂。他們甚至認為，利他主義者希望得到受助者的獎勵和感激（希望有一天能有同等的回報，至少是自己所期望的回報），抑或希望得到社會的認可而受到尊崇。這樣的現象，是可能存在的，但也未必盡然。也許，是我們把動機和後果混為一談了。利他主義會獲得欽佩和認可，

是顯而易見的事。但這似乎只是例外，並非常理。今日的正向心理學研究，正朝著這個方向進化；這些研究顯示，實踐利他行為會增加為善者的幸福。

為什麼實踐利他的行為會使我們快樂呢？當然有各種原因，我們可能因為被感謝而快樂（我喜歡在沒有紅綠燈號誌的斑馬線上，停下車子讓行人通過，對方經常會向我報以微笑或招手致謝）。我們也能得到讓人快樂的喜悅；這想必來自更隱密、更深沉的情感。感覺自己讓世界變得更美好，或者至少變得不那麼糟糕，或覺得自己似乎埋下了一顆溫馨的種子，也許能夠激勵其他人表達多一點善良和無私，這一切都帶來快樂。這感受隱藏於內在，卻又如此強大，因為我們同時感覺到，成就了自己的人類職責，並且也感染給世界利他的援救因子。

朋友（Amis）

所有的研究都說：擁有朋友，與朋友一起歡笑、一起行動、彼此安慰、一同娛樂，都會帶來幸福。阿波利聶[7]如此寫道：「任何時節，我都需要朋友；缺少他們，我就活不下去。」心理學講的社會關係，包括朋友、家人、同儕、熟人、鄰居，總之就是所有與我們保有或多或少和諧關愛聯繫的人；社會關係是愉快情緒的來源（不論是路人的一個微笑，或是童年老友一番安慰的話語）。我有很多朋友和親近的人。我知道他們愛我，我也愛他們；我知道，在需要的時候，我們隨時可以為彼此伸出援手。但是，我並不常與他們見面，至少不如我所冀望的那般。可能是因為他們住得很遠，大家都很忙，也可能因為我是

個獨行俠──即便算是有社交活動，但其實仍然是個獨來獨往的人。然而，我知道他們永遠溫暖著我的心，帶給我幸福。

愛（Amour）

以前，我在朋友的樂團裡唱歌，也演奏手風琴。我們很喜歡表演皮雅芙[8]的《可憐約翰的民歌》（La goualante du pauvre Jean），說的是一個缺乏愛情滋潤的男子，生命裡的起伏興敗。副歌是：「生命中有個道理！無論是富翁還是窮光蛋／沒有愛情，我們一文不值。」我記得，最後這句歌詞在我腦海裡盈繞了好幾個禮拜──有時候，我覺得它說得不對（沒有戀愛，也是可以幸福的）；有時候，又覺得千真萬確（必須時時接受某種形式的愛，才能讓人感到幸福）。

當然，真正的大問題是：愛，這個龐然大物，它的定義是什麼？如果能夠讓人快樂的，就是愛，可又不是 *innamoramento*（墜入愛河）的激情。激情是另一種東西，有迷藥或酒精的作用；激情終究不會使人快樂，而是使人瘋狂──對幸福的瘋狂。我們慢慢地發現，所謂的愛，是各形各色愛的關係。能讓人安適，不計較給予、也不計較接受，並且願意受苦、願意原諒。愛，確實是幸福的主要糧食之一，如同我們賴以生存的食物。因此，愛總讓我們焦慮自問：如果不再被愛了，怎麼辦？我們的焦慮，就如同擔憂身體停止呼吸，心臟停止跳動。因此，我們就建構在這多重的依存關係上，也就是說，建構在多重痛苦和幸福的來源。

生存焦慮（Angoisses existentielles）

伍迪・艾倫寫道：「自從人類了解終將一死之後，就很難再完全放鬆了。」生存焦慮，如同意識到自己終有一天會生病、受苦、死亡，這些都不是荒謬的想法（不像是「堅信有一天外星人會來把自己帶走」之類的妄想）；而是遲早會實現，且相當實際的想法。對於一些人來說，這是無法改變的幸福障礙，無論是由哲學的觀點來看（「快樂有什麼用呢！真是荒謬，反正我都知道最終的結局會怎麼樣了」），或是由精神醫學的觀點來看（「我知道自己在浪費生命，但我就是無法不被這些恐懼糾纏著」）。然而，對於另一些人來說，確定生命的短暫以及痛苦，反而帶來另一種動機：「像我們所愛的人一樣，既然大家都會死、都要受苦，倒不如盡情享受生命賜給我們的一切。」接受凡人皆會死亡，時時思索這一前景，盡力成為幸福快樂的凡人。除此之外，再沒有其他的良方了。

動物（Animaux）

對動物來說，一切順利的時候，是否就可以單純高興或完全滿意了呢？牠們是否也有幸福的感知——肚子填飽了而感到滿足、有了安全感而覺得滿意，並且希望身邊圍繞著其他友善的動物呢？或者像我們這樣，搖擺在自省的意識狀態裡，感受到深深的幸福呢？動物的主人會認同這種想法，他們在自己的狗或貓的眼睛和身體裡讀出幸福。當然，這是難以印證的。不過，可以肯定的是，寵物能給主人帶來更多快樂：動物的確給予許多獨居者珍貴的陪伴。譬如，狗最擅於無條件付出愛，能帶來

充滿愛、穩定、安心以及情感表達的陪伴。貓，則給予一種優雅但有距離感的陪伴，牠們不輕易讓人擁抱，總是有難以預測的一面，因而顯得更珍貴。狗讓主人覺得愛永遠不變；貓則讓人覺得，主人必須先由牠們所選擇與接納。無論如何，這都是小確幸。

抗鬱藥（Antidépresseurs）

很不幸的，抗鬱藥並非「快樂丸」。我是以一種刻意又有意識的態度寫下「不幸」二字的。有時候，我希望能給病人開藥，特別是在生活中精神受虐的病人，讓他們有喘息和享受的機會。然而，這樣做是行不通的。抗鬱藥不能使人更快樂，無法在大腦裡合成幽默；抗鬱藥只能減少情緒痛苦的強度，正如止痛藥減少我們身體的疼痛強度。但這就已經很不錯了（而且並非所有的患者都能用抗鬱藥治療，真是遺憾）。當抗鬱藥奏效時，確實有可能帶來驚人的效果——它可以使人更有能力好好享受生活，不僅只是減少或消除負面的情緒如憂鬱或焦慮；於是，這彷彿懸而無解的靈魂痛苦，終於比以前更能夠見到幸福的光芒。

結果是，儘管「依賴藥物」可能會產生副作用及種種不便，有些病人還是不願意，也無法停止這種治療方式。這種治療確實能夠減輕痛苦，讓病人比較容易與病魔戰鬥，並且讓他們更能夠欣賞與享受生命裡的美好事物。因此，病人尋求建議：「怎麼辦呢？繼續這樣服藥生活下去，還是冒險停止用藥，嘗試學習其他的方法？」當然，以上兩種作法都是可能的：繼續服

藥是比較容易的做法（畢竟，吞藥只需要幾秒鐘），而重新學習則是更有趣、更能令人滿意的選項（但是，需要許多年的時間）。我們總是試圖優先採用第二種作法。但是，如果病人在過去的歲月裡已經飽受精神痛苦，或者我們感覺病人脆弱又有危險時，這時候我們寧可病人使用藥物來得到幸福，而不是勉強停藥，坐視病人受憂鬱之苦。因為，拄杖前行，也總比原地不動來得好些。

反典範（Antimodèles）

在生活中，有讓我們努力仿效的典範，也有反典範：與前者一樣有鼓舞激勵的作用，但提醒著我們千萬不要像他們一樣。許多人竭力追求快樂，是因為自己父母的不幸福；因為眼見父母如何浪費生命，讓他們深感這樣的態度對追求幸福毫無助益。他們警惕著自己，不要像爸爸那樣，不要跟媽媽一樣──這就是我們竭力要擺脫的標記和典範。在生命的歷程中，通常我們會意識到自己不知不覺又繞回曾經所經歷過、所觀察到的事件，並且下意識地又以父母為模仿對象。期許自己不要像父母，並非不可能的任務，只是得耗費一輩子的努力。

然而，文獻上也有反典範的例子。對我來說，蕭沆[9]就是一例；他所有那些充滿了黑暗和悲觀的警句，都奇怪地在我身上發生了振奮的作用（像是「哎呀！好了！荷槍上陣，快去找幸福吧！」）。這些警句精闢又卓然，並且總是貼切；而且，生命常常如蕭沆所描述的那般，因此也就更多了一個不絕望、不屈服的理由。他自己似乎也是如此身體力行的，親友們這樣形容

他：經常保持愉悅、充滿幽默感、喜歡談笑、漫步鄉間。他的作品就像是發洩的管道，並不會因此使他不熱愛生命。

感謝蕭沆，以他自己的方式為我指出通往幸福的道路：也就是，只須朝反方向前進就行了。同樣的，也感謝所有成為我生命中反典範的人。

焦慮（Anxiété）

焦慮是幸福的障礙；然而，並不會完全讓幸福變得不可能。相對於憂鬱的人，焦慮者能夠感知到正面的情緒，並且能夠快樂。然而，至少有三個理由顯示，焦慮仍然是幸福的障礙。

首先，焦慮會讓心念對焦在問題上。這就是焦慮的作用，即在預估可能發生的危險。然而麻煩的是，在這種情況下，我們只會將注意力集中在問題上（在生命裡，總會有足夠的問題不斷湧現在腦海裡）。一旦陷在「擔心」的情緒裡，就明確說明了我們的小腦袋已經被大憂慮所佔據，再也沒有空間可以想其他的事情了；最糟的是，腦袋已沒有餘地可以想想那些微小的幸福（也就是說，只有在感覺到非常強烈深刻的幸福時，我們才會改變；平庸的小確幸再也起不了任何作用）。

其次是，焦慮會把我們推向完美主義，以及推向所謂的「幸福焦慮」，讓我們不斷地自問：「我夠快樂嗎？像其他人一樣快樂嗎？我確實得到了自己應有的快樂嗎？」

最後，焦慮有時會對我們耳語：「好吧，我感到幸福，可是幸福會持續下去嗎？萬一，幸福停止了，會不會變得比以前更糟

糕呢？」這是悲觀主義者的邏輯：為了不想遭受落差，他們寧可不讓自己置身於幸福之中。

焦慮和幸福（Anxieux et heureux）

總體而言，大多數人都算得上幸福，同時也稱得上焦慮。然而，若以為這個組合是完全可能，甚至是不可避免的，那就是不明瞭正向心理學了！

焦慮是現實的痛苦認知，幸福則是現實的快樂認知。我們都是在現實裡經歷這兩種情況。焦慮對我們訴說：「沒錯，活著是件幸福的事，但一想到還有房租要付，煩惱和困難不禁油然升起。」幸福也對我們低語：「當然，煩惱和困難從來不曾遠離；但是無論如何，能夠活著就是天大的幸運！」我們知道這兩者說的都有道理，不免猶豫起來。心念就在這兩種現實的看法之間搖擺著，直到有一天，我們終於明白了，真正的事實只有一個——人生是由幸福以及其他不開心或痛苦的時光所構築而成的。

哲學家克萊蒙‧羅塞[10]教誨我們，現實就是抗拒幻象和空想。我們常常藉故批評幸福只不過是個幻象，因為不幸始終存在，而且死亡終將橫掃獲勝；這樣的想法完全忽略了另一個事實：世間也存在著絕望和負面的幻象及空想。唯有能夠接受並且歌頌逆境，如此明徹幸福，才是真正的幸福。因為這樣，我們才會既焦慮又快樂地存在著。

掌聲（Applaudissements）

你們知道電視上那些扭著脖子、勉強笑著鼓掌的人，是怎麼回事嗎？那是「暖場人員」在巨星進場前，竭力帶動觀眾的效果。即使這樣的舉動可能讓人有至少幾分鐘愉快的心情，但還是不免太人工、太索然無味了。

我想說的是另一種掌聲。有一年夏天，我和一些心理諮詢師同事，參加了一個在瑞士山區舉辦的冥想課程，真的很棒。我們學到了很多有用又有趣的事情，也如以往一樣，經歷了一些銘心的時刻。這回的功課是學習正念[11]，鼓勵感受體驗歷程，而不是討論歷程。課程中我們保持靜默，盡可能全然進入當下的情境。比方說，聆聽一位才華洋溢的同事為我們演繹他創作的幾段鋼琴曲，我們閉著眼睛，坐在長板凳或冥想墊上，全心專注於正念。我們在正念中全然迎接每段樂曲，全然接受音樂的導引。聆聽每段樂曲之後，我們保持靜默，而不是鼓掌。

我很喜歡這種對無意識行為以及慣性反應的干擾。聆聽一首樂曲之後，潛沉下來觀察自身的反應，這是合乎邏輯的，既是對音樂的尊重，也是對演奏者的尊重。試一試，不要像電視上或討論會結束後，無意識地鼓掌；而是以一股強大專注的潛靜，來表明我們確實在現場。不管怎樣，最後一段樂章之後的五分鐘，放下一切，心存感謝和讚美！

學習（Apprendre）

學習如何快樂？對於許多人來說，這不過是凸顯了天真、空想，甚至是帶點欺詐。但對我而言，這樣的想法從來沒有讓我驚訝，或許因為我確實需要學習快樂，並且往往希望找出自己

在這方面的不足。而且，我很喜歡學習；我一直都是這樣藉由學習不斷進步的。我覺得自己在各方面都沒有過人的能力，一切都經由努力或歷練而來。

幸福，最初是一種情緒（繼而，充實並且擴大我們）；因此，像所有情緒一樣，幸福與身體有關。如此看來，學習幸福與體能運動是相同的。如果希望有更大的肺活量、更好的體力和柔軟度，我們知道光靠期望是不夠的，而是需要力行鍛鍊。然而，奇怪的是，一觸及情感世界，我們就變得不實際了——我們認為（或者模糊地希望），只要決定少生氣，不給自己太大壓力，儘量享受生活，就能得到幸福。可惜的是，事實並非如此！就像肺活量、體力或柔軟度，我們必須經常鍛鍊自己去承載、增強以及享受正面情緒的感受能力。

戰後（Après-guerre）

為生死存亡奮鬥了很長的一段時間之後，仍不容易放過自己走向幸福。哲學家亞歷山大·朱利安 [12] 在自己的著作中，特別把這樣的情況稱為「戰後」：即是，知道如何對抗厄運，卻不曾準備如何享受幸福。歷經大難之後復原過來的人，若希望得到幸福，是需要放下武器的。另一位作家埃里克·舍維拉爾（Éric Chevillard）也提出了他的見解：「當一切幸福的條件終於具足的時候，我們卻已經太習慣於不幸之中；就像太多的老繭，使人無法感受溫潤的慰藉。」

阿卡迪（Arcadie）

在國中、高中時期，我學過希臘文，並且非常喜歡這個語文。我喜歡想像著這個遠古的希臘，苦心解讀當時的作家。我很愛夢想著阿卡迪州和那裡平靜的生活——這個在黃金時代被希臘和拉丁詩人歌頌為理想國，群山環繞且滿佈小村莊的地區，牧羊人過著與自然天人合一的生活。有一句著名的拉丁成語：*Et in Arcadia ego*，意指：「我也一樣，曾經生活在世外桃源的阿卡迪。」在一幅普桑[13]的畫裡，一群牧羊人發現一座古墓上刻著：即使，我們的生活曾經宛如昔日的世外桃源阿卡迪一般美好；但是，一旦我們死亡，就都結束了。所有的人間天堂，都只是過渡。有趣的是，過去一想到這些，就會讓我血液凝結；而今，卻不然——再三反思默想阿卡迪，不會讓我有逃離死亡的念頭，而是升起追逐生命的心念。

金錢（Argent）

費依多[14]有一齣戲劇裡的人物說道：「金錢不能帶來幸福。」儒勒・何納在自己的日記中則寫道：「如果金錢買不到幸福，把它還回去吧！」（不幸的是）金錢與快樂的關係，是不爭的事實：社會上的富人通常比窮人來得幸福。然而，這種關係不是等比例的（只要對照以下的曲線圖表就會知道），精確地說，那是呈對數的關係。

換句話說，對於赤貧者，金錢可以明顯增加他們的幸福，因為金錢可以滿足人類基本的需求（如食物、住房或安全等等的需求）。然而，對於那些最富有的人來說，金錢對幸福的影響就降低了。這是合乎邏輯的：試想，兩萬歐元對流浪漢來說，是

有決定性作用的，但是對大老闆而言卻微不足道。一旦超過財富的某個下限（例如，能夠提供基本尊嚴與平穩生活的最低財富），金錢就不再是最有力的幸福因素了。有些人選擇繼續投入大部分時間和精力來賺得更多金錢，這麼做還是能夠增加他們的幸福感。或許新增加的財富能讓他們在萬一周轉不順時安然無慮，或僅僅因為他們喜歡財富帶來權力、成功和掌控的感覺。然而，一旦獲得了最基本的需求，一旦超越了曲線的轉折點，我們其實有另一種方式比金錢更能使我們快樂幸福──把握時間好好生活，並且珍惜已經擁有的一切。

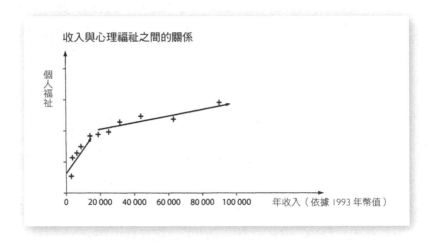

停戰（Armistice）

六歲的愛麗絲非常關心時事，但有時會混淆一些概念。十一月十一日晚上，全家齊聚飯桌前，愛麗絲對父母和兄弟說：「你們知道為什麼這些人在遊行罷工嗎？嗯，因為啊，他們簽署了第一次世界大戰停戰協議！」每一年追悼大戰死者時，我都會

想到，歷經四年大屠殺之後，終於能夠返回家鄉的倖存者，心裡那分苦澀又詭異的幸福。能夠倖存下來，與家人重逢的幸福；又能夠聽見鳥兒輕聲歌唱，而不是大砲震耳欲聾；又可以睡在溫軟的床上，而不是縮在汙穢的戰壕裡。可是卻經歷了親見死亡、屠殺和荒謬的悲傷，愧疚自己生還而其他戰友卻捐軀了。每當我看著這些老先生，這些戰後餘生的老兵，戴著勳章舉著旗幟，一臉嚴肅地走著，都會不由自主地想到這一切。他們如何能夠在恐怖之後，重新獲得幸福？

停止大腦（Arrêter son cerveau）

幸福，有時就是什麼都不想；尤其是當我們想睡覺的時候。記得有一天晚上我去給小女兒晚安吻，我們就像平常喜歡的那樣，閒聊了一會兒：

「爸爸，我想我會很難睡著的，我太心煩了。」

「真的嗎？有什麼事情過不去啊，有煩惱嗎？」

「沒有，不是啦，是我的腦子裡有很多事情。你知道該怎樣才能停止想東西嗎？」

「哦！這很難的，很難停止想事情的。你想的是一些讓你擔心的事情嗎？」

「不是啦，我告訴你，爸爸，不要每次都想當你的心理醫生！我就只是不能讓大腦停下來，安心睡覺罷了。告訴我該怎麼辦。」

「喔，好，就是不要想著自己必須睡著，不要一直說：『我一定要睡覺，一定要睡覺。』而是，要放輕鬆。比方說，感覺自己的呼吸，專注感受空氣進到鼻子裡面、下降到肺部，然後呼出一點點溫暖的氣息，專心地感覺胸部和腹部慢慢地脹大和縮小……你感覺到這些了嗎？」

一陣子之後，她說：「有啊，有啊。我感覺到了，可是還不怎麼行得通。你還有什麼更好的點子嗎？」

「要知道，睡眠是沒有辦法控制的，只可以靜靜等著它來，現在只能試著不要心煩氣躁，別強求一定要睡著。」

「嗯，好吧。算了。拜託一下，還是幫我抓抓背吧……」

我照著做了。她也睡著了。

教訓就是：並非一定需要心理醫生來幫助我們停止思緒。有時候，好好抓抓背就夠了。

亞洲（Asie）

有時候覺得，今日亞洲扮演著智慧的角色，正如昔日阿卡迪所扮演的幸福角色一樣：我們想像著，在一個神祕的地方，那裡的人有著比我們更高尚的美德。這麼想一點也不準確，可是卻讓人迷醉。

心平氣和（Ataraxie）

快樂就是沒有煩惱和痛苦嗎？這個說法，並非一定有道理；因

為，沒有不快樂並不等於快樂。而且，煩惱和痛苦也不必然就不快樂——有時候，即使遭受生活或疾病的痛苦或折磨，我們還是可以快樂的。不過，通常我們需要安撫自己的痛苦，才能打開幸福之門。這是幸福的第一步，正如儒勒·何納寫的：「我們不快樂：我們的幸福，不過就是不幸的沉默之音。」對於古代哲學家而言，心平氣和就是激情安止，是件好事。那並不意味著冷漠或被動，不是漠不關心，而是內在解放的精進結果：擺脫不必要的牽掛、去除易怒的毒害。心平氣和就是一片沃土，希冀開出幸福的花朵。

同情（Attendrissement）

同情就是以柔軟的心境，面對一些感人和脆弱的情形（例如面對一個赤子、一對老夫婦或者一個意想不到的善心舉動）。今日常用「太貼心了！」（Trop mignon !）來表達這般的驚嘆。女性比較容易有同情之心，因為男性往往貶低這樣的行為（他們會說出「這也太娘了吧」之類的話）。對男士們來說，真是可惜……

用心（Attention）

丹尼爾·卡尼曼（Daniel Kahneman）是唯一獲得諾貝爾獎的心理學家（儘管他得到的是諾貝爾經濟學獎），也是正向心理學專家；他說：「用心，是一切的關鍵。」換句話說，掌控注意力的運作（也就是，我們可否意識到，在生命好或壞的方面，自己是如何運作注意力的），對於提升我們的主觀幸福感，有

不可輕忽的作用。

關注我們所做的事情，真的是幸福源泉嗎？答案是肯定的。我們對志願者進行數週的微情緒取樣作為當下幸福的評估，發現了幾個值得深思的結果。第一，心緒愈遊移不定，快樂就愈少，精神渙散是幸福的致命傷。其次，正面情緒的最佳指標之一是我們實踐的用心程度，這遠比實踐的活動類型更重要；例如，專注於自己的工作，比東想西想地玩樂更能讓人快樂。學習穩定注意力（如冥想練習），就是幸福的途徑之一。

今天（Aujourd'hui）

當下，就是幸福的關鍵之一。當我們不快樂的時候，就只是生活在今天的不幸之中，根本不需要多想明天的不幸，否則不幸會持續、放大甚至潰爛。當我們快樂的時候，也千萬不要忘記充分體驗今天的幸福。因而，好好以愛和尊重來珍惜自己的每一天。

廣受愛戴的作者？（Auteur admirable?）

每當感覺到讀者把我當成智者的時候，總是令我尷尬不已。從某個方面看來，當我們喜歡某位作家，我們常會不由自主地把對方理想化，設想他不同於其他的人，這是很正常的。我們認為他整天都是這般細膩，善解人意得像他筆下的書一樣。我不想一概而論，因為我並不認識世界上所有的作家。但是，以我個人來說，事實並非如此。克里斯提昂‧博班對此寫下了精闢的見解：「當人們談論我的著作時，我這個人就不存在了。」

當然，作者並非都是完美的，即使那些像我這樣專門寫冥想相關書籍的作者，也是會暴躁發火的。即使那些寫出優美空靈詩歌的作者，也還是得關心繳稅的問題。作家與讀者一樣，都在朝向自己的理想目標而努力精進。在某些領域裡，作家可能領先些許，也可能是因為他們付出過較多的努力，因而想在自己的著作裡談論敘述。讀者不應該因為欽佩和尊敬而讓自己盲目。正向心理學始終不變的大原則就是：光明與幽暗，完善與不完善之間的緊密混合。因為如此，我們的生活，以及心理學，才變得這般有趣……

自制力（Autocontrôle）

有一天在書房裡，我忙著做些文字工作，為了自己的下一本書，還有一些文章和序言做準備。我很喜歡寫作，可是，有時候特別困難。就像那天早上書房裡的情況，我有些無法集中注意力，又有些腸枯思竭。面對這些困難，我覺得自己的第一個衝動就是想逃脫工作。幾年前若遇到同樣的情況，我可能就會睡個小午覺，或者下樓到廚房吃點水果，或者花點時間翻閱最近收到的雜誌或書籍。這些都是讓自己轉換想法，以便重新回到工作的方式；這其實也是逃脫工作的藉口。今日，除了同樣的藉口，又有了些新的誘惑：像是，如果工作遇到瓶頸，我就會藉機看看電子郵件，再來讀讀簡訊，或者只要電話一響，就立即回答（而不是讓它響著，等到傍晚才回電），甚至一直掛在網路上。以上的這些小事情實在沒什麼大不了的，但是，一不小心掌控就到了晚上，我也別想寫出什麼東西了！

就在我胡思亂想的當頭，聽見有人敲書房的門，是二女兒。她也在家裡衝刺準備高中結業會考。她有話問我：

「爸爸，你能不能幫我保管手機？」

「保管妳的手機？！」

「是啊，我想把它放在你的書房裡。」

「好吧，可是為什麼呢？」

「因為，如果手機一直在我身邊，我就一點也沒有辦法準備功課。我會一直回答所有的來電和簡訊。一無聊的話，不是想打電話，就是想發簡訊……」

突然，我感覺面對自制力的挑戰不再是孤軍奮鬥！

自制力，不是我們日常生活中的用語。可是，大家都很熟悉自制力實際上指的是什麼，也知道貫徹自制力是絕對必要的。自制力，讓我們得以駕馭日常生活，讓我們能夠像水手一樣完美地導航，適應各種有利或不利的風向。遭受壓力或環境改變時，缺乏自制力會導致我們失去判斷的空間與時間，我們會丟失洞察、辨別的能力，只能任憑自己的情緒和衝動行事，因而錯失應對問題的關鍵。反之，若具有自我控制的能力，我們就能夠明智地衡量自己的選擇、決定以及人生理想，然後回應降臨在我們身上的一切。

因此，自制力就是整體能力的總和，在生命中的許多方面如健康、社交，抑或教學和專業上的發展，都是必要的。總而言之，在任何可以提升幸福的途徑，自制力都是非常珍貴的。

也許，在人類的生活中，自制的能力一直都是最重要的；然而，在今日似乎顯得更為重要。現代的生活環境既富裕又令人興奮，卻也可能是最不穩定的，因為我們必須不斷面對誘惑！在這物慾橫流的社會中，我們時時被煽動——「犒賞自己一點快樂」、「今天買，明天付」。還有各式各樣迷人的口號，眩惑大家服膺自己的衝動。而且，我們的衝動完全被一些掌握著最新科學數據的廣告和行銷手法所操縱。公司企業和國民個體之間的對立，並不是處在一個平等的檯面上。個人自由正在面對的是工業組織化的強大驅動力量；培育自制力，有助於讓我們在這個對立位置上重新取得平衡。

自制力，就是抗拒衝動的能力。這種衝動帶來立即的快感（實際的快樂），卻犧牲隨後的幸福（潛在的快樂）。例如，身為糖尿病患者，卻吃糖（因為一時的快樂而縮短壽命）；明明知道要開車，還是飲酒；知道吸菸不好，還是抽菸；有工作要完成，卻只顧玩樂。缺乏自制力，往往就犧牲了明日的幸福，只臣服於今日的快樂。長遠來看，自制力是幸福的必備要件，它讓我們不至於犧牲原則，只圖眼前的及時行樂與方便行事。

秋天（Automne）

詩人最喜歡的季節，喜歡萬物的終結。就像阿波利聶所言：「永恆的秋天，啊，是我的精神季節。」秋天之美帶來的喜悅，是一種微妙的喜悅。混雜著對夏季的鄉愁，但也因此有些厭倦（因太熱而厭倦！），並且等待著清冷和冬季歡愉的到來。

自癒（Autoréparation）

大多數研究顯示，面對艱難逆境的時候，我們之中大部分人都能度過，不會有後遺症，只有少數人會有事後創傷的症狀。事實上，心理也像生理一樣，具備著了不得的自癒能力，而我們卻往往沒有察覺到。

活著，就是採取行動，就是與他人建立聯繫；我們仰望天空，吃喝、玩樂⋯⋯越是投入生活，就越少轉身朝向自己。越少朝向剛剛經歷的痛苦，就越能讓我們有機會訓練自我治癒的能力。因此，經歷困難之後，反覆思考過去是最糟糕的事（這就像不斷撓抓傷口，只會讓傷口無法癒合）；盡力掙脫過去，才是最好的方法。但是要注意，擺脫過去並不是遺忘或抹煞過去，而是不再讓自己陷在過往之中。

這樣做很難嗎？是的，是很困難的。但是，目標並不是要瞄準在絕對的掌控，不是要「完全禁止反覆思考」！而是要堅持不懈的掌控，也就是說，每次當自己又在老調重彈的時候，趕緊回到現在，觀察現實並且針對實際情況採取行動，而非不斷反芻著這些陷阱般的虛擬情境——無論是反芻著過去的痛苦或未來的恐懼。

所有的歡樂，即使極其細微，甚至十分短暫、不完整又不完美，都能夠撫慰生命中的傷害。這就是為什麼，平日越能夠培養自己體會生活的能力，就越容易在生命的風暴期間或風暴之後，面對所有的傷害，也更易於開始重建生活。在這些時候，我不會刻意高興，而僅是浸潤在幸福的陽光下；等著太陽漸漸溫暖

我，重新給我一副煥發的容顏。

生活就是療癒；幸福的生活更是如此。

之前和之後（Avant et après）

有兩種與幸福相關的正面情緒，用比較技術性的方式來說，就是「實現目標之前的正面情緒」以及「實現目標之後而來的正面情緒」，這兩種正面情緒依賴的是兩種不同的大腦途徑。前者比後者更強大有力，因為那是我們物種存活的原因：實現目標之前的激勵，比達成目標之後的享受來得更重要。進化，僅著重物種的存活，而不在個人的幸福。因此，就生物面而言，我們具備了強大的能力去追求幸福。正像儒勒‧何納所寫的：「幸福，是要追尋的。」然而，相對的我們卻不太具備享受幸福的能力，就像莎士比亞提醒我們的：「幸福的靈魂，死在享樂中。」好了，這一切都是預先設想的情況，但是我們當然是能夠擺脫的。我們並不會基於生物面的因素，當我們的香蕉或點心被搶走時，就無法控制自己而注定要追打對方。這就是「教育」（就個人層面而言），以及「文明」（就集體層面而言）。

未來（Avenir）

我已經不記得這是誰說（人們常以為是克里蒙梭 15 說的，不可諱言，這是一段精彩的政治家宣言）：「未來，不是即將發生在我們身上的事情，而是我們要去做的事情。」有一個典型的正向心理學練習，叫作「我可能有的最佳未來」，能夠幫助我

們朝這個方向努力。連續四天，每天用二十分鐘詳細寫下，希望自己的生命在幾年後成為什麼樣子：家庭生活、朋友生活、專業生涯、旅遊、興趣愛好等等，到時候會有怎樣的景像？這個練習唯一的規則，就是一定要確切去寫，利用二十分鐘，而不是兩分鐘；要以準確詳細的方式記下，而不是白日夢般的模糊籠統。想要得到練習的效果，所有這些元素都是重要的，唯有如此才會：一、讓你漸入佳境；二、使你更積極參與計畫。這些事看起來似乎太容易、太簡單了嗎？好，就算它簡單吧。但是，如果你真的做了，就絕不會認為這「太」容易了……

敬畏（Awe）

一個冬季向晚，在阿爾薩斯省（Alsace）聖歐蒂山（Mont Sainte-Odile）的一個修道院裡，我剛教完了一堂史特拉斯堡（Strasbourg）醫學院的「冥想和神經科學」大學學位課程。這項課程第一次在法國教授，因為與冥想有關，所以選擇在學校以外的地點教學；學生必須花整整一個星期的時間，在聖歐蒂山的修道院裡上課，課中穿插冥想練習。第一週課程結束時，學生全部離開了，只剩下策劃人員和教師們。

我也利用這個機會，獨自循著環繞修道院的小徑，在一片松樹林間散步。修道院建立在山頂上，隱密在一片森林中。那天，就像尋常的冬日，白雪覆蓋一切。天空雲層密布，太陽也已經下山，因而顯得格外陰鬱。我走得很慢，愉悅地側耳傾聽著每一步被踩在腳下的雪，發出令人驚嘆的聲音。有時，森林偶爾出現缺口，地平線頓時在眼前開展，可以看見其他的山巒，妝

點著滿是積雪覆蓋的松樹林。有時，抬起頭來可以看見黑壓壓一片，那是塵世間的修道院。我有很奇怪的感覺——感覺還不錯，但這不是幸福。天空裡滿是灰色，寒冷裡盡帶粗糙。我只是既驚訝又高興自己能夠在那裡，有點被大自然的粗獷之美以及建築物的歷史痕跡所折服。

沒有一個法文字可以形容當時的心情。英文有 awe 這個字，意指某種敬畏，夾雜著一點點的恐懼和慕名的害羞。心裡生起的是某種被超越的感慨：當下所看到的、所經歷的，遠遠超出平常的心理範圍，超出語句和智識所能表達的，使我們無法丈量、無從把握它的複雜，以及它在我們生命中的重要性。

有些被遠遠凌駕在自己之上的事物震懾住了，仰之彌高不知所措。然而，又是如此高興能夠見到這般情景，還能夠去觀察、去細細品味，覺得自己十分渺小。這種特別的感受，不是快樂和幸福圍繞著自己；而是，眼前看到，或所猜測及想像的，都讓自己驚嘆不已，於是只能安靜地佩服著，只有屏息靜默。

接著，慢慢而來的卻是幽魅。

我記起 1992 年，這片陰鬱的森林裡發生了一件重大空難。就在這片又黑又冰的綿綿山脈，八十七名受難者的生命毀於一旦。我似乎聽到了死者的幽靈，還停留在那裡，盤旋飄忽在高大的松樹枝椏間，用無動於衷的眼睛注視著我。

我還一直浸淫在敬畏的感覺裡。但是，就在當下，我覺得自己對 1992 年一月某個晚上那些突然碎裂終止的生命，升起同情的心。幾乎在我散步的同時，一片寂靜裡，我聽見了自己越來

越沉重的的呼吸聲。心臟砰砰亂跳，貫穿雙耳。我是不是走得太快了呢？

於是我停下來。給自己一些時間，感受新鮮的空氣，緩和喘息。這個絕妙獨特的雪的氣息。我似乎聽到了，沉沉大雪覆蓋下的山也在呼吸著。滿山遍野的靜。

我任由心裡的這些影像在身上遊蕩著：修道院、昏暗中聖歐蒂的陵墓、大學文憑、學生們的臉孔以及他們之間的討論、墜毀的飛機，還有那些熄滅的生命。

我被這種神祕的情緒感動著——一個人如何能夠既安詳又悲痛？如何能夠慶幸己身活著，同時又為所發生的事情難過？被凌駕在自己之上的事情壓垮了，同時又希望能夠一直保有意識去感知生命？

片刻之後，我的身體又開始行走了，我要爬上修道院裡與朋友見面。我們會聊天，然後道別，各自開車、搭火車或飛機離去。我在散步時所感受到的謎團，一點也沒找到解答。但是，我會感受到生命的氣息穿透自己，霎那之間悲傷起來，隨後心靈再次得到安撫。

我感覺自己好像曾經是一隻鳥，一瞬間被無形的巨人抓在手裡，然後被釋放，又回到天空。不明白究竟，什麼也沒看清楚。某個無限大、無限強的事物存在，有時攫住我們，有時又把我們釋放了（通常會是如此）。

真是既美麗又可怕。

讓我們保有期待，想要繼續活下去、繼續愛、繼續溫和地微
笑。

敬畏⋯⋯

1. 編註：楊森主義（Jansenism）是羅馬天主教在十七世紀的運動，由荷蘭烏特勒支省
   人楊森（Cornelius Otto Jansen, 1585-1638）所創立。楊森派的理論強調原罪、人類
   的全然敗壞、恩典的必要和宿命論。

2. 編註：巴斯卡・季聶（Pascal Quignard, 1948-），法國當代極受推崇的大師級作家，
   對哲學、歷史、音樂各方面都有深廣的研究，尤其是研究十七世紀的專家；其書中
   故事常取材歷史掌故。自稱思想上傾向莊子。著有《羅馬露台》、《日出時讓悲傷
   終結》等書。

3. 編註：法文的 dépenser（花費）一字由表示「分離、去除、解除」的字首 dé 加上
   penser（思考）組成。

4. 編註：巴斯卡（Blaise Pascal, 1623-1662），法國著名科學家、哲學家。據說他沒有
   正式上過學，十二歲在地板上用粉筆畫三角形與圓形圖案，獨自證明了歐幾里德
   的幾何學原理；他在十九歲時甚至提出了接近微積分原理的一些構想。在物理上，
   他奠定了流體靜力學的基礎理論。巴斯卡思考人的問題時，似乎獲得某種特殊的體
   驗，感受到宗教的無比吸引力，後來皈信天主教目為異端的楊森主義。其《沉思錄》
   （*Pensées*），描述有限生命追尋無限上帝的心路歷程，不僅成為法國名著，也是有
   意探索人類精神世界者的重要參考。

5. 編註：約伯（Job）是《希伯來聖經》和基督宗教《舊約聖經》中一位絕對相信上
   帝的義人，伊斯蘭教視他為一位先知。他受到祝福，行為完全正直，但是撒旦指控
   約伯乃為了物質利益才事奉上帝，於是上帝逐步撤去保護，容許撒旦奪去約伯的
   財富、子女和健康。約伯始終保持忠誠，沒有詛咒上帝。關於為何受到如此懲罰，
   約伯和三個朋友進行辯論，然後上帝次第回答約伯和他的朋友。上帝對約伯後來的
   祝福超過以往，他又活了一百四十年。

6. 編註：福樓拜（Gustave Flaubert, 1821-1880），法國著名小說家，上承寫實主義，
   下啟左拉自然主義之文風，被尊為十九世紀法國寫實主義文學一代宗師。著有《情
   感教育》、《包法利夫人》、《聖安東尼的誘惑》等書。

7. 編註：阿波利聶（Guillaume Apollinaire, 1880-1918），法國詩人，劇作家，藝術評論

家，超現實主義的先驅之一。

8. 編註：皮雅芙（Edith Piaf, 1915-1963），法國最著名、最受愛戴的女歌手，她的作品多是其悲劇一生的寫照，代表歌曲包括《玫瑰人生》（La Vie en Rose, 1946）、《愛的禮讚》（Hymne à l'amour, 1949）、《不，我不後悔》（Non, je ne regrette rien, 1960）等。1963 年因肝癌過世，終年四十七歲，法國政府為她舉行了國葬。

9. 編註：蕭沆（Emil Cioran, 1911-1995），羅馬尼亞旅法哲人，作品雜揉悲觀、懷疑、絕望、虛無與神祕主義；對人世之磨難與苦痛、存在之虛妄與困頓有極為敏銳深刻的反思，因而呈現為一種極端的清醒。詩人聖瓊‧佩斯（Saint-John Perse）評價蕭沆：「是梵樂希之後，最偉大的法文作家之一，足令法文增輝。」

10. 編註：克萊蒙‧羅塞（Clément Rosset, 1939- ），法國當代哲學家。

11. 編註：正念（法文：pleine conscience；英文：mindfulness），佛教用語，可解釋為時時保持覺知在當下，如實、不加任何批判地明瞭自己當下的身心狀態及變化。在美國麻薩諸塞州醫學院的喬‧卡巴金博士（Jon Kabat-Zinn, Ph.D.）等人的努力推廣下，正念禪法為引入主流醫療界，成為現代身心醫療的重要方法，運用於多種身心疾病患者的臨床治療上。

12. 編註：亞歷山大‧朱利安（Alexandre Jollien, 1975- ），瑞士作家、哲學家，因為出生時的意外，致使他終身殘疾。他的哲學是一種生命的藝術，邀請讀者拋棄成見，更加認識自我且發展自己的獨特性；所有的脆弱、考驗都將漸漸成為自由和歡愉的根基。朱利安與家人從 1993 年起在韓國首爾生活，並在禪師指導下學習禪修。

13. 編註：普桑（Nicolas Poussin, 1594-1665），十七世紀法國巴洛克時期重要畫家，但屬於古典主義畫派，代表作為《阿卡迪的牧人》。

14. 編註：費依多（Georges Feydeau, 1862-1921）是十九世紀晚期和二十世紀初期法國著名喜劇作家，有「法國喜劇之父」之稱。

15. 編註：克里蒙梭（Georges Benjamin Clemenceau, 1841-1929），法國政治家，人稱「法蘭西之虎」，第一次世界大戰時以七十六歲高齡擔任法國總理（1917-1920），在戰爭中穩健的表現為他贏得「勝利之父」的封號。

仁慈
Bienveillance

以仁慈之眼看世界：
傾聽和微笑；慢慢來，
給自己時間來判斷；然後採取行動。

B

巴哈和莫扎特（Bach et Mozart）

巴哈和莫扎特以他們個人的方式，讓我們愉悅。巴哈的音樂，以數學的規律性與智慧，喚起我們內在的寧靜和感恩，帶動平和的奔放力走向神聖，讓人想要潛心祈禱、看向天空、相信上帝。莫扎特的音樂，則是以輕盈和優雅，活躍我們的歡欣，讓人渴望走出去、微笑、生活、周遊世界，並且發現世界之美。

享樂的天平（Balance hédonique）

有白色，有黑色；有幸福，也有不幸福的時刻。最後，大腦把這些都放在天平的兩端。想讓生命美好，該怎麼斟酌，又該怎麼取得恰到好處的平衡呢？我們顯然需要擁有比負面情緒多出兩到三倍的正面情緒，才能讓自己感覺良好。因此，沒有必要強求全然的正面，或者擔心自己的憤怒和痛苦。然而，重要的是，必須有足夠的快樂幸福時光，確保可以限制、抵消，並且讓你好好管理負面情緒。

福佑（Béatitude）

福佑，就是「上帝應允信者，獲得自己真正想望的幸福」。福佑，經常被人嘲笑；他們以為接受福佑就表示把自己降低到幼稚、仰慕的被動狀態，在塵世間不再具有運作的能力。我們無法追求到真正的福佑，因為它不屬於這個世界；我們只能試著做好，讓自己心安理得地享有福佑。有時候，在生命中某些完美和諧的時刻裡，我們能夠感覺到一點福佑的滋味。幸福，正猶如預感到福佑的美味……

八福（Béatitudes）

在「登山寶訓」裡，耶穌宣揚了著名的「八福」——即是，虛心的人、溫柔的人、哀慟的人、饑渴慕義的人、憐恤的人、清心的人、使人和睦的人、為義受逼迫的人，有福了。有福是「應當歡喜快樂，因為你們在天上的賞賜是大的」。這是耶穌對不幸和善良的人所說的一段話，並且承諾他們永恆的幸福王國。對於不幸之人，將能獲得安慰作為幸福，因為上帝是美好又仁慈的。對於善良的人，自己的美德即是獎勵，因為上帝顯然希望我們可以在人世間享受幸福的況味。否則，為什麼上帝要鼓勵能夠給自己和他人帶來快樂的美德呢？

美（Beau）

這是一個美感誕生的故事，一個關於自然之美靈啟誕生的故事，發生在某一年暑假的阿爾卑斯山，我們和表兄弟姊妹一起在山裡的一次小遠足。我最有運動細胞的一個女兒，和她的兩位女友，也與我們同行。走了一段路之後，來到一片森林，就在登上壯麗的山頂之前，眼前出現一個巨大的天然圓形劇場，真是神奇的美景。我們選的是一條比較容易上山的路徑（識途老馬們熟知的大摩公山〔le Grand Morgon〕）。我覺察到女兒被這個地方感動著，而且這好像也是第一次，女兒在我還沒跟她說什麼之前，自發地驚嘆道：「爸爸，這裡真是美得讓人不可置信！如此美麗，讓人以為好像置身在電影《魔戒》裡一樣！」

然而，就在說出驚嘆美感的這一刻之後，她隨即嬉鬧起來，同

行的朋友也跟著一起發起野瘋，這群女孩尖叫著，像高山草原上的小馬兒。她們以另一種肢體方式，來讚嘆眼前的美景。

隨後，登上山頂的路徑有點陡峭又有些遠，不免伴隨著埋怨；但是沒關係，因為我見證了一個誕生——一個美感的誕生。總而言之，這是一種感動的能力，一種為之歡愉並且能夠說出來的能力。多麼美好的一天啊……

安適（Bien-être）

這是一種動物性需求，並且是身體上的條件——就是沒有任何一處不舒服、就是肚子飽飽的、就是在一個愉悅舒適的地方、就是被仁慈所包圍並且感到安全。這就已經很不錯了！通常對動物而言，這已經足夠了。但是對人類來說，並不盡然，他們有兩條途徑可以選擇。就量的方面，我們藉由參與不斷更新且越來越多的外在樂趣，繼續尋求、增加或延長安適的感覺。就質的方面，我們則轉向內在的追求：意識到這樣的安適，並且將它昇華為幸福。這樣的經驗因此顯得更耀眼、更有意義，也有可能成為更深刻的記憶（反之，單純的幸福往往容易被人抹滅或遺忘）。這裡只有一個練習可做，這也是正向心理學最重要的練習之一：享受並且意識當下的幸福。必須不放過當下所有的幸福嗎？也許並不盡然。因為，生命裡除了幸福之外，還有其他目標。不過，還是要盡情去追求幸福吧！

主觀安適（Bien-être subjectif）

大多數科學研究裡，幸福的學名是「主觀安適」。在研究人員

眼裡，「幸福」這個名詞含有太多哲學和宗教的意味了，所以創造出了「主觀安適」一詞，雖然少了些性感，卻不會有歷史的包袱，因此也比較不會挑起太多的爭議……

仁慈（Bienveillance）

仁慈，就是見賢思齊。帶著友好的眼光看世界，永遠不會忘記人類的良善、脆弱和令人感動之處。必須學著超越那些煩心或失望的事情，不要因此而卻步。仁慈是雙慧眼，可以看穿惡劣的態度和不良的習慣，穿透防禦和挑釁的硬殼，直視他人內心脆弱的地方。仁慈，也可以掃除痛苦，除去信仰的浮誇，這些都是人類偽裝成強勢或聰明的手段，是幸福的障礙。仁慈，是一種生存的決定：決定邁向生命，期望見證生命美好的一面。這並不是說，只看生命好的一面，而是說，首先從生命好的方面開始。

仁慈，是迎向世界與世人的最佳基礎。大家都從仁慈善心開始的；然後思考：仁慈不會讓人喪失批判能力。必須由仁慈善意出發，而不是像那些亂發牢騷的人，總是先以挑剔和惡意的眼光評斷事情。要注意的是：仁慈不是寬容那些會困擾我們的事情。仁慈不是中立，而是大氣；不是退縮，而是往前。

練習仁慈：先從心情好的那天開始，從不太會困擾到自己的事情開始鍛鍊。然後，增加難度。如果在非常惱火或身心狀況不佳的狀態下，還能夠保持仁慈善意，那就表示已經達到登峰造極的修養了。我還從來沒有到達過如此境界；因此，只能保持沉默和傾聽。

別人的幸福（Bonheur des autres）

能為別人的幸福感到快樂是件好事，這表示，我們已經瞭解了兩件重要的事：第一件是，我們已經瞭解，羨慕和嫉妒是不必要的痛苦。其次，我們也瞭解，別人的幸福對我們來說永遠都是好事，它不會減損我們，而是能夠美化世界。因此，無論是在情感上或智識上，忌妒他人一定是錯誤的，因為這會增加自己的不幸，而且這也是個錯誤的判斷。因為，如果別人幸福，對我們也是有利的——人類越幸福，相處就越愉快，世界就越宜居。

幸福與慾望（Bonheur et désir）

慾望，讓人心頭發癢；幸福，則讓人輕盈起來，不再需要任何東西，只希望這樣繼續下去。幸福的時光，就是慾望的消失，在那一刻，我們擁有了一切所需。儘管這裡所謂的「一切」並不是指什麼大不了的事，可以是一縷陽光，可以是孩子的笑聲，也可以是一本讓我們增長見聞的書；當下，我們是幸福的，這就足夠了。幸福，就是豐足（「擁有自己所需要的」）和安撫（「不再需要其他任何事物了」）。

幸福和快樂（Bonheur et plaisir）

快樂，是一種愛撫；幸福（一旦我們意識到它的含義和影響時），則是由這種愛撫形成的恬靜顛覆。夏日宜人的涼風輕輕撫過臉上，這是快樂。意識到這涼風代表的所有意義（「我活著、現在是夏天、天氣溫和、自己擁有一副軀體」），這就是

幸福。

好心情（Bonne humeur）

好心情，是幸福的情緒，幸福的小零頭。比方說，銀行鈔票，
是幸福的時刻。樂透彩金，那數字後面的零，多得甚至令人不
知怎麼說出數字，那是極樂──無妨作作白日夢，但可別指望
太多。

善行（Bonnes actions）

童子軍承諾力行善事。他們的百件善事列表裡，我發現了一
些特別是在營地要做到的善行──幫助比自己年幼的童子軍提
水；照顧心情鬱悶的人；對請求服務的人抱以微笑（即使對方
一再要求）；和解吵架的人；顯揚一位剛被批評的人的優點；
放慢腳步陪同疲憊的人；微笑感謝那些拒絕我們熱情的人；冒
著水被喝光的風險，把自己的水瓶借給別人；隨手關上營地或
牧場的柵欄；拿掉黏在狗毛上的薊刺；借東西給別人的時候要
微笑；主動幫忙，不要等別人開口要求；把路上被輾碎的蝸牛
（或刺蝟）撥到路旁；掛好曬衣線上掉下來的衣物；安撫生氣
的人；阻止遊戲作弊；向鄉間路人問好；拾起草地上的繩子；
撿起地上可能會造成危險的玻璃碎片；撿起草地上的錫箔紙或
灌木叢附近的廢紙；有人在十字路口猶豫時，幫忙帶路；清理
讓樹木窒息的常春藤；與自己不是特別喜歡的人分享點心；與
別人分享自己用零用錢買的東西；加滿借來的水瓶（或水桶）
後，才歸還主人；仗義保護弱小；重新定向一個意見分歧的議

題……

當然，我們可以認為這些都是對童子軍的期許；但是，如果大家每天也都這麼做，相信地球上的氣氛會大大改善。

良好情操（Bons sentiments）

有一件事情令我憤怒到最高點：有些言論，一味批評感化人心的文學，責難道德的宗旨，將其冠以「教忠教孝」（moraline）[1] 之名，並極盡挖苦之能事，實在令我忿忿不平。這樣幸災樂禍地打擊「良好情操」，總讓我不寒而慄。以似是而非的巧辯作藉口，結果就成了真確的智識；至少在法國，批評而不尊重幸福，仍然被認為是高尚的行為。[2] 使用的方法始終都是同一套，即是，為了拒絕而曲解；他們將那些行之已久的忠告，轉換成「幸福的獨裁」，將那些簡單（卻很難實際應用）的建議，說成是「白痴的竅門」。他們就這樣來挑釁身為治療師的我。我的經驗是，讓一個有良好情操的人睜開雙眼看清現實，比讓一個負面的人擁有仁心善意來得容易。就這方面而言，解救過度重視教化，是比解救負面否定來得容易。

「起來，動一動！」（《Bouge-toi les fesses!》）

在行為治療中，或是在生活裡，都應該盡量做一些我們建議別人做的事情。只會建議別人做，自己卻不去實行，那是多麼荒誕的想法！

有一天，我和一位正處於輕微憂鬱期的病人談話。他告訴我，

自己有嚴重宅在家裡的傾向；坐困愁城，少有行動，幾乎足不出戶，動也不動。他原本就是個在家工作的人，這樣的情況讓他的生活幾乎靜止了！憂鬱症會變得更壯大的原因之一，就是這樣靜止不動的生活方式。於是，我們開始全面思考，有什麼事情可以讓他重新投入、行動起來。

突然，我意識到當下的情形真是有點荒謬──就在討論如何行動的同時，我們自己卻牢牢地黏在椅子上！於是，我告訴他：「嘿，走吧！穿上大衣，我們到外面繼續討論，出去蹓蹓！」他有些驚訝，但還是欣然接受了。外面的天氣糟透了，又陰又冷，還下著毛毛細雨，是典型的十一月天，淒風苦雨。但是，沒關係，我們先在聖安娜公園（Les jardins de Sainte-Anne）走了一下，接著又到了鄰近的老鼠山公園（Le parc Montsouris）。我們一邊走路一邊說話。最後，回來時我們既平靜又高興，慶幸擁有這一段邊走邊談的時光。

病人告訴我，這段散步讓他十分受益；他想起了，朋友偶爾在週日來看望他時，他們會一起散步。他非常喜歡與朋友一起散步。其實，我也很高興能與他在這樣灰澀的天空下走走。突然間，天地變得不再那麼糟糕掃興；在這樣的一天裡，加入了這段一同散步的插曲。

我要求病人，每天都應該要走一個小時，就像我們剛剛一起出門散步那樣。我提醒他，一個防止胡思亂想的方法是：與其用意志來制止，倒不如出去走走。當我們互相道別的時候，我已經迫不及待想再見到他，好想快點知道，這方法是否對他有效！

微笑的麵包師（Boulangère qui sourit）

我在距離住家有點遠的一家麵包店裡買麵包。下午七點二十五分，麵包店快打烊，已經沒有多少選擇了。我前面的一名年輕女子問麵包師，是否可以只買半條麵包。她解釋說：「只是要做個三明治。」女麵包師回說不行。可是再過五分鐘就打烊，麵包可能就賣不掉了。讓我驚訝的是，女麵包師帶著非常甜美的笑容，既不矯揉也不挑釁，更沒有任何尷尬。僅僅一個真正的微笑，一切盡在不言中；她表明理解客人的意思，但是她不接受客人的要求。既沒有解釋，也沒有不愉悅的情緒，就只是一個平靜、充滿笑容的「不」。坦白說，如果是我，我會賣那半條麵包。但是，這並不是讓我最感興趣的地方。我最感興趣的是她的笑容，實在太厲害了。這位看起來並不特別好商量的客人，面對這斷然的拒絕與坦然的微笑，顯得有點吃驚，旋即也微笑回答：「好，我就買整條好了。」她甚至還跟麵包師天南地北地聊了起來。這不禁讓我想起了住家附近的女麵包師，經常粗魯又不苟言笑（但是，她店裡的麵包真的非常好吃！）。同樣的情況，當她說「不」的時候，會因為脾氣如此惡劣，而讓人覺得有十足的攻擊性。而我剛剛見證的這個「不」，處理的是同樣的問題（必須買整條麵包，或是什麼都不買），但是在應對關係上，卻進行得如此順利！有人會說，好了，基本的問題不就是麵包嘛。可不盡然，不是這麼簡單，應對方式也是很重要的。麵包和應對，人類的兩種食糧。微笑地說「不」，是一種緩和的方式，你同時接收「拒絕」和「微笑」，那麼，被拒絕就變得僅是小小的痛苦罷了。

1. 譯註：moraline 一詞，頗含貶意，尼采曾用來形容基督宗教的道德。詞源學名詞後綴用法中，-INE，廣泛應用於藥品的名稱上。「moraline」是虛構的藥名，描述使用一個虛構的產品來提振士氣。

2. 譯註：作者批評法國社會以崇尚智識為先，鄙視道德的行為。

選擇
Choix

你往往不會想到，
桎梏於自己的舊觀念；
然而，你還是有選擇的：
說出來或生悶氣，建構或破壞，
嘟嚷或微笑。

C

購物推車或現實生活（Caddie ou la vraie vie）

滑雪度假的某一天，輪到我到當地小超市，準備二十人份的食物。選了一些東西放進購物推車之後，我就逕自離開，鑽到角落裡的開架上找東西去了。當我抱著一堆牛奶食油之類的物品回來的時候，購物車竟然不見了。我到鄰近的走道找了一下，糟糕！推車竟然不翼而飛……誰會偷一輛購物車呢？我告訴自己，應該是放到別的地方了，於是我重新再找。忽然，我看到自己原先買的東西，被扔到一堆胡蘿蔔上──顯然是有人拿掉了我的東西，然後佔用了購物車，就這麼讓我灰頭土臉地找了一刻鐘。當然，我起先有點惱火，因為被人敲走了一塊歐元。重點是，我還得再回去停車場推另一輛購物車。其實，最讓我難過的是，人心不古。

我四下環顧，看到的不再是單純誠實的遊客和與世無爭的當地人，而是潛在的罪魁禍首；在我眼中，只剩下無禮、懶惰、不誠實和沒有公德心的人了。總之，只因為一個人，就毀了超市的小小人倫。我被這個迷你罪行困惑不已──那個手腳俐落偷走別人購物車的顧客，如何能夠泰然無事地塞滿一車的食物後去結帳呢？

我不喜歡面臨這樣的情形，這讓我傷心，並且得費盡心理能量才可以冷靜下來。權衡輕重後，我告訴自己，這沒什麼大不了的，還有比這嚴重許多的事呢。而且，這樣的小小惡作劇，一直都存在。做這些事的人，在我需要幫助或遇到麻煩的時候，也許也會慷慨相助。總之，我必須費一番功夫，才能讓腦子清

靜下來——重新讓次情緒（憤怒）升為主情緒（悲傷），然後安撫悲傷的情緒使其平靜。

話說，我新拿到的購物車，可是寸步不離開自己的視線了。每次跟一個「嫌疑犯」擦肩而過時，我總是帶著警察的鷹眼：這個人笑得太開了一點？眼神飄移？舉止怪異？該不會就是他吧？

這個故事的教訓是：我還是像平常一樣，蠻幸運的，只失去了一歐元和五分鐘。只花了這麼小的代價，就得到了兩個實際的小提醒：一、惡搞是生活的一部分；二、即使像我這樣的心理醫生，也和其他人一樣，雞毛蒜皮的蠢事就能讓我落入巨大的情緒風暴裡。

加油，老兄，努力吧……

正面調焦（Cadrage positif）

正向心理學，就是要不斷地調整取鏡，又要姑息馬虎。調焦的方式，最好是既溫和又堅定。

有一天，我參加了一場會議，有個被稱為「調介者」的人，邀請大家向演講者提問。他是一位經驗豐富的主持人，因此很清楚，經常有一些要求發言的人並不是為了提問，而是想要進行一段漫長的獨白，發表自己對演講內容的看法。結果往往是滿廳的抱怨。因為，這段長篇大論即使有趣，也會縮短了大家可以問問題的時間。況且，規定就是規定，必須遵守，大家都要盡量言簡意賅。那天的主持人很幽默，有點調皮但又很清楚地

說：「好，我們現在就開始接受提問。我要提醒大家，所謂的問題就是：簡短，並且以問號作終結。」如果我沒記錯的話，那天多虧了主持人，我們經歷了一場名副其實又非常有趣的提問時段……

蟑螂、櫻桃以及負面迂迴
（Cafards, cerises et biais de négativité）

這是實驗心理學一個著名的例子：一隻蟑螂足以讓人對一碗漂亮的櫻桃卻步；可是，一顆漂亮的櫻桃卻不足以使一碗蟑螂變得吸引人。實踐正面心理的最佳理由之一是：如果不這樣做，就會變成負面迂迴的受害者。為什麼負面總是比正面強呢？因為，我們的大腦是以確保存活為先決條件，而慢慢進化形成的。因此，大腦總是全面優先考慮壞消息，來面對一切可能的危險（例如捕食者的攻擊）。至於「好消息」的處理（例如尋找食物、休息的地方或者性行為等等的可能性），則排在第二位。始終都是如此。始終都是將存活列為優先考量，即使因此而錯過吃、喝、休息或消磨時間的機會。不能忽略任何一個攻擊者或任何一個可能的生命威脅。因此，生存第一，生活品質則其次。這也就是為什麼，感受負面情緒總比感受正面情緒來得更容易，也更快速；因此，負面情緒持續的時間往往比正面情緒來得長，帶給我們的感受也比正面情緒來得更強烈（記得危險，永遠比記住美好的時光來得重要）。今日，我們不再生活於布滿捕食者的叢林裡，因此，我們必須盡力重新平衡這一切！

卡里古拉（Caligula）

在集體印象中，卡里古拉是個瘋狂、墮落又殘暴的羅馬帝王。因為他殺人不眨眼的妄想症，最後終於被自己的禁衛軍暗殺了。而一般人所不知道的是，他統治初期，在他的名字還沒淪為瘋狂的代名詞之前，卡里古拉其實非常英明，廣受人民愛戴。到底是怎麼回事呢？有人指出，是因為權力的腐化。卡繆¹筆下一部名為《卡里古拉》的戲劇中，則提出另一番假設。卡繆認為，導致卡里古拉瘋狂的關鍵，可能是因為他深陷在一段自己無法接受的死亡痛苦裡。

卡里古拉：一個女人的死亡，有什麼大不了的！不，不僅僅如此而已。這是真的，我似乎還記得，就在前幾天，我曾經深愛的女人死了。然而，什麼是愛呢？微不足道罷了。我發誓，她的死亡，實在沒什麼；只是告訴了我一個真理，一個讓我不得不看清月亮的真理。一個再簡單清楚不過的真理，有點愚蠢，卻很難找到又很難承受的真理。

赫利功（Hélicon）：這個真理究竟是什麼呢，卡尤斯（Caïus，譯案：就是卡里古拉）？

卡里古拉，**轉用一種平淡的語氣**：人死，人不幸福。

卡里古拉剛剛痛失了妹妹，同時也是他亂倫的情婦。這般深沉的悲愴，把他推向了毀滅性的憤怒，遷怒於一切與幸福相似的事情。我們也是一樣，每當被痛苦淹沒的時候，也像卡里古拉一樣，被推進厭惡世界的深淵。

死亡集中營（Camps de la mort）

集中營是恐怖和不幸的顛峰，沒有任何事物跟本書標題的關係，比集中營來得更遙遠的了。但是，歷史學家感興趣的是倖存者的回憶——人囚如何能夠存活下來，如何能夠面對這樣的恐怖、這樣的絕對苦難？

以我之見，若不仔細研讀倖存者的文獻，就不可能對「幸福」產生任何形式的思考和理論。在這些豐富、感人又令人不安的史料裡，有幾件事情深深地打動了我。首先是，女性存活比例比男性高出許多。其中最有說服力的解釋是，女性彼此之間表現出來的相互支援；相對的，男性常常互相忽略或彼此對立。社會關係是正面情緒最強大的泉源之一，除了實質的影響（例如工作、取得食物時互相支援），社會關係也造成心理影響，而且非常可能就是促成集中營裡女性存活下來的原因。我不知道在這裡談幸福，是否合理、是否有些褻瀆？但是，在地獄般的境況下，這種人性溫暖所帶來的撫慰，想必是無比珍貴的。

這些集中營文獻裡透露出來的另一個驚人現象是，審美和智力經驗的堅持，像是面對落日、詩歌、歌曲或音樂而深受感動時，筆下所流露的情感。然而，集中營裡的人囚並非都是藝術家或知識分子。這一切未必直接攸關幸福，卻是一種正面的情感、一種提升，就像我們感受到壯闊美麗時，能使人超越平凡。這種昇華感動了我們平凡的生活，於是成了動人的經驗。當它出現在死亡集中營，出自那些受到死亡以及不人道威脅的心靈時，是多麼令人震驚。有時，這甚至是一種救贖。

卡桑德拉（Cassandre）

卡桑德拉是特洛伊王普里阿摩（Priam）的女兒，非常漂亮。她得到阿波羅神的恩典，能夠預測未來。然而，這個恩典並非沒有私心的──當卡桑德拉拖延阿波羅的求愛時，阿波羅的報復就是讓她所說的話永遠不被相信。卡桑德拉一輩子都在預言即將降臨在她和家人身上的恐怖和不幸，但是沒有人聽信她，而這些不幸都應驗了。傳說中還提到，每個人都試著迴避她；這也難怪，悲觀的人總是讓人厭煩，因為他們最終會讓周遭的人沉重無比，令人想要遠遠逃開，導致眾叛親離。不過，還是要試著聽聽他們說的話（有時候也是有道理的），然後重新調整他們所說的話（他們很煩人，並且自討苦吃）。

因果（Causalités）

心理學的「因果」一詞，常針對我們的個性：「她很悲觀，因為她父母就是悲觀的人。」或者針對事件：「我沒法融入今晚的聚會，我覺得很不自在，因為在場的人學歷涵養都比我高。」有時候，探究為什麼很有趣，但往往也會讓人落入陷阱。只要研究改進的兩個面向之一：一、「為什麼我會這樣？」；二、「怎樣才能改變？」不需要花太多時間自問「為什麼我們不能更快樂」，應該多想想「怎樣能夠快樂」。

妥協（Céder）

以幸福和福祉之名，要妥協到什麼程度，才不是懦弱呢？即使朋友做錯了，也不對他生氣？不糾正一個沒禮貌插隊的人？智

慧何時停止，放棄又何時開始呢？只顧自己的舒適，是不是就等於放棄公共利益？我沒有放諸四海皆準的答案。否則，有時犧牲這種舒適是會引來爭議的；因此，只在心平氣和的時候，再這樣做吧。

正向反心理學的確定（Certitudes antipsychologie positive）

正向反心理學，可以是激進的：「這些幸福小伎倆，都是胡說八道、錦上添花，行不通的。」若不那麼激進，則會說：「不管怎麼說，這些對我不管用。」過渡時期則說：「我現在心情不好，一聽到幸福就讓我惱火。」在我看來，只有後兩者才能找到出路。

大腦（Cerveau）

顯然，我是否舒適安康，關鍵幾乎都在於大腦的運作。雖然，身體其他部位如心臟、胃或皮膚等也有作用，但仍以大腦為平台，以它為控制站、終點站，是至關重要的中心。多虧了我們把這個領域誇大稱為「幸福的科學」，還有神經影像學、神經生物學等等，我們開始知道，快樂或不快樂的時候，腦殼裡到底發生什麼事——什麼地方發生何種動力節奏的變化、什麼部位開始消耗過多的氧氣、哪些部位進入睡眠狀態……。有些人擔心，科學的探索會讓我們的生物小祕密日益透明化。對我來說，這些既不會打擾我，也不會讓我特別關注，反而令我心安——這些反覆平穩的努力，可以跟藥物或毒品一樣慢慢改變大腦正確運作，甚至更有效。這讓我很開心！

幸運（Chance）

法國人是出了名的愛發牢騷、情緒抑鬱。這跟他們對幸福的看法有關嗎？在法文中，「幸福」一詞的字源是「好」和「運氣」兩個字的組合。這麼說來，「幸福」就意味著要靠運氣囉？這樣的想法足以讓人打消努力的念頭，只會助長我們悲觀埋怨的一面。然而，我們都錯了：針對幸運所作的現代研究表明，運氣不是從天上掉下來，而是由非常務實的態度和行為所累積的結果，只是我們沒有意識到。

第一點：幸運是一種心態，一種理解生命的方式。有一個測試：您正在銀行提領支票本，一名蒙面男子出現，揮舞著槍要錢；逃離之前，為了嚇唬群眾制止追捕，歹徒舉槍四面掃射，一顆子彈打中了您的手臂。您到底是幸運，還是不幸呢？假使是個憂鬱的人，他會說，真是運氣不好！如果我早五分鐘或晚五分鐘到，就不會碰上這樣的麻煩了。而且，我還是唯一受傷的人。然而，假使是個快樂的人，他會說，好險！只差二十公分就是心臟，幸好有守護天使的保佑！

第二點：幸運也是態度的總和，有利於好事的到來。曾有研究顯示，自認為幸運的人，到達新環境的時候，較會環顧四周（在一項研究中，他們能夠注意到研究人員放在地板上的鈔票），或者比較容易與陌生人談話（能夠接獲訊息、微笑、溝通等等，對他們來說，當下接收到這些訊息是愉快的，以後也可能對他們有利）。因此，幸運和正面情緒之間，存在著良性循環：越快樂，我們就越幸運；越幸運，就會令我們越快樂。這似乎也

是最強的因果關係：感覺幸福讓人更幸運。幸運，就好比幸福的副作用……

改變：可能性（Changer: la possibilité）

幸福的能力是否有可能再進步呢？長期以來，人們一直認為這是不容易的。無論是在極度傷心之後變得更好，或者在狂喜之後變得更糟，總是不可避免地又會回到折衷的地帶。這都是真的，然而現在我們重新發現了，有利的事件發生之後，或者經過一番努力之後，我們可以更穩定、更持續地提升幸福感。因此，好消息是：我們比較不會受到自己的過去、不安和習慣所設定。不太好的消息則是：這也可能有相反的作用。如果我們一直反芻或抱怨，或專注於生命中不好的一面，幸福感是會降低的。因此，要當心注意，保持一定的幸福感！

改變：步驟（Changer: les étapes）

美國作家馬克‧吐溫（Mark Twain）說：「改掉習慣，不是把它從窗口扔出去，而是必須帶領它一步步走下樓梯。」事實上，光決定要幸福，是絕對不夠的。就像任何學習一樣，還需要有步驟的計畫。想想你為了要更快樂所付出的努力，就像慢跑或健身所做的努力一樣──有些日子裡，我們提不起勁，但是如果還是去做了，通常會覺得比較好。總之，在任何情況下，做一定比不做來得好多了……

淋浴時唱歌（以及在其他地方唱歌）
（Chanter sous la douche [et ailleurs]）

　　我表弟馬克常常在淋浴的時候開懷唱歌。當我們一起度假時，老遠就知道是不是有人在使用浴室。他總令人不由得微笑起來，想攫住幾個從他歡樂的肺裡高聲飛揚出來的幸福分子。聽人唱歌，真的能讓人心情愉快。春天的一個週日早晨，窗口飄出來揚溢的歌聲，原來是我另外一位表弟在淋浴的同時，歡喜地唱著歌劇；他是個喜歡在角落裡獨自唱歌的小孩。歌聲裡，洋溢著小確幸。不言而喻，歌聲本身傳遞的就是幸福。只需要聽著那高揚的欣喜，就像卡通影片《叢林奇譚》（Le Livre de la jungle）[2] 裡，透過棕熊巴魯唱給毛克利的生命寓意：「只需要少少一點，就能幸福。」大多數人都以為，必須要克服自己的憂慮和不幸，終究才能幸福（就像一首美國歌曲：「別擔心，要快樂」）。另外，有些人總在提醒，不幸從未遠離，就如夏爾·特雷內 [3] 唱的《我高歌》（Je chante），很少人知道，歌曲以自殺作結束：

繩子，

你將我從生命裡解救出來，

繩子，

接受祝福吧，

因為，多虧有你，我才能歸還靈魂。

今夜吊死自己。

並且，從此……

我高歌！

夜晚和清晨高歌,

我高歌

在不同的路上。

出沒於農場和城堡,

一個唱歌的鬼,大家都覺得很有趣。

我躺下,

在滿布花朵的斜坡,

蒼蠅

不再咬我。

我很快樂,一切都好,不再飢餓,

真是幸福,終於自由了!

儘管如此,這首歌仍然是法文歌曲裡,講述幸福最優美的歌曲之一;正因為它提醒了歡樂裡的悲傷,讓這首歌成為最強烈的歌曲之一。

「去除本性,馬上又故態復還」
(《Chassez le naturel, il revient au galop》)

我不喜歡這句話。因為它會讓我們很快就放棄改變的努力。當我們決定改變自己習慣性的情緒(比如少發牢騷、少抱怨、看事情的光明面、珍惜美好的時光,表達自己愉快的情緒……),單單期望是不夠的,還必須經常培養和練習設定的行為和態度。這就好比試圖跑得更快更久,或希望有更多的肺活量、更好的體力以及柔軟度。我們都知道,就像慢跑、瑜伽或健身運動一樣,僅僅希望是不夠的,還必須定期鍛鍊。希望改

變情緒和心理，也是一樣的：只有規律地實踐，才能使自己不斷進步。如果我們停止跑步，肺活量就會減弱；如果我們停止快樂，就會失去幸福。

狗和貓（Chiens et chats）

研究告訴我們，貓和狗常常是主人幸福的泉源。儘管貓狗各自風格不同，卻也可以算是快樂大師。我們比較容易佩服貓兒們，那十五到十八個小時完全放鬆的長長午睡時間。可是，狗兒們或許更是幸福：像人類一樣，狗對主人無條件的愛是肯定的，這也正是它們能夠擁有強大幸福感的原因。從貓和狗身上，我們可以得到啟示！我們在與人交往時，可以有時像貓，有時像狗！隨著對象的不同、時間的不同、心情的不同，以及親人的需要……有時保持親切的距離，有時又能無條件給予。

選擇快樂（Choisir d'être heureux）

我們真的可以說「我選擇幸福」這樣的話嗎？生命裡的某些時候，並不允許我們這樣說，因為在那些時候我們只能為生存奮鬥，別無其他選擇。但在其餘的時間，我們可以選擇照看幸福，留心幸福產生的條件。選擇讓幸福容易一些。

選擇（Choix）

在富裕的消費社會中，我們往往以為有更多的選擇是一件好事。然而，並非無時無刻、何時何地都是如此。在十五類品牌的橄欖油、二十種款式的車型、三十個度假地點之間做選擇，

並不真的是一件多麼好的事情——還記得最後一次面對幾十道菜單的餐廳，自己是如何卻步的嗎？這樣多如牛毛的選擇，存在著兩個缺點：一來，我們必須承受不必要的迷你焦慮；再則，白白耗費心力。事實證明，完美主義消費者（即「做最好的選擇」）相較於權宜型消費者（「好吧，別再自找麻煩了，這東西看起來還行，就是它了，我可沒那麼多閒功夫……」），多了焦慮又不容易快樂。想來，這道理適用在超級市場裡，也適用於我們的生活。不要混淆富裕和自由，更不要混淆富裕和幸福……

嚴肅的事情（Choses sérieuses）

生活中，有嚴肅和不嚴肅的事情。對很多人來說，心理學並不在嚴肅事情之列，更不用說正向心理學了。有一次，我為一所著名的菁英學校校友演講，主題關於幸福。與會人士都有相當高的科學涵養，因此我非常著重強調正向心理學的學術研究。根據他們的表情和反應，我準備的內容相當適合……主持人禮貌地聽完了我的演說，與聽眾之間一連串的問答之後，就在我正要離開講台時，他介紹下一位演講者出場，該講者也是這所菁英學校的會員。主持人說：「我們再次感謝安德烈博士！好，現在，讓我們言歸正傳……」此話一出，引得全場哄堂大笑！不言而喻，原來我扮演的角色，不過是熱場的舞者或小丑，充其量，就是餘興大家。若是在幾年前，這樣的事可能會惹惱我，但現在已經不會了。我甚至覺得有趣——在生命的大舞台上，最好還是要確切知道自己處在什麼樣的位置！

墓地（Cimetière）

墓地是深思幸福最理想的地方（當然不是在親朋好友的葬禮上）。墓地裡，我們可以找到安寧與孤獨，感知時間正在消逝，預示有一天我們也終將消逝，一切事物的相對性：所有的點點滴滴，都在幫助我們了解，在下一步來臨之前，人世間的生命，是多麼令人興奮的機緣。當然，這樣的練習只能在心情好，並且沒有什麼大災難的時候做。在平靜的時刻，做這樣的練習，總是比較恰當的。

蕭沆（Cioran）

我實在有些費解，為什麼自己如此需要閱讀蕭沆的書。儘管蕭沆的親朋好友形容他是個時時愉悅且充滿幽默的人，然而，蕭沆卻著迷於陰鬱，就像保羅·梵樂希 [4] 著迷於學識一樣。例如蕭沆寫道：「我生，只是因為我可以依照自己的意願選擇死亡：若不是抱持著輕生的念頭，我早就戕害自己了。」或者又像他寫道：「精子，是純然的盜匪。」長久以來我一直自問，為什麼會如此喜歡像蕭沆這般陰鬱又悲觀的作家，而我卻是有志於幸福的追求。我一直認為，這是因為他說出了我悲傷和抑鬱的底調。或者因為他是個反模範：一旦超過一定的程度和一定的重複性時，哀傷和悲觀就不再具有傳染性了，這就是所謂的飽食效應。即使是喜歡的事，也會因為「過多」而導致「停止」。記得以前，我們為了治療吸菸成癮，有時候甚至要求他們一根接一根不停地吸菸，直到嘔吐。高度悲觀，也可比擬飽食效應，因此具有挑戰性。或許，也讓我們想要擁有輕盈和幸

福，並顯示出承受生命的絕對必要。我喜歡蕭沆，也因為他很清楚我們思維的陷阱，以一種嘲諷的智慧，揭示我們的錯誤和過分：「焦慮——應該可以說是最糟糕的狂熱。」有一天，是克里斯提昂·博班讓我睜開雙眼，明瞭自己為什麼如此喜愛蕭沆：「實際上，他完全釋放了現實希望的領域，因為他袪除了所有輕易的沉醉〔…〕。他用一把小刷子，清除了所有垃圾般的輕易安慰。對我而言，經過此番清理之後，真正的話語才能開始。他做的是冬神的工作，終於清除了枯枝：這就是所謂的為春天做準備。」我喜歡蕭沆，正是因為他為我們清掃並且開出面前的幸福之道。

鐘聲（Cloches）

一個春天的星期天早上，所有的鐘聲響起，太陽已經高掛天空，空氣開始和暖。再過一會兒，朋友們來家裡，我們準備在花園裡午餐，其間或會有孩子們的叫聲和蜜蜂嗡嗡的聲音。很幸福的感覺。因為我出生在一個天主教國家，鐘聲的音韻律動著我的童年，以及日後的生活。突然間，我不禁自問，如果是穆斯林又會是什麼樣的光景呢？同樣是春天的早晨，清真寺的祈禱召喚，是否也帶給他們同樣的幸福喜悅和回憶呢？

協調一致（Cohérence）

那些騙子、說謊癖的人、邪惡的人、虛偽的人、暴力的人、有問題的人以及製造問題的人，他們能夠幸福嗎？他們是不能幸福的。他們能感受的是快感、舒緩、滿意，而不是幸福。他們

永遠無法感覺到與世界和平一致，也永遠無法感覺到自己正在對周遭的人行善。我一直無法相信，混蛋也能幸福。

結腸鏡檢查和終峰定律（Coloscopie et règle pic-fin）

是的，我知道，結腸鏡檢查與正向心理學實在沒有直接的關聯。然而，你會明白的⋯⋯

這是 1990 年間進行的一項科學研究。當時，結腸鏡檢查往往在沒有麻醉的情形下進行，因此是一項相當痛苦的檢查（從肛門插入導管，探測病人的下消化道）。參與研究的一百五十四位患者，必須每分鐘記錄下自己的痛苦指數（由0表示無疼痛，到 10 表示無法忍受）。有些結腸鏡檢查時間很短（歷時四分鐘），有些很長（超過一小時）。檢查結束後，由「痛苦量表」可以判斷出，曲線以下面積越大者，病人所受的痛苦就越多（最後獲得兩類結果，得出以下Ａ和Ｂ兩種不同病患的曲線）。然而，當他們被問及整個過程中所受的痛苦時，病人的主觀判斷與客觀測量卻不盡相同。自我疼痛的評估，實際上涉及兩個具體的因素：感覺最疼痛的時刻（即「顛峰」痛苦），以及檢查結束時的疼痛感覺。這就是我們所謂的「終峰」定律。所以，如果我們再回來看那兩條曲線，結腸鏡檢查時間短暫、總疼痛量較少的患者Ａ所保有的記憶，比檢查時間漫長、痛苦較多的患者Ｂ來得糟糕。患者Ｂ在檢查接近尾聲時，疼痛早已經降到可以忍受的程度；然而，患者Ａ的檢查，則結束在最糟糕的痛苦顛峰上。

腸胃專家或疼痛專家當然對這類研究結果非常感興趣──當痛

苦以舒緩的方式結束時,能夠淡化痛苦的記憶。這無疑就是分娩的情形:當過程完美地畫上句點時,大多數女性都願意再重新體驗相同的經歷。現實中,在整個生命裡,我們也是以這種方式來運作的。我們有一個強烈的傾向,就是以終峰定律來判斷生命中愉快或不愉快的事件:二十年的幸福婚姻記憶,很可能因為最後一年離婚時的衝突,而付諸東流。終峰定律,作用於生命中的任何時刻。研究顯示,如果要求受測者每天評估他們的假期,最終的結果並不太受到實際同步評估的影響;有重大影響力的,是假期的最佳時光以及假期的最後時刻。這個評估結果,才是決定來年是否還繼續同類型假期行程的原因。

以上給我們的教訓是:如果可以有一個或兩個很棒的時刻,尤其是在接近結尾的時刻,我們會不自覺地美化一段沉悶的記憶。如果我們的傷痛在接近尾聲時還沒有達到顛峰,那麼這一段困難時期或許不至於留下太沮喪的回憶。這也就是為什麼,好萊塢的大團圓結局,總是受到歡迎的。

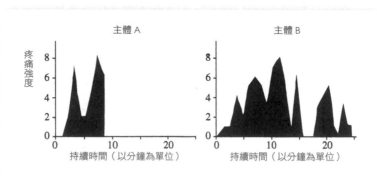

一個痛苦經歷的記憶,不仰賴於痛苦經歷的總量(曲線下面積),而是取決於最後的痛苦強度。圖中顯示,主體 A 的結腸鏡檢查記憶,比主體 B 來得糟糕。

說長道短（Commérages）

朋友之間講別人的壞話，是件好事嗎？我可不這麼認為。然而奇怪的是，除非我們是賢人聖者，否則對我們大多數人來說，說長道短實在有著不可抗拒的吸引力。怎麼解釋這樣的現象呢？貶抑缺席的人，即使沒有惡意，怎麼可能有趣又吸引人呢？通常，我們比較容易貶抑那些惹惱我們或優於我們的人（這是另外一種惹怒我們的方式）。因此，說長道短，就是無意識地懲罰那些我們批評的人。這也是一種情感的釋放、一種解脫──大部分時候，我們所談論的都是不敢在對方面前說的話。我有個朋友，是個有智慧的人，甚至決定不再批評那些不在場的人，只要有人開始，或試圖鼓動，他就會拒絕：「要嘛，我們想想可以如何當面告訴他，不然，我可不感興趣。」我也努力效法這位朋友。但並不是每次都把持得住……

比較（Comparaisons）

從正向心理學的角度來說，比較，通常被視為幸福的毒藥。人們常說，有三種比較會破壞幸福：跟過去過得比較好的自己做比較、跟比自己幸運的人做比較、跟自己所夢想的做比較。這三種比較之後，幾乎注定只能更不快樂了。

我記得曾跟某個病人說到這一點，他也告訴我他的看法：「有很長一段時間，我很容易羨慕別人的幸福，好像這樣，就會讓我減少什麼似的。好像地球上的幸福是有限的，就像金錢一樣是有額度的。如果鄰居幸福，就意味著我身上會少一些幸福。然而，我終於意識到，如果自己再繼續這樣下去，會註定永遠

不幸、永不滿足。漸漸的，我努力不和別人比較，而跟自己比較，只問自己：到底有沒有進步？也學著為別人的幸福歡喜。起初也是出於自私的理由：畢竟，當人們幸福的時候，也比較容易交往！另外一個利他的理由則是：有什麼好希望別人不幸的呢？」

現有的研究顯示，幸福的人比較不會去跟他人比較命運，也比較能為他人的好運高興。也就是佛教徒所謂的「無私的愛」。今天我們發現，培養「好意念」是很重要的，擁有這種想法的人，是獲益良多的！

同情心（Compassion）

同情心，是對他人的痛苦表現出敏感與關切，並且希望痛苦能夠減少或中止。我們經常會遇見苦難的情況，而這樣的敏感與期望，當然就是採取援助和支持行動的先決條件。

乍看之下，同情心似乎會使我們遠離幸福，或者會終止我們生活中的幸福。因為，同情心是一種痛苦的形式：看到別人受苦，會使我們痛苦。這是真的。但是，誰又能夠想像幸福是可以永久存在於塵世間的呢？誰又能說，應該無視於別人的不幸呢？當然，沒有人會這麼說。相反的，幸福讓人有同情心，讓我們在面對周遭一切的時候更開放，甚至更能夠看到周遭不適當的情形，而且給我們能量去拯救需要的人。我們甚至可以做得更多，幸福因實際的同情行動而變得更強大。同情心教導我們看到真實的世界，而不是我們夢想的世界；同時也教導我們，走向痛苦、救援痛苦，是可以不放棄幸福的。同情心用正向心理

學的文化價值（分享快樂，以此作為動力），來包裹我們天生的慈悲（人類內在與生俱有感受別人情緒的能力）。

配偶（Conjoint）

配偶是最了解我們以及我們情感能力的人。我們之中很多人，鮮少對外人表達自己的埋怨、負面情緒和壞脾氣，通常我們都把這些保留給親人。因此，把配偶視為自己的上司，有時也不失為好辦法。因為，我們不可能希望某人幸福，同時又把他當作負面情緒的垃圾筒。

覺悟（Conscience）

幸福，就是一種為人帶來覺悟的福祉。福祉就是能夠溫飽、安全無虞、四周環繞著平和關懷的同胞……無論是一隻豬、一頭羊、一隻火雞或一個人，都有感受福祉的能力。能夠擁有福祉已經很不錯了！但是，人類還可以感受到比福祉更強烈的東西，叫做幸福。多虧有這樣反省的意識能力，人類才能夠說：「我正經歷的生命，真是一種幸運，一種恩寵；在這一刻，我的生命既美且善。」就這樣，人類將簡單的福祉，超越成為更強烈的幸福體驗。如此改變觀點，可能使這個充滿覺察的當下，對我們來說變得更愉快，因而以更深刻的方式存留在我們的記憶裡。日後遭遇艱難的時候，這些都是能幫助我們的資源。然而不幸的是，如果我們的心思被其他的事情占滿了（像是我們的憂慮、未來會發生的事情，或是一些擾人的小細節），那麼我們可能經歷了許多愉快的時刻之後，卻沒有得到應有的

益處。結果，我們就只經歷了動物的福祉（但這也已經算不錯了），還沒有達到幸福的境界。這就是為什麼我會喜歡卡繆的這句話：「我現在所希望的，已經不是想要快樂，而是希望能夠有覺悟。」

安慰（Consolation）

「我們的目標就是要幸福。要達到這個目標，只能慢慢來，必須天天實踐。當我們置身快樂的時候，還有很多事要做——就是，去安慰別人。」儒勒・何納在他的著作《日記》中，優雅地提醒我們，獲得幸福：一、能使我們展開，朝向他人的不幸；二、讓我們有力量幫助不幸的人。若是沒有幸福，這個個工作將會變得更複雜。

傳染性（Contagion）

快樂，就像所有正面或負面的情緒一樣，是會傳染的。年復一年，研究人員已經證實，與快樂的人交往會逐漸增加我們的幸福。或許，這是讓自己變得更快樂，最輕鬆的方式！

快樂（Content）

快樂似乎不如幸福來得強烈高貴；比較輕率、比較孩子氣。小孩子不會在見到某個人之後說：「這位先生看起來不太幸福的樣子。」他們會說：「他看上去不太高興。」快樂，沒有幸福的貴氣。也許這正是它的最大優勢——快樂，就是在當下那一瞬間幸福，對生命沒有更多的期待，也沒有更多的要求。努力

希望活得快樂，不要多問自己是否真的幸福；特別是對那些完美主義者來說，這是個還蠻合理的計畫。

相反（Contraire）

在《自幼被禁錮的人》（*Prisonnier au berceau*）一書中，詩人克里斯提昂・博班這樣說：「我是由所有事物的反面來認識事物的：由黑暗認識光亮、由沉默認識歌唱、由孤獨認識愛。」哲學家安德烈・孔德－斯朋維勒[5]寫道：對他來說，幸福是一種「相對的主觀狀態，當然是不用贅言的。因而，我們甚至可能對幸福的存在提出異議。但是，對於那些遭受過不幸的人來說，他們已經不再只有這樣的天真了；至少與不幸對照之下，他們知道，幸福是存在的」。我們都知道存在著幸福的相反（是不幸），也知道缺乏幸福（就是存在的虛無）。是否真的需要親身體驗，或者只需要單純地知道以上兩者的存在，就能成為追求以及維持幸福的動力來源呢？

掌控（Contrôle）

幸福，就是有時暫且放鬆，善用當下，任由自己。但是，我們漸漸理解，或多或少掌控周遭環境，能夠增加自己的安適；許多研究已經證實了這一點。例如，在養老院裡，我們看到的是一群生活掌控能力已經全面降低的老人；然而，有一所養老院為了改善老人們的日常生活，建議他們在室內種植綠色植物，還每星期放映一次大屏幕電影。老人們可以自己管理（選擇要種植的植物，自己澆灌，並且決定要播放的電影節目），或

者由工作人員代勞。以上兩組，無論是在幸福和健康方面的受益，甚或是死亡率，都有非常明顯（甚至高達兩倍）的差異。

繩索與鐵鍊（Corde et chaîne）

所有正面心理所做的努力，就如繩索的每一條股線。各自分離時，沒有一根能夠提起重物而不斷裂的。沒有任何一根獨立的股線能夠辦到。然而，當我們把這些單獨的股線搓在一起，就變成了堅固的繩子，有時候甚至比鐵鍊還厲害（鐵鍊並不會比最脆弱的環節來得強）。當逆境越沉重時，就得付出更多各式各樣的努力。

鞋匠（Cordonnier）

我們都聽過這句諺語：「鞋匠的鞋子總是最差的。」身為正向心理學專家的我，常常被別人問：我是不是個快樂的人？我是不是個穿著好鞋的鞋匠？我的回答是：我是個小心愛護鞋子而兩腳嬌弱的鞋匠！我也並不擅長幸福。和許多人一樣，我也有焦慮和憂鬱的傾向。我會對心理痛苦及預防深感興趣，顯然不是巧合。所有推薦給病人的治療方法，我都是第一個使用者。有一句類似的英國諺語是這樣說的：「鞋匠的孩子們總是赤腳。」至少在我看來，這不是我的情況。我知道自己很不擅長幸福，於是竭盡所能找到了一位在這方面頗富才華的伴侶，說服她嫁給我，並且將她的幸福品味和追求經驗傳承給我們的孩子！

身體（Corps）

必須讓自己的身體快樂。心靈與身體的安適息息相關。這就是
為什麼散步、活動、按摩，享受性生活等，都是得到幸福的機
會。如果我們有意識地經歷這些生活，樂趣便會成為幸福的契
機。另外，我們也可以很簡單地感覺到生命在我們體內脈動。
如果能夠經常意識到這般簡單活著的幸運，即是幸福的泉源
了。這是條雙向道——當我們感覺快樂的時候，如果也能注意
到快樂流露至體內的方式，我們就可以觸摸到所謂的「生命的
躍動」，也就是說，身體正處於愉悅、輕盈，而且蓄勢待發。

古埃（Coué）

二十世紀初，藥劑師暨心理治療師埃米樂·古埃（Émile
Coué），以自我暗示方面的研究聞名於世。這並非像人們以
為的那麼簡單，他的觀察和建議全然立基於大腦運作對情緒與
健康的重要影響，他的研究結果到了今日依然得到印證：越反
覆咀嚼陰鬱的想法，事情越可能變得不順利。真是言簡意賅。
研究顯示，書寫、閱讀、聆聽對自己有利的話語，無論是對健
康，或者自制能力的提升都有影響（例如，可以使我們少吸菸、
少飲酒等等）。不幸的是，反之亦然——如果總是聽到別人或
內在的聲音不斷說自己差勁，或者認為自己無法戰勝疾病，最
後我們終究會信以為真……然而，弔詭的是，每個人都確信，
在腦袋裡無休止地重複自己很差勁，是有害的；但是，每個人
也都信服，在腦袋裡重複自己能夠超越困境，是行不通的。也
許，古埃的自我暗示法和美國那些永恆正面思考的化身，對我

們來說已經太浮誇了？總之，在任何情況下，最好是盡可能保持內心友好又實際的正面想法。

驟老（Coup de vieux）

記得第一次別人叫我「先生」時，我覺得有些詫異，即使我已經做好準備並且訓練過了。在這之前，當我還是醫學院學生，甚至後來當上實習醫生時，就經常有人叫我「醫生」了，這稱呼當時也曾經給我同樣的感覺。然而，第一次有人問我有沒有孫子時（因為我在羅浮宮博物館買了一張「大家庭」的優待卡），就更讓我哭笑不得了！隨即，我告訴自己，一切都很好，其實我也到了可以有孫子的年齡了。因此，接受年齡以及連帶的可能性，是很正常的。人生自全：生命悄悄地提醒我們想要忘記的事情，友善地迫使我們去適應這一切。

幸福有罪（Coupable d' être heureux）

因為幸福而愧疚，這感覺真奇怪！我們腦子裡到底在想什麼呢？大多數情況下，困擾我們的是：我們幸福的同時，也意識到其他人的不幸。然而，幸福不是零和，卻是像愛，無窮無盡。自己幸福，既不會減少他人的幸福，也不可能增加他人的痛苦。

夫妻（Couple）

至少在統計圖表上，伴侶是幸福的源泉！

一般而言，有伴侶的人覺得自己比其他人幸福，也就是說，比

那些單身、喪偶、離異的人來得幸福。隨著歲月的增長，夫妻生活可以帶來人類的幸福：由一開始的戀愛感覺，逐漸添加上親情、同志情誼、安全感，以及跟孩子共處時多采多姿的快樂家庭生活。有了伴侶，就不需要單獨面對生活，以及物質或生存的逆境，享有簡單的安適。

是否找得到兩人生活的幸福手冊呢？裡面可以說的事情，想必多不勝數，但是在那些我們想不到的細節裡，一定得包含這一點：懂得為降臨在配偶身上的好事而欣喜。我們常常認為，應該在配偶有困難的時候支持對方，這確實應當，長久以來也一直是夫妻的主要功能之一；在以前生活艱難的時代裡，免於孤獨面對疾病或不幸，是至關重要的一件事。然而，到了今日，無論是物質或社會條件都允許我們過單身生活，人們對夫妻生活則有了另外的期待，比如希望夫妻生活能使雙方充分成長，要過得比單身生活來得更為幸福。否則，實在不值得這麼麻煩，因為夫妻生活確實也有綁手綁腳的地方。

研究顯示，積極快樂（不是只會說「是啊，很棒」，還要會表達情感、提出問題等等），是維繫夫妻生活的好預兆。另一個促進兩人幸福、夫妻持久的因素是：在家庭生活之外，定期花些時間在愉快的環境裡共處。日常生活中有固定基調是很好的（每天晚上回家與配偶和子女相聚）；但是，以一些從未做過的事情來點綴生活，讓日子變化一下，則會更棒。否則，夫妻生活貌似一盤缺鹽又少醬料的菜，雖然包羅了一切我們所需要的，卻難免有點平淡乏味。

幸福表兄弟（Cousins en bonheur）

舍維拉爾寫道：「不幸，是很不挑剔的。它不介意以任何事物或其反面來滋養擴大。無論如何，沒有什麼可以和不幸搭調的。這樣的絕決，就像是最不可觸及的鴻福一樣。」是的，那些牢騷鬼和快樂的人看似不同，其實近似——他們都只是一味地確信世界只有一面。我們到底比較想與兩者之間的哪一個交往呢？我們正在接近兩者中的哪一種人呢？

創造力：老鼠，貓頭鷹和乳酪
（Créativité: la souris, la chouette et le fromage）

有很長一段時間，壓力被過譽為完美和創造的手段。正如我們反覆強調「若想美麗，就必須受苦」，我們認為完美的代價就是受苦。多項正向心理學研究結果告訴我們，其實不然。其中有個研究，要求志願者參與一項幫助老鼠走出迷宮的遊戲。其中半數老鼠有正向動機鼓舞：幫助老鼠走出來，讓牠可以享用一塊美味的奶酪（算是小確幸）。另外一半的老鼠則受負面動機激勵：幫助老鼠走出來，讓牠逃脫盤旋在迷宮上的貓頭鷹，若不能及時逃脫，最終會被貓頭鷹吞噬（以期遠離大不幸）。這項測試很容易，所有參與者都很快地發現了出口。然後，就是創造力的測試：那些幫助老鼠找到乳酪（正面的動機和情緒）的參與者，比那些幫助老鼠逃離貓頭鷹（負面的動機和情緒）的參與者，有高出兩倍的解決問題效率。

這研究給我們的啟示是：做事的心態是非常重要的。以上兩組參與者完成了相同的任務，但用的卻是不同的心態。同樣的，

依照我們行事的方式，輕鬆或緊繃，在找到出口的當下，以及之後參加其他活動的心理狀態，是截然不同的。正面的情緒和動機，讓我們的心智向著新穎的思想和創造力開展；負面的情緒和動機，則是相反。

危機（Crise）

有件事情，總是讓我十分吃驚：當我被質疑，書中常常談到的幸福與寧靜，是不是與這個處在全球經濟危機的世代有些「不搭調」。寧靜、內在平衡，抑或幸福，並非要我們與世隔絕，遺世獨立，只求獨善其身！寧靜，既非一潭死水，也非離群索居。恰恰相反！書中所談的，是為了要讓自己內心穩定，能夠為了日常生活中的愉快小細節而歡喜，盡可能擁有寧靜的動力；如果可以如此，就更能幫助我們積極行動、改變世界——即使這個動力不是完全安詳寧靜，即使必須挑起戰鬥承受震撼，甚至必須竭盡全力，才能「動起來」。繼而，正需要平息下來，喘口氣，為接下來的行動做準備。因此，需要盡全心，努力讓自己平靜下來！我們需要所有的能量：啟動的能量、復甦的寧靜力量，還有希望幸福、期待重建的感受。

中年危機（Crise du milieu de la vie）

換句話說，就是四十幾歲時的危機。就是當我們意識到，以後剩下的時日比以前少了，將來可以活的日子少於以往活過的日子了。因此，我們開始以不同的方式，思考生命和幸福。我們比較不想為了將來而犧牲現在，越來越不想說「今日吃苦，明

日享受」之類的話了。在一般情況下，中年危機使我們更加看清幸福——也就是，開始明白「時不我予」。因此，大多數的研究說明了兩個要點：第一、大多數人，至少對西方人來說，幸福水平在四十歲到五十歲之間達到最低點。第二、事後看來，大部分人通常都算得上安然度過中年危機，終究只有少數憂鬱或退化（像是不顧一切否認自己的年齡，只想重溫青春歲月等等）的例子。相反的，追求幸福的能力卻增長了，並且更滿意自己的生活。隨著新的挑戰來臨，七十歲以後事情又變得更複雜了，例如：親友陸續亡故、罹患行動不便的疾病等等。這並不意味著幸福就遠離了，只是說，需要更多的努力和專注，才能保有幸福。

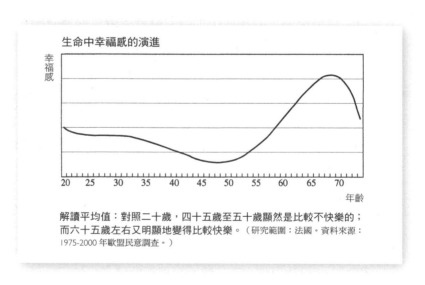

生命中幸福感的演進

幸福感

20 25 30 35 40 45 50 55 60 65 70

年齡

解讀平均值：對照二十歲，四十五歲至五十歲顯然是比較不快樂的；而六十五歲左右又明顯地變得比較快樂。（研究範圍：法國。資料來源：1975-2000 年歐盟民意調查。）

詬病幸福（Critiques du bonheur）

詬病幸福的起因，有許多種，例如：妄自尊大者認為，幸福不

過是在詭騙一些糊塗蟲；知識菁英則以為，幸福是傻瓜的專利。然而，歷史有趣地呈現，訴病幸福是在民主化之後才出現的。在法國與美國革命前，幸福一直被崇尚，哲學家仔細思量幸福的本質，以及到達幸福的途徑。之後，十八世紀的革命人士下令，幸福不單只是富人的專利，人人都有追求幸福的權利。從此一切就改變了。例如：沙灘在舊時只屬於特權分子專有，如今擠滿了平民百姓。從十九世紀開始，針對幸福的批評已經十分浮濫了。即使會讓人反感，即使都是心懷惡意，我們還是應該來聽一聽這些批評。其中，最有說服力的論點或許是：幸福會成為真理路上的誘惑或障礙。幸福被認為不過就是一種次等價值，一種披著有點形而上學外衣的精神慰藉罷了；認為幸福就只是拖鞋式的舒適罷了。這情形就像是偏移好奇心去注意其他的東西，而不專注在該被注意的幸福之上。乍看之下很愚蠢。再看第二眼呢？就知道錯了。所有的研究舉證，都表明了相反的現象——幸福，往往會激起我們對周圍世界的興趣與動力。

罪惡感（Culpabilité）

即使是負面情緒，也是有好處的，比如罪惡感。經常有人批評「猶太教─基督宗教的罪惡感」。但是，請想像一下沒有罪惡感的世界！對人兇惡狠毒絕對無關痛癢，不會有任何不舒服的感覺，也不會有任何遺憾、任何反省的世界。蹂躪弱小的鐵石心腸世界，一定不會是個令人快活的世界。罪惡感促使我們反省自己有意或無意對他人所造成的痛苦。質疑自己，這種傷

害是否本來可以避免，也提醒自己如何避免再犯。一些研究表明，適量的罪惡感其實是有益的，可以使人更有同情心，期許自己不作惡，也讓人更有解決衝突的能力。而且，在一般情況下，容易感受到罪惡感的人，比較能夠成為優秀的領導者——因為他們善於傾聽，可以減少無謂的暴力，並且對他人有責任感。

好奇心（Curiosité）

好奇心，是一種親炙未知事物的愉快情緒，可以是正面情緒的來源和結果，因為正面情緒能夠使我們迎向世界，給予我們衝勁。好奇心有一部分與個性相關，另一部分則與情緒狀態、開放的心胸以及接受能力等等有關。沒有什麼比悲傷、忙碌與憂慮，更能抹殺好奇心的了。在這些時候，我們寧願故步自封於舊習與常軌上，卻犧牲了好奇心所可能帶來的發現和驚喜。好奇心能延伸我們已知的世界，從而提高我們的生活樂趣、瞭解和體驗。如果沒有好奇心，世界將不再令人嘆為觀止，這是多麼的可惜啊！

天鵝（Cygne）

有一次，我聽了一整天一位奢侈品業主管的演講。她說，在專業職場上，她總是給人一切簡單輕鬆又和諧的印象，但在現實中，背後卻付出了很多不易察覺又看不到的努力。她用天鵝游水做比喻：天鵝輕鬆優雅地前進，但在水面下，小小的雙蹼卻使盡力氣打水……我們欣羨別人的時候，是否能看到輕易的外

表背後，對方累積了多少過去和現在的努力呢？或者，有時我們也有讓別人欣羨的時候——我們又是花了多少努力，才讓自己遠離痛苦辛酸的想法，和那些不必要的怨懟？要花多少努力驅逐烏雲，才能夠讓太陽掛在天空中呢？

1. 編註：卡繆（Albert Camus, 1913-1960），出生阿爾及利亞的法國小說家、劇作家、評論家及荒謬哲學的代表，曾被視為存在主義者（他本人多次反對），一九五七年獲頒諾貝爾文學獎，其所主張的人道主義精神使他受譽為「年輕一代的良心」。

2. 編註：《叢林奇譚》是迪士尼於 1967 年製作並發行的動畫電影，改編自吉卜林（Rudyard Kipling）的同名小說《叢林之書》（*The Jungle Book*），主角是名叫「毛克利」的人類男孩和名叫「巴魯」的大熊，故事講述毛克利從小被狼群養大，和動物朋友們在森林裡中的冒險旅程。

3. 編註：夏爾·特雷內（Charles Trenet, 1913-2001）是法國的國民歌王，二十世紀二、三〇年代就已成為香頌的代表人物，與皮雅芙齊名，一生創作了許多膾炙人口的歌曲，並曾參與電影演出。

4. 編註：保羅·梵樂希（Paul Valéry, 1871-1945），法國作家、詩人、哲學家，1891 年結識馬拉美（Stéphane Mallarmé），深受其影響，後因自認無法超越馬拉美，心生絕望而放棄寫詩，專心研究數學與哲學。1912 年，紀德（André Gide）與他聯繫，重印他的早期詩作，1917 年出版《年輕的命運女神》（*La jeune Parque*），一夕成名，1925 年入選法蘭西學院院士。他的詩作富哲思，常以象徵筆法呈現生與死、靈與肉、永恆與變幻等主題，對法國當代知識份子影響深遠。

5. 編註：安德烈·孔德－斯朋維勒（André Comte-Sponville, 1952- ），法國哲學家，以唯物主義者、唯理主義者、和人道主義者自許。孔德－斯朋維勒原本信仰天主教，後來成為一位堅定的無神論者，雖然不再信仰神，但他仍然敬重基督宗教文明，認為宗教生活為人類帶來了豐厚的遺產，醞釀出種種美好的事物。他主張人類文明始終都有靈性的追求，但即使沒有宗教，人們一樣能感受到超乎個人存在的、對無限的接近。

給予

Don

給予時，只保留一件事情，

就是：給予的快樂。

D

丹麥（Danemark）

在最幸福國家的排行榜裡，丹麥常常位居翹楚。於是，有一年夏天，我帶著全家到丹麥度假，試圖了解丹麥人的祕密……行前，我閱讀了一些相關的資料，得知丹麥國民滿意度的因素中，特別提到貧富差距相對較小，又有十分強烈的文化與個人價值的共識。而且，丹麥還是一個運作良好的福利國家。度假期間，我觀察丹麥人的日常生活，得到以下平實的結論：回到法國以後，買一輛自行車，盡量多吃魚，多跟附近的鄰居聊天。這就是我做的事……

決定要快樂（Décider d'être heureux）

決定要快樂，就像決定出去走走一樣——穿上鞋子，然後期待鞋子能夠為我們自動自發地前進。這樣很好，起碼是第一步。當然，比趴在沙發上胡思亂想，散步確實比較好。但只有這樣是不夠的，還必須自己行走。我們可以幫助自己進入幸福，與幸福相遇，甚至可以精進幸福。反之，我們不能命令幸福。實際上，決定要快樂，就是決定盡可能時時努力，讓自己更快樂。

作者題字（Dédicace）

這件事情發生在某一次我新書的全國書店巡迴讀者相見會上。我很開心有這樣的機會認識讀者，與他們聊聊；即使很短暫，我還是盡可能誠懇親炙。因此，有了很多愉悅又有趣的小小分享與對談，有時甚至令人興奮、感動。總是會有一些深刻的時光，是不尋常或不可預期的。

那一次，我與一位有點怪異但十分和善的女士聊天。她告訴我，自己有時是如何的孤獨，隨後，這位女士要求我為她與女兒在剛出版的新書裡親筆簽名。我照做了，順口還問了一些問題，像是她女兒是個什麼樣的人，是否喜歡心理學等等。在我的一連串問題之後，她說，女兒已經去世很久了，而她一直深陷在沉重的傷痛中。這本簽名書是她用來讓自己感覺女兒仍然在身旁，永保記憶猶新的方法。我完全震懾了，不知道該說什麼，或做什麼，只是搖著頭不斷重複著：「對不起，對不起。」而這位女士一副心不在焉的神情，看起來並不怎麼難過，僅僅因為我的簽名書而高興，繼續與我談話。她那悄然痛苦的臉、她的生活和想法，永遠不會與那些從未失去過孩子的人相同。然後，她夾著我的書翩然離去，腦子裡和心裡永遠長存著自己的女兒。簽書會如常繼續，我卻帶著些許隱約的不安，和深沉的震驚。很高興遇見這位女士，希望我的書能夠幫助她。就是這類非常特殊的情緒狀態，使我們變得更人性——我既非快樂也沒有不幸，或者更貼切地說，應該是這兩種情緒同時並行。

別人的缺點（Défauts des autres）

有時候，有些人由於具備我所沒有的缺點，令我極為吃驚。然而，我也能夠辨識出其他那些我也同樣擁有的缺點——我甚至能夠以「專家」自居。我知道這些缺點以何種方式表現出來，我也清楚它們的偽裝面具，以及有時候迂迴的表達方式。別人的缺點，在我心情好的時候，能夠激發我的善良和同情心：我知道，堅定不懈地對抗自己的缺點，是一項多麼龐大的工程，

往往必須持續奮鬥一輩子。能夠完全改掉一項缺點，是很罕見的。但是，如果稍加努力，就可以明顯地削弱某個缺點對我們生活的影響力。所以，我對自己說，眼前這個討厭的人，說不定正處於這樣的奮鬥工地中。因此，我提醒自己要好好做；與其抱怨此人，倒不如努力經營自己吧。

氾濫的否定（Déferlement négativiste）

故事發生在聖安娜醫院，那是一位每年都會來進行兩次諮商的病人。平常，她是由另外一位我也認識的心理諮商師治療，一切都進行得很好。但是，為了心安，她還是保留了我們每次相隔很久的諮商。

我們每次的對談情形都頗相似：一開始，她向我傾倒一波又一波針對自己或周遭的負面洪流。在這階段，我保持鎮定、微笑，不與她唱反調，同時慢慢引導她回到常態（比如反問她「您真的認為是這樣嗎？」）。然而，她一點也聽不進去，堅持繼續述說著滿滿的不幸和憂慮。當然，在她身上確實發生了不幸的事情，她沒有瞎編。然而，在這過程中她卻完全不跟我說自己生活裡那些還過得去的部分。

然後，總是在最後的五分鐘裡，她降低警戒，開始露出一點笑容，也開始權衡事情的輕重。她告訴我，跟我說話讓她感覺好多了。這段諮商顯然讓她輕鬆不少，尤其讓她安心的是，我沒有放棄原則──我依舊堅持認為，塵世間的生活可能不是最好的，但也不全然是地獄。我有點被她搞得筋疲力竭，但同時也鬆了一口氣，慶幸諮商終於結束，也慶幸她能夠以更好的精神

狀態重新出發。我能夠得知這些，是因為她經常在諮商之後寫信給我，表示我們之間的談話讓她在接下來的幾週或幾個月裡有所受益。

我花了幾年，終於瞭解，我們的對談有遲來的效應，也就是說，諮商並沒有立刻產生效應，我的病人需要時間在腦子裡消化我們之間的交流，然後從中受益。起初，我有些悲哀、有些無力感，也很緊張，不想再見到她。繼而，我瞭解了自己該如何幫助她——保持冷靜，繼續喜歡她，讓她明瞭儘管有這些洪流般的抱怨，儘管是多麼吃力不討好，我還是默默地堅持。我始終相信她，相信她好的一面，相信她的生命智慧。

當我在預約名單上看到她的名字時，總是會嘆氣：「會很難熬……」繼而微笑：「我很高興可以聽她說說近況……」這不禁讓我想起巴斯卡的格言：「有時候治癒，經常放鬆，永遠記得聆聽。」這就是我對心理諮商疑難雜症的一句真言。

遊行（Défilé）

這是一個大約十五年前的久遠記憶。那是週間某一天下午，我走在巴黎近郊住家小鎮的主要街道上。突然，看見一群小孩的遊行隊伍漫步在馬路上，由兩名警察幫忙開路。原來是嘉年華會，學童們化妝打扮，應該是要去附近的體育館參加一場小型狂歡聚會。

這樣的情景，令我感到逗趣又感動，於是停下腳步，看著這群小孩魚貫前進著。在幾個行人和父母的注目下，有些孩子歡喜

又興奮，有些孩子則有點納悶又擔心自己走在馬路中間，因為那是幼稚園孩子永遠不會行走的地方。這個景象既可愛，又有點令人感傷，因為這場嘉年華遊行幾乎沒有觀眾，孩子們揮舞著旗幟，然而沒有什麼人觀看。遊行活動總是令我不自在——不是令我擔心，就是令我傷感。沒有觀眾的表演活動，每每使我難過。但是，我還從不至於在他們經過的時候，露出沮喪的神情！因此，為了鼓勵他們，我待在原地鼓掌，並且跟他們打招呼；眼下，他們也許就只缺了一個快樂的旁觀者。

就在這群小孩中間，我瞥見了當時只有四、五歲的大女兒。我完全忘了，她也可能在那裡！我端詳著她的臉：她帶點擔心，難以置信又全神貫注地從內心觀察著眼前的這幕情景。她沒看見我。我叫了她，她才發現我，臉上亮起了笑容；她跟我打招呼，還叫小朋友們看我，隨即更賣力地搖著旗子，好似終於發現了這場怪異遊行的意義。接著，小小的遊行隊伍漸行漸遠，我看著女兒又回頭一次兩次，向我招手告別。

再見了，心愛的女兒，再見……

然後，有一種莫名的關於人類生命的脆弱感，在腦海裡油然升起。在路人漠不關心的眼光下，這些孩子為了一個自己也不明瞭的遊行走來走去。這片刻，就正如整個人類的形象：脆弱、無依、迷失。那天，我應該本來就有些哀傷吧。

今日再想起來，這個記憶好似夢境一般。你們可以注意到，有些夢境即使在多年以後，是如何持續存在內心裡面？我想自己還記得這一幕夢境般的情景，是因為感受到當時場面的奇特和

不尋常，引起了自己複雜且濃烈的情緒；還有，那一刻的悲傷，讓我的感受跟這個本來該是歡樂的小小表演變得超級不搭調。

喜慶的華服，總是會有小小的裂縫。據說，光線就是由這些裂縫穿透過來的。有些日子裡，這些光線是黯淡的。然而，我卻很喜歡。我喜歡這個帶有一點甜蜜惆悵的記憶。它提醒了我們自己的脆弱：女兒、我，還有人類的脆弱。

戴德宜（Delteil）

我差點忘了自己最喜歡的作家：喬瑟夫・戴德宜（Joseph Delteil）！一位淘氣又快樂的智者。他曾經是 1930 年代巴黎時尚和文學的寵兒，就在盛名之際，急流勇退隱居到蒙波利耶（Montpellier）附近，一個原來是瓦窯，而後命名為拉・馬散（La Massane）的地方。在那裡，他過著快樂又簡單的生活，直到生命盡頭：「在鄉居的三角楣上，我刻著孔子的名言：寡慾。」戴德宜穿著邋遢，活像隻蝸牛，經常頭戴貝雷帽、腳踩木鞋，頌揚大自然和生命力，服膺「舊石器時代的幸福」。以下摘錄他在《封斯瓦・達西斯》（François d'Assise）一書中的精采段落：「已經過了第一段秋天。因為秋天有三段：明亮的秋、落葉的秋和無聲的秋。永別了！永別！永別！熟透的田野、枯黃的草原，萬物隨風齊唱。再見了，籮筐高藏起來，美酒已經釀好，穀倉豐盈。回家安歇……」這段話多麼振奮著我，讓我高揚、讓我療癒。

明天（Demain）

明天和幸福之間，真是說來話長。對我們而言，有時候，明天意味著光明和希望的泉源，以期待忍耐逆境：「今天很艱難，但是，明天會更好。」通常，唉，冀望明天，讓人墮入陷阱。我們告訴自己：努力在今天，幸福在明天，就在職業、家庭、經濟等等目標達到的時候。最好不要一直跟自己這麼說。因為，明天也可能就是我們的死期，而不是幸福之日。

「奮力讓自己快樂！」
(《Démerdez-vous pour être heureux!》)

說真的！有時候，真想搖醒那些抱怨快樂太不容易的人。他們說的雖然真確，但是，也有一些人堅信快樂是一定會來到的。總之，身為心靈醫師的我，可從來不敢這樣說。因為我知道，想要快樂是如何複雜。然而，我卻很高興有些人敢這麼說，因為他們比我更有優勢，或者比我更少障礙。因此，耶穌會賈吾安（Jaouen）神父就用了這句「奮力讓自己快樂！」作為書名（實在太棒了）。這本充滿能量的書，讓我滿心歡喜，它散發的不是自私，也不是缺乏自覺，而是一個人如何以有點粗魯的方式，來幫助別人快樂。

民主（Démocratie）

許多正向心理學的研究證實，民主是有益於幸福的。首先，以民主的本質而言，能夠感覺到擁有表達觀點的自由，並且感受被重視，就已經有利於幸福了。在瑞士各州，「公投」辦得最多的地區，居民也感到最幸福。民主之所以對幸福有益，也來

自於行使民主的價值感，以及民主讓人親身體現的感覺。在一個國家，每個人在日常生活中對公正、平等以及信任的觀念和觀察，在追求幸福的路上都扮演著重要角色。當然，如果只有輕微的收入差距與社會不平等現象，在日常生活中又感受到人與人之間的互相幫助（像是鄰里之間的互助，或者公共場所中陌生人之間的互助），那就更有利於幸福了。例如，東歐某些國家在民主轉型階段的時候，越來越多不平等，以及傳統團結體系被瓦解；這也就是為什麼，歷經專政統治的人民，對舊日時光總有一種矛盾的留戀。

政治領導者應該從以上這些研究結果，汲取更多靈感。不該強迫人民追隨特定的幸福形式（否則就是極權專政，算不上民主），而是應該創造幸福的條件。美國革命家早在 1776 年的《獨立宣言》裡就已有先見之明，宣告每個人都該有三項不可剝奪的權利：生活、自由以及追求幸福的權利。文中提到的，不是幸福的權利，而是追求幸福的權利──我很堅持這一點，對我來說，這段話頗有遠見又有智慧。政治扮演的角色，就是創造一個適當的環境，讓每個人都能關照自己的幸福。幾年之後，大西洋的另一端，聖—茹斯特¹ 在 1794 年的公約報告裡寫著：「幸福，是歐洲的新想法。」就在這沸沸騰騰的十八世紀，幸福如雨後春筍般湧現──幸福，成了人人都能享有的合法追求，不再是以前那個只限於富裕又有學養的菁英階級的特權。這引起了十九世紀時豪門中人的不悅，擺起自命高雅的架子（這也就是為什麼，法國如此根深柢固地詬病幸福）。可是，我們才不在乎這些，不是嗎？

民主和熱水淋浴（Démocratie et douche chaude）

有時候，我會用「民主和熱水淋浴」的練習來講解正向心理學如何對治慣性享樂——偶爾在享用熱水淋浴時，感受一下這份舒適帶來的快樂，而不要等到熱水器故障了，才喋喋訴苦。偶爾，在閱讀報紙時，不免慶幸自己生活在一個民主國家，能夠隨心投票給自己想要支持的候選人，自由地表達對政治的看法，不需要擔心會在清晨五點鐘被政治警察叫醒。有一天，我向一位剛剛結束在非洲的人道主義任務回到法國的女性朋友，敘說了以上這些想法。她隨後給我寫了一封題為〈極權專政和冷水浴〉的電子郵件，內容如下：

「希望你一切都好，希望在這段忙碌的期間，你還挺得住。我剛從剛果民主共和國待了十天回來。我試著為自己親眼見到的不公平和殘酷，賦予意義，試著接受世界運作的方式，並且盡力擺脫那些縈繞不去的，既憤慨又悲傷的想法。我想，還得花上好一陣子功夫，才能讓自己接受這一切。參與人道主義任務回來之後，真的很難不感到內疚，逕自重新享受這裡的一切（無論是此間人們所浪費的，抑或是沒能好好利用的事物）。要到什麼時候，所有的人才能夠擁有民主和熱水淋浴呢？擁抱你。」

永遠都是同樣的問題：如何在不幸中允許自己擁有幸福呢？答案偏偏也永遠是相同的——不要因為擁有幸福而自責，只要不糟蹋幸福，並且在幸福中找到力量，去幫助那些離幸福非常非常遠的人。就像我這位女性朋友所做的一樣。

依賴（Dépendance）

快樂，就是依賴。菲利普・德萊姆[2]甚至寫道：「幸福，就是擁有某人（並且意識到有一天可能會失去）。」是因為依戀愛情、依附幸福嗎？就像依賴著呼吸或食物。其實很正常，因為這些都是每個人的基本需求……

情緒依賴（Dépendance à l'humeur）

情緒依賴是專業術語，但也是重要又實用的概念。每種情緒狀態，都關聯到心理研究人員稱之為「行為程序」的情緒：也就是說，每種情緒出現時，都伴隨著一些已經自動設定好的特定傾向，進而引發行為。以悲傷而言，採取的行為傾向是反求諸己、靜止不動，以養精蓄銳反省己身（也就是傾向於抑制行動）。又如在焦慮時，則衍生審慎的態度，觀察環境，仔細評估危險。憤怒時，表現出充滿威嚇和敵意。厭惡時，則退一步保持距離。這些行為傾向都是自動產生的，可以稱為由情緒引發的「第一行動」。這些行為傾向適用於自然環境下，在古時候曾經幫助人類在面對人身危險或威脅時做出最好的處理；但是，卻不太適合用來面對文化環境裡象徵或虛擬的危險。

例如，憤怒時身體會產生自然的挑釁行為，對動物而言這是用來恐嚇對手和夥伴的方法。然而，發生在人類身上時，情況則可能變得比較複雜；有時候，外交手腕反倒比狂吼尖叫來得更有用。悲傷引起的抑制行為，可以幫助動物恢復力量，讓時間淡去悲傷，就像等待暴風雨過去一樣（動物是不會輾轉反芻自己悲傷情緒的）；不幸的是，這種抑制行動在人類身上則可能

會加重悲傷的情緒（這也就是憂鬱症患者的寫照：越沒有行動，就越鬱悶）。

因此，確認進而約束這類情緒依賴和行為程序，有時不失為良策。至少可以一試。例如，即使憂鬱讓我們感到非常疲累，還是起身去散步。步行一小時之後，疲勞和憂鬱可能仍然存在，但是若持續二十幾天，每天散步一小時，困擾就會一一消退。當我們面臨工作困難時，情緒依賴會服膺情感反應而放棄繼續工作，或者到臉書或電子郵件信箱繞一圈「轉換一下想法」。這樣做並非總是好方法……這麼說並不是要我們永遠不去聽從自己的情感反應，而是要檢視一下，自己是否過於臣服情感反應。不過，相反的情形（比如在找不到解決方案之前一直堅持工作）也未必會更好。必須專注、靈活使用洞察力──聆聽自己的感應，看看會將自己推向哪裡，然後再選擇去還是不去。

你們可能已經注意到了，一直到現在，我所提到的都是負面情感的行為情緒依賴。同樣的情況也是存在於正面情緒：快樂和幸福促使跟自己探索、親近別人，並且更有信心表達自己。這通常沒有問題，但是，如果處於敵對惡意的環境下，或者在遭遇不幸的情況下，也是會有些不適宜的。所以，最好有點辨別能力和自制力，要自問：「被情緒左右如此行事，是不是現下最好的方式呢？」

消費和不思考（Dépenser et dé-penser）

消費社會，誘惑我們不去深思幸福，也不去尋思如何讓人更幸福的方法。消費社會誘惑著我們交出自己的幸福，讓我們以為

消費行為替我們代勞，能夠比我們做得更好；我們不再需要知道如何幸福，只需要付錢消費就可以了；也不再需要使用大腦——消費（dépenser）聽起來就像是不思考（dé-penser）。您不用思考，只要交出錢來，我們為您思考就好了！因此，即使不想掃興但還是必須說：消費之前，請三思。不僅節省金錢，還能讓我們的幸福更紮實；因為，購物之於幸福，正如蜜糖之於腸胃，能夠使人快樂，但卻沒有什麼營養。

憂鬱（Dépression）

可以用很多方式來談憂鬱。憂鬱症裡，沒有想望、沒有樂趣，也沒有任何幸福的能力。結果，生活展現出來的是所有粗鄙的面貌，正如一連串的煩惱、試鍊和苦難。這確實是憂鬱症的某些面向。幸運的是，憂鬱並不僅此而已——在所有痛苦的時刻之間，還是會有一些幸福的綠洲。然而，憂鬱卻不讓我們到達，阻礙我們享受這些幸福綠洲。在極度憂鬱的時候，當事人會認為什麼都無法改善（這種想法當然是錯誤的，可是卻又如此強烈盤旋）。唯一的出口，就是停止生活在地獄裡；自殺的意念，幾乎總是或強或弱地存在於憂鬱症患者心中。克洛代爾因此在《日記》（Journal）一書中寫下了這句深刻的真理：「幸福，不是生活的目標，而是生活的方式。」我們不是，或者不僅僅是為了幸福而活；然而，至少有些時候我們是可以幸福的。生命賦予我們幸福時光，而我們要知道該如何迎待，就像為汽車加滿了汽油，是為了能夠繼續走長遠的路。

最後一次（Dernières fois）

生命中有許多的「再見」，其實是我們沒料到的永別。不知是永別，無疑讓我們少些心碎。時下造訪的景點、眼前道別的朋友，都可能是最後一次。意識到這些實在令人傷感。或許正因為意識到這些，所以讓我們瞭解了事物的另一個面向，於是朝向幸福的方向。當下這一刻，每一秒鐘旋即有了特殊的意味，認知到永遠都不會重新再來過一次了。一旦我們認清，生命就是穿越許許多多類似這般「假的再見、真的永別」，當下就頓時變得震撼人心。繼而我們明白了，原來生命是獨一無二的。我們接受了當下每一刻的獨一無二——這是心的體悟，而不是智識的瞭解；體悟是永不休止的歡樂源泉。

笛卡爾和他女兒（Descartes et sa fille）

法語詞彙裡有「孤兒」一詞，形容失去父母的孩子，卻沒有詞語來形容失去孩子的父母。1640 年，勒內・笛卡爾（René Descartes）眼見自己不到五歲的女兒芳杏（Francine）去世，哀慟欲絕。他經常被人們視為冷靜的理性主義者，卻在 1649 年發表的最後一本書裡寫下了一段精彩的靈魂至情論。一年後，哲學家去世。有些人視這部論文為笛卡爾最重要的一部著作。書中清楚表明，理性的哲學尊崇至情：「我所培養的哲學，不會野蠻粗暴到拒絕至情；相反的，唯有在至情上，我灌注了生命所有的溫柔和幸福。」愛女之死，是否如此撼動了哲人，甚至改變了自己的學說呢？

絕望（Désespoir）

每當厭煩一切的時候，我總是喜歡重新思考這句意第緒文諺語：「絕對不要屈服於絕望，因為它是不守信諾的！」或許這就是所謂「絕望的能量」吧？先讓絕望入侵我們，眼見決堤，想像自己即將離開塵世遠離痛苦；想像自己開始升天，用一種安寧且超然的眼光注視一切。高處俯瞰，一切顯得多麼美麗啊！突然之間，憂慮似乎變得渺小。最後，又可以回降到塵世了！終於找到解決的辦法，看看自己將如何脫離困境。就像這句話：「即便是邪惡，一切都能善解……」哲學家安德烈·孔德－斯朋維勒解說得又更深遠了，他認為：只要還有希望，就不能有幸福。只有在我們停止冀望，只求單純品味時，幸福才會突然竄出來。在我看來，這句話通常只說對一半：抱持著對未來的希望，也能為我們帶來快樂，但不應該因此蹉跎品味當下。對我而言，如果真的要求心靈在這兩者之中擇一的話，最好還是選擇珍惜當下，而不是希冀未來。很幸運的，大腦本來就俱備這兩項功能，端看我們自己如何鍛鍊了。

慾望（Désirs）

幸福，並不需要時時滿足慾望。有時候，雖然我們既沒有要求，也沒有尋找或希望得到什麼，幸福卻降臨在自己身上。有時候，我們甚至不會因為慾望的滿足而感到快意──這就是被寵壞的孩子悲哀的地方，總是長期被可怕的欲求不滿症所折磨，才剛得到滿足，又興起了追逐另一個目標的念頭。當滿足需求比品味生活更能給我們帶來快樂，也就表示，我們在尋求幸福方面還有很大的努力空間……

幸福的責任（Devoirs du bonheur）

幸福是財富。然而，就像所有的財富一樣，必須附帶一定的責任。比如必須要謙虛，不因為自己的幸福而冒犯了不幸的人；還有分享的責任，就是利用幸福給予我們的能量，迴向給其他人，傾聽、關愛並且幫助他們。另外，還必須特別承擔謹慎的責任：除非他人明確要求，否則不要擅自給予任何關於幸福的提示。生命裡有些時候，我們剛好處在無法聆聽教誨或無力實踐的階段，這時候，最惱人的莫過於「幸福導師」硬是要來上一堂我們沒有要求的課程。

服喪和安慰（Deuil et Consolations）

我和一位剛剛失去伴侶的朋友在一起。他的情況非常糟糕，眼睛裡時時含著淚水，胸口哽咽難抑，常常不得不暫停說話。在這些時刻，我彷彿聽到他心碎的聲音，好似冰塊掉進悲傷的熱水中迸裂的聲音。我有些不好意思，當下竟然還有這樣荒謬的想法：「你兄弟都這麼傷心難過了，你幹嘛還想冰塊的事啊？況且，這冰塊是從冷到熱，可是你朋友卻正在絕望的冰淵裡。」然後，我對自己說，不是這樣的，朋友心碎的聲音也許與冰塊迸裂的聲音其實是一樣的，因為兩者有相同的現象：當他向朋友娓娓訴說時，內心可怕的冰冷也正在一點一點地加熱。正因為如此，才有爆裂的聲音。或者，他的心碎裂的聲音，是我的幻聽。他完全沉浸在悲傷的氛圍裡，甚至沒有意識到我的心神竟然在幾秒鐘之內脫離了當下情境。我很明白，自己就只能身處當下，因為任何安慰的話語都無濟於事；一切為時過早，現

在說什麼都是落空。我看著他，溫柔憐憫地微笑著，把手放在他的手上。他又哭了。我深深呼吸，試著以心靈感應傳遞給他所有的愛、關懷和情感。

我覺得，如果開口說話，也只能說一些不著邊際的蠢話，對他一定毫無助益。但是，我們也不能就這樣兩個人面面相覷一整天，彼此對泣。於是，在安慰他之前，我問他那幾天是如何度過的，請他說出心裡和身體的感受。我們回到了現實，痛苦的現實；但是，至少我們可以對談了。接下來，慢慢的，我給予一些建議：「我知道，此刻的你傷心欲絕，什麼話都沒有辦法安慰你的。我只是想要你一次又一次，繼續活好每一個當下。每一次，當悲傷的巨浪向你壓過來的時候，你就深深呼吸，或者哭一場，盡量將自己置身於波濤洶湧之外，給自己一點喘息的機會。然後，立即採取行動，走路、工作，盡可能讓身體和大腦再次活絡起來。僅此而已，沒有其他的努力要做了。」

過了一陣子，當我們再見面時，我要他慢慢開始想起自己伴侶活著的時候，而不僅僅是已經過世的她，並且在筆記本裡寫下他們共同度過的快樂時光——為她曾有的生命歡欣，而不是為她的死亡哭泣。他告訴我，自己有一些難以置信的夢想，幾乎每天晚上都與她說話。我告訴他，在摯友去世後，我也持續好幾年跟他說話；每個幸福的時刻，我都不忘對他說：「嘿，兄弟，這一切也是你的。」只要意識到，或想像著，好友就飄浮在我的肩膀上，與我一起享受生活、同聲歡笑，我就能感到無比的快意。

什麼都無法安慰我們，所有遠去的亡者，都讓我們傷心欲絕。

雖然幸福並不會因此與我們決絕，然而，永遠都不會再是相同的滋味了。幸福改變了，就像我們也改變了一樣。我們可以繼續與亡者生活下去。和他們一起生活，也有一點是為了他們而活。有趣的是，詩人比心理學家描述得更好，例如朋友博班寫的：「父親過世至今，已經十三年了，他在我的生命裡，卻越來越壯大，越來越有地位。這些死去的人，會變得越來越壯大，真是很詭異〔…〕這個人就像是留滯於篩子底部的金子一樣，光芒四射，永恆不變。在我們的眼神還沒有因為敵意或怨恨之類的事而變得黯淡之前，我們看見了那個人最深刻、最美好的一面。」

責任和快樂（Devoirs et délices）

由於我的心理醫生身分，通常他人打電話來，總是因為情況困頓而向我求援。我現在說的是我的私人生活，而非我在醫院的工作——在工作上，我本來就必須盡全力回應病患的來電。我要說的是，那些朋友、朋友的朋友、朋友的小孩，或是堂表兄弟等等的來電。這樣算下來，就牽扯出一大票人了。所有凡人痛苦無助的磨難，離婚、失業、憂鬱症等等，都等著我來建議和安慰。這類事情通常令我不悅。結束了一天的心理諮商工作回到家裡，還要回電給留言的朋友，只是因為對方或是擔心女兒，或是正鬧著離婚。真讓人喘不過氣來。我也很想清靜一下，享受一下家庭生活、週末或假期，我並不想一直扮演著救援的角色。別人比較常打電話給我，只是因為我的工作性質是幫助別人。我嘆了一口氣，告訴自己，我一點也不想回應這些留言。

可是，我還是不得不回電話，因為親朋好友有難，同是人類又是心理醫生的我，不得不去處理。就只是這個緣故。

但是，我一點也不喜歡抱著厭煩又生氣的心情來幫助別人。所以，我需要花一點時間讓自己沉穩下來，告訴自己，這是做人的責任。親戚朋友知道你給自己限定的範圍，你不能服務全世界的人（例如你不能去幫助鄰居朋友的表親）；但是，在範圍之內的人，你就必須協助，必須心甘情願地去幫忙。快快樂樂、全心全力去幫助別人，慶幸別人對你的信任，以助人為樂。因此，每當我竭盡所能幫助別人之後，自己總是很開心。

盧梭（Jean-Jacques Rousseau）說得好：「藉由責任，或藉由快樂」，可以成為有德之人。美德的實踐（如利人、慷慨、善良、率真、勇敢、堅韌等等），通常也被認為是奮鬥之後的結果。然而，只要我們謹守典範，讓美德長存在自己身上，完美典範也能自然地表現出來；並且好好保守自己（如果自己不夠好，就不能好好幫助別人）。正向心理學極力提醒的兩點，就是：從出生開始，所有美德已經強烈地潛在我們身上；實踐美德會令我們喜悅。這就是關於快樂的部分。然而，我們必須刻意培養美德，千萬不要讓它萎縮。這就是關於責任的部分。

幸福獨裁（Dictature du bonheur）

有些知識分子喜歡譴責今日的「幸福獨裁」。結果，我們就把幸福的權利，變成了幸福的責任。我們將成為第一個無法幸福的社會。我實在不太贊同這些論說。在我看來，與這有關的並非只是責任，而是生活中各方面如工作、性愛、親職、婚姻、

健康等等的表現。今日的許多內在制約，替代了昨日的外在約束（家庭、鄰居、社會的眼光，強制規範著我們的生活方式、打扮等等）。幸福也是其中的一項，不大於、也不小於其他的事情。

1970 年代，盛行著奇怪的「不幸獨裁」——強調所有的不幸形式，裝模作樣或神情嚴肅地關注全世界的不幸，才算是可信和有良知的人。以上種種，令我十分惱火。

說話傷人，卻不傷己（Dire du mal sans en faire）

儒勒・何納在《日記》一書中寫道：「我需要不斷地說他人的壞話，一點也不在意會傷害到對方。」這段清醒的告解出自一名曾經滿懷名利夢想、勇往直前的傢伙，他終究磨盡雄心抱負，以至於頹萎喪志，無法得到幸福。儒勒老兄從來沒有辦法緩和自己的渴望（他太沉迷於封閉的巴黎文藝社交圈了），也無法與過去（他那從來不知道幸福為何物的童年）和解。他並不想傷害任何人；然而，遺憾的是，由某個角度來看，說別人的壞話不就已經是傷害自己的事了嗎？

分心和分散（Distractions et dispersions）

我們這個時代，從某些方面來看，堪稱絕妙美好；但是從另一方面來看，卻是毒蛇惡煞。依賴與分心是這世間的缺陷——依賴無限多的資訊來填滿我們的電腦螢幕空間，讓自己分心。只需要坐在電腦前面，就能任其吸引幾個鐘頭。結果，我們不再需要思考，只要反應就可以了。這是不利於幸福能力的——現

有數據顯示，注意力不穩定加上注意力分散，會增加負面的情緒。農民出身的思想家古斯塔夫·提邦[3]就說道：「中世紀哲學家將妓女的不孕歸咎於每天遊走於好幾位性伴侶的眾多胚胎之間，數量競爭，彼此銷毀。這樣的說法，亦能巧妙地比照適用於今日的文明型態。人類疲於追逐各式新穎的誘惑，既沒有能力也沒有時間，讓這些新事物在自己內心成熟，以至於思想和靈魂之間的差距越來越小，就像受孕隨即流產……」如果我們不反思幸福，如果只知一味撲向眼前的消費社會，所招攬的必眩惑自己的幸福承諾，結果讓大腦荒廢。無論怎麼樣，我們都不可能會快樂的。

給予（Donner）

你不給予的，最終也是會失去。這種說法雖然誇張，但卻有用。做出給予的選擇時，正確的選擇往往不是自己原先所認為的那樣。例如，要把酒留下來給自己，還是送給來訪的朋友呢？哪一方會在喝酒的時候懷想起兩人的情誼呢？由此可知，給予是為了讓對方快樂，加深雙方情誼，也是為了表達自己的感情。讓我們安心的是，給予的同時也在訓練自己不要執著，學著朝向事物的本質，隨遇而安。總之，像我這樣對未來感到極度不安，視之為威脅又擔憂匱乏的人來說，給予無非是一場無止盡的戰鬥。我必須不斷自問：今天我所給予的，明天會不會讓自己匱乏？然而，如果我會花時間來思索這個問題，其實就已經成功了一半——因為，我已經能夠明白，大多數自己擁有的事物都是可以給予的，不需要顧慮太多。只要讓自己多學習給予

就行了！

溫柔（Douceur）

溫柔，不是優柔寡斷，也不是懦弱無為。溫柔可以同時是堅定、勇敢（就像與孩子相處時，我們在孩子們眼中的樣子）。溫柔，是為了使世界更適合人居，也是面對苦難遲早引發暴力的解藥。對自己或對他人的溫柔，是沒有不同的。要記得，在目空一切、鼓胸昂然的背後，我們都只不過是個柔弱的孩子。

記得有一天，我主持一個心理治療技術同業人員的培訓會。我已經忘了確切的演講主題，但是我清楚地記得那天的某個時刻。就在參與者互相練習的當兒，我跟往常帶動研討會時一樣，突然覺得有些疲累。研討會是很累人的，因為大家時時刻刻都需要我；不只在帶動討論時累人，連休息的時候也一樣，總有一些學員來問問題，甚至吃飯的時候也不放過。總之，我累了，但我還是留心著學員之間的互動，並且思考接下來該如何進行活動。

其實，我應該休息一會兒，什麼都不做才對。然而，也就是在這樣的細節裡，我察覺到了自己的進步。當時，我很自然地轉身，走到窗戶旁看著天空。就在那一刻，我聽見微弱的聲音在內心喃喃自語：「對自己溫柔一點。」我慢慢呼吸、微笑著，並且意識到在那一刻，除了自己那講習員的超我完美主義心態在作祟之外，全身都知道當時最該做的就是讓自己休息一下。我很清楚這不僅對自己好，學員也將受益——在這練習結束之後，我會放鬆又平靜地回到他們之間，一定比緊張抓著工

作不放且忽略自己真正需求的我來得更好。而且，我告訴自己要「溫柔」，而不是「軟弱」！我沒有趁機打瞌睡，而是整頓自己，對自己溫柔一點，這也完全兼顧到了自己行事的嚴謹態度。

今天，我很驚訝，竟然需要花上這許多時間才發現，對自己溫柔既不是軟弱，也不是自滿，而是智慧。沒關係，我很高興終於明白了這些。

疼痛（Douleur）

在一次會議上，一位神經科同事說：「你們知道，哪種疼痛是最能忍受的嗎？那就是，別人的疼痛！」這番話引起了一陣哄堂大笑，他則自顧自地繼續演講。然而，對我來說，完了，我再也聽不下去了。這段話就此留在我腦海裡，他說的事千真萬確！當醫生的，應該永遠都不要忘記這段話；在每個服務單位的門上，亦該銘刻著這句話。它也讓我不禁想起，自己可能低估了最近一批患者的疼痛。但是身為人類，我們永遠不該忘記他人的疼痛。克里斯提昂・博班也提醒我們：「無論你眼前看到的是誰，都應該知道，他已經穿越了好幾次死蔭的幽谷。」我們所講的那些人，就是在生命中，或在某個地方飽受苦難的人。永遠不要忘了這一切。

幸福的權利？（Droit au bonheur?）

說到工作、居住或幸福，我們到底在為自己或他人爭取什麼樣的權利呢？這並不是說必須無微不至服務到家，而是，我們確

實能夠靠自己努力來獲取權利。權利不是別人虧欠我們什麼，而是我們可能希望擁有的。因此，每個公民都有追求幸福的權利，或者說，擁有能夠讓自己建造幸福的生活條件。

不幸的權利？（Droit au malheur?）

聽起來有些荒謬。但是，也必須安撫那些因為「幸福獨裁」而焦慮的人——沒錯，是的，你們是可以不快樂的。不用擔心，人是可以不快樂的！不會因為你們擺臭臉，也不會因為你們成天抱怨，就把你們關進監牢裡面。其實，是你們把自己關進監牢裡的……

1. 編註：聖一茹斯特（Antoine Louis de Saint-Just, 1767-1794），法國大革命雅各賓專政時期領袖，公安委員會最年輕的成員；因出版《革命與法國憲法》一書，成為革命陣營中的青年理論家。由於其美貌與冷酷，被稱為「恐怖的大天使」或「革命的大天使」。他的幾篇演說都很有名，最有名的是 1792 年八月十日要求將路易十六處死的演說。熱月政變之後，與羅伯斯庇爾一起被送上斷頭台。

2. 編註：菲利普·德萊姆（Philippe Delerm, 1950- ），法國作家，其特殊的文體被法國文壇稱為「果醬體」，作品獲得法國各大文學獎項肯定。目前在法國諾曼第擔任文科教師，同時創作不輟，作品包括小說、散文集和青少年文學。

3. 編註：古斯塔夫·提邦（Gustave Thibon, 1903-2001），宗教學家、天主教作家，也是天主教神職人員。他是神祕主義者西蒙娜·薇依（參本書〈前言〉註釋）的至交及後者著作的整理編輯者。

努力
Efforts

要改變，
重要的不在於你知道什麼，
而在於你做什麼：這就是所謂的努力。

E

圍巾（Écharpe）

最近，我參加了一個關於當代危機的會議，主題是「什麼理由，懷抱希望？」其間，我也受邀參與一場標題為「如何對抗憂鬱？」的圓桌討論會。在去程的火車上，我遇見了也受邀出席圓桌討論會的友人，他是個相當專業的管理人，及職場樂觀概念的大推手。我們剛下了高鐵，且談且走在通往車站大廳的地下道裡。我突然察覺到，他一邊心不在焉地跟我說話，一邊偷偷地翻找著自己的袋子。

「掉了什麼東西嗎？」

「對，我的圍巾，忘在火車上了……」

哎呀，真是不濟，他竟然把東西掉在不知將開往何處的高鐵列車上！我不上心地隨口說了句：試試運氣吧，趕快去看看火車還在不在月台上。「你說得對，總要試試看嘛！」他一說完，馬上轉身，朝著迎面而來碰頭打臉的旅客，逆向飛奔而去。我則待在原地，看著他的袋子。我一邊等待，一邊不由自主地說，能夠找回圍巾的機會實在是太渺茫了；但無論如何，我們是為了談論樂觀主題而來的，怎麼可以表現得像個悲觀主義者一樣，坐視圍巾不翼而飛呢？幾分鐘以後，地下道裡的人幾乎全走光了，他卻還沒有回來。突然間，我從原先擔心高鐵開走了而他沒找回圍巾，變成擔心高鐵開動了而他人卻還在車上……還好沒有，他笑瞇瞇地出現了，找回了自己美麗的紅圍巾。就在那最後一瞬間！我很為他高興，也為自己的樂觀理論高興——嘗試總比聽天由命來得好。況且，有時是行得通的。

我喜歡在現實生活中，一些無關緊要的小小時刻裡，證實樂觀主義。

學校（École）

前幾天，我和朋友埃堤彥聊天。儘管他在校表現優異，卻坦言自己討厭開學。然而，我卻曾經是個很喜歡開學的人，因為可以再見到同學，認識新老師、新課本，還有所有等著去學習瞭解的東西。我很喜歡走廊淨空了兩個月的氣味和聲音，加上秋日的天幕，滿地的栗子。我是個幸運的傢伙。我一直很喜歡上學，就像一直很喜歡工作一樣。這些都是大腦（指學習）還有心靈（朋友還有女朋友）多樣幸福的來源。我要聲明的是，自己從來沒有唸過什麼貴族學校，上的都只是社區裡的小學校和一般的國中高中。我認為，自己難以叛逆社會，寧願身置其中來改變社會；這樣的溫和態度，應該歸功於那些年快樂的學校生活。

生態學與心理學（Écologie et psychologie）

生態學要求我愛護世界，就像自己會長久安居於地球上一樣。心理學則給我忠告，千萬不要忘記自己有可能明天就會遠離世界，或死亡。

螢幕（Écrans）

在一次為時頗長的討論工作電話中，對方突然必須掛斷電話。她告訴我，兩三分鐘以後再回電繼續討論。當時，我坐在書桌

電腦前，第一個本能反應，就是「利用」這個空檔看看電子郵件。一看：哇！從開始討論工作到現在，又進來了好幾封郵件。我或許可以讀這些信，順便回信，這樣就能節省一些時間。

我的雙手突然停在鍵盤上，神智清醒過來，立刻更改心緒——我意識到，最好還是以另一種方式來度過這幾分鐘的等待，因為同時做好幾件事情，只會在壓力上添加壓力（快速回覆幾封電子郵件，是必須很專注的）。

我何不慢慢呼吸，放鬆肩膀，站起來拉筋伸展，順便在書房裡面走一下。即使被迫暫時停止討論，最好還是靜靜地繼續思考一下我們之間的對話。最好走到窗邊，看看天空和雲彩。總之，我不該繼續黏在電腦前面。因為，突然之間我清楚地感覺到自己其實又累、又緊張（要不是這小小的意念進出，我將不會察覺到這一切而繼續待在電腦前）。雖然只是一點點疲倦不安，但也就是因為還不太嚴重，所以才沒有察覺到。但是，如果我不把自己從電腦前抽離出來，如果我不讓大腦和身體休息一下，就會離開了舒適又有效率的狀態。

所以，現在我完全明白了，一切都很清楚。再遇到同樣的情況時，我會毫不猶豫地走到窗前，平靜地呼吸著，仰望天空，覺察當下以及自己生命中的一切。

我安心地等待電話鈴響，歡欣並且意識到自己的存在，而不是滯留在封閉又緊張的狀態中。當電話再次響起時，我發現，就在身體和大腦呼吸喘口氣的同時，即使沒有特意尋思討論的內容，心中還是浮現了許多清晰的想法。縱然，已經是幾個星期

後的今天，我仍然非常清晰地記得這件小插曲，如同生命裡愉悅的片刻。而且，只要一想起那天的小小心情轉變，就彷彿看到了那陣照亮生活的微微喜悅……

效率和幸福（Efficacité et bonheur）

我實在不熱中服膺某些研究所顯示的：員工和團隊的幸福感，可以讓公司獲利，總體而言，就是讓員工在職場受益。我寧可用一些別的論點，來激勵大家追求幸福。這是有實例可以舉證的：一項有趣的研究表明，關係和諧的團隊比彼此衝突或被動的團隊，有更高的工作效率。研究人員曾經拍下會議進行的過程，分析正面互動指數（熱絡、有建設性、合作無間）相對於負面互動指數（緊張、消極被動、矛盾衝突）。年終總結評估，工作性能最優的比值，正面互動與負面互動的比例大約是三比一：從此，我們習慣稱這個最優勢的數字為洛薩達（Losada）比例，以紀念帶領這項工作的研究人員。其他的研究也顯示，一組互動正向的工作團隊，有助於大多數人表達不同意見。這是非常寶貴的，因為在一個焦慮且氣氛不好的工作隊伍中，抱持不同意見的人可能會被視為干擾，甚至被拒；然而，在一個正面又友好的團隊裡，大家則有興趣聆聽不同的意見。正如我們知道的，團隊必須聽取不同的意見，才能進步發展；並非一定要遵循每個不同的意見，但聆聽始終是重要的。

努力和訓練（Efforts et entraînement）

由許多方面來看，精神與身體其實遵循著同樣的法則。

當我們希望變得更柔軟、更強健，或者希望有更大的肺活量讓自己跑得更久，我們知道，柔軟度、肌肉訓練和跑步等等，單靠期望是不夠的，還必須努力鍛鍊才能進步。倘若我們渴望能夠更平靜、睡得更好，減少壓力、悲傷、煩惱的感受，同樣的道理也適用，那就是：必須經常鍛鍊。有哪些練習的方法呢？正念就是其中之一：經常暫時停止分心，單純專注於體會存在，以及觀察世界在自己內心的回響。另外，也可以靠寫日記來練習意識，反覆修正自己的思維和行為方式（例如，敢於說出自己從來不敢表達的想法、寫出自己從來不敢抒發的感情或愛情絮語、敢於堅持自己從來不敢堅持的事等等）。就像鍛鍊身體一樣，不是概念讓我們變得更好，而是實踐讓我們變得更好。只是想著食物，不會給人營養；只是想著走路，不會使人平和下來。必須身體力行去進食、去走路。不可能光靠希望就讓人變得更安和穩定，必須力行實踐。最後，我要說的是：思想只能引導我們朝向行動，唯有行動才能改變我們。

自私（Égoïsme）

自私，可以關上面對他人不幸之門；但是，這麼做的同時，也關上了自己的幸福之門。因為，事實上只有一個門，那就是開啟世界的門。起初，我們以為關上這扇門，就能防止他人進入，偷走我們的幸福，掏空我們的幸福份額；也不會因為他們述說與展現的苦難，而毀掉我們的幸福。我們希望能夠獨攬幸福，頂多再讓親人以及那些我們允許的人進入分享。事實上，我們關上的這扇門，也是自我內省之門，那是可以開啟世界的幸福

之門。不久，我們即將窒息而死。自私，就像住在護窗板永遠緊閉的房子裡——讓我們看不到下雨，感覺少一點寒冷，卻也讓我們再也見不到明媚的陽光。

不可避免的自私？（Égoïsme inévitable?）

有些人被問及利他主義時，會回答：偶爾自私一下、顧及自己，這也是很重要的。這當然沒有錯……偏偏，自私並不是因為有那麼多正常又合法的「我也是」。我們也可以理解，對那些容易擔憂或缺乏幸福的人來說，是需要很多的「我優先」。其實，「唯我獨尊」，才是真正的問題癥結！

昇華和提升（Élation et élévation）

「昇華」這個已經過時的術語，源於拉丁語 *elatio*，意指「提升，靈魂飛馳」。在自己認同的道德價值面前，是會帶動昇華情緒的。正向心理學對情緒的昇華也很感興趣，然而使用的卻是另外一個現代名詞：提升。目睹令人感動的行為，尤其是互助或慷慨解囊之類的義行時，我們會有昇華的感受。

曾有精闢的研究結果顯示，昇華不同於欽佩。首先，將受測者分為兩組，第一組成員觀看能夠引起昇華情緒的影片（如陌生人的義行）；第二組成員則觀看引發欽佩情懷的影片（如運動員完成驚人的動作）。接下來的一週裡，要求這兩組成員保持專注於當初的昇華或欽佩情緒（使用小日誌，記錄下每日發生的事件所引發的昇華或欽佩情緒）；然後，研究他們練習昇華或欽佩情緒的結果，一起分析自己的感受。欽佩組的受測者

比較容易描述刺痛或冷顫的情形，感覺像充了電一樣擁有活力（彷彿目睹這些令人欽佩的行為，能夠激發起自己模仿的衝動，想必這就是欽佩的功能之一）。再來看看昇華組的受測者，則沒有這類生理激化的現象，但是在他們的胸部靠近心臟部位，卻是有些感覺的。由此證實，昇華情緒會刺激迷走神經，有激活副交感神經系統的功能，誘導鎮靜而非刺激興奮。感激之情同時也會活化副交感神經。因此，研究人員也探討昇華情緒在愛的進程裡的作用：他們讓哺乳期的年輕媽媽看一些會引發昇華情緒的影片。結果發現，受測的年輕媽媽有脹奶的情形（藉由胸罩內部放置的棉花測量所得的結果）。昇華情緒可能與催產素的生產有關。催產素有時被稱為愛或信任的激素，在以上兩種情緒下都會分泌，它其實就是一種連結關係的激素。由此可知，具備昇華情緒是寶貴的，是為了加強我們與他人連結的感覺。

電力（Électricité）

前幾天，我親眼目睹了一段小插曲。有位老太太推著小菜車經過一棟公寓，她應該不是住在這棟公寓裡面。天上開始下起雨了，她友善地對正在公寓門口修理的兩位電工說：「小心啊，先生，你們知道的，下雨的時候，修理電源是很危險的，一定要小心啊！」兩位先生則報以禮貌的微笑：「謝謝您，太太，我們習慣了……」幾公尺外，停著一輛印滿各式認證標誌的小卡車，表明這是一家專業的電力安裝公司。可是，該怎麼說呢？老太太對兩個陌生人，這份有點天真又不求回報的仁慈，

真讓我既感動又安慰。我很喜歡,自己不單被感動,還被撫慰
⋯⋯

美化過去(Embellir le passé)

美化過去,是懷舊的機制——我們帶著感動回顧過去,不自覺
地稍加美化。美化過去,可以讓人感受到美好和愉悅。不過,
前提是我們確實珍愛曾經經歷過的一切,而不是藉此與現在做
比較。否則,不滿就會成為殺傷力強大的武器。

讚嘆(Émerveillement)

什麼是讚嘆呢?就是親眼目睹神奇奧妙,也就是所謂的超凡絕
俗。我們會讚嘆壯麗的自然景觀、出色的藝術作品。甚至平
凡的事物也可以令人驚嘆,像是面對一朵花、日出、暴風雨、
海洋、大自然或者人類身體的功能等等。因此,所謂的讚嘆,
就是在凸顯我們意識到了前所未見的不凡事物;這也可以是幸
福的關鍵之一。保持開放的心理(也就是心緒沒有縈繞著煩
惱),以及好奇心(也就是面對未知的開放心態),讓人容易
驚嘆;這亦即禪宗所謂的初心——面對我們以為已經瞭解和掌
控的事,但保持著不斷更新的清新感。詩人被賦予這般神奇的
恩典,也因此造就他們的痛苦;因為讚嘆會使我們背離舒適的
沉睡,去面對自己不希望看到的事情。克里斯提昂·博班描述
詩人艾蜜莉·狄更生(Emily Dickinson)時,提到她具有「不
讓自己習慣於任何事情的沉重天賦」。過度敏感的人,也會是
反應過度的人,他們對任何事情,無論是快樂和痛苦都反應強

烈：也就是說，這樣的人，能夠同時感受到切膚之痛與歡喜讚嘆。

情緒多樣性（Émo-diversité）

幸福生活的總體感覺，取決於愉快情緒的出現頻率，多於愉快情緒的強烈程度。想必也跟情緒的多樣性有關係。只靠一種正面情緒運作，就像只吃一種食物，或是只種植一種類型的小麥或番茄。無論幸福是以自我或他人為中心，無論是動盪不安或平靜，無論是發現探索或習以為常——情緒的多樣性對幸福而言是有益且必要的，正如生態多樣性之於大自然一樣。

情緒（Émotions）

以某種方式來說，情緒自發流露，是幸福的溫度計。愉快的情緒，使我們更接近幸福。不愉快的情緒，則使我們遠離幸福。

負面情緒（Émotions négatives）

負面情緒的問題，不是在於它的存在，而是在於它擴張的趨勢！負面情緒會往下紮根，引發一些循序的特定行為模式，例如憤怒促使攻擊他人、悲傷使人退縮低迷、擔憂讓人過度專注於困境；以上這些行為模式，都會自動擴大。負面情緒當然也有一定的作用，是必須接受它、給它一個位置的，但不能完全臣服。要讓負面情緒，留一些空間給正面情緒。

正面情緒（Émotions positives）

當我還是一個年輕的精神科醫生時，我只治療那些已經診斷出來的疾病。對我而言，負面情緒好像比較常見、比較多樣、比較頑強；總而言之，就是比較有意思。我成了資深心理醫生之後，有幸從事疾病防治方面的工作，而不是等到疾病發生或復發時才來治療；這樣的經驗，當然改變了我的想法。我發現，更深入接觸後，正面情緒的世界其實更豐富。一旦深入細節，才知道正面情緒甚至比負面情緒更浩瀚多樣——像是喜悅、寧靜、驕傲、昇華、欽佩、信任、寬慰、好心情、感動……

同理心（Empathie）

同理心，是人類以及許多動物與生俱來的能力，無需特意或繁複的努力，就能夠自動感受到周圍其他人的情緒狀態。因為我們是人，我們的大腦能夠知曉，進而詮釋他人的感受。

同理心與幸福有緊密的關連：自適讓人更容易升起同理心，因為自適將我們的精神開向周圍的世界，而不是像痛苦那樣讓自己退縮封閉。同理心有時也能讓我們接受別人的喜悅和幸福——有了同理心，面對一個大笑或微笑的人，會更容易感染到這種安適。在我看來，同理心其實是一種非常強大又非常深刻的直覺形式，讓我們掙脫自私的誘惑，對他人的感受更敏銳。不論是歡樂或痛苦，同理心有其生物能量，提醒著我們與他人之間的深層連結。許多研究證實，自私是萬惡之源。同理心，是自然界留給我們的方便之道，讓我們能夠更敏感，也因此讓我們擁有更豐富、更具智慧的快樂。

童年（Enfance）

童年，對我們來說，就像座蓄水池，裡面裝滿著回憶、習慣、直覺反應以及各種無意識的動作。有幸福，也有不幸；福澤同享，患難與共。因此，既像失樂園、懷舊泉源，又像記憶庫，帶給我們信心和喜悅。聖奧古斯丁（Saint Augustin）曾寫道：「如果不是已經認識幸福，就不會尋求幸福。」對他來說，渴望幸福意味著曾經有過幸福的記憶。放諸四海，人人皆渴望幸福，因此他得到的結論是：唯有上帝能夠將這份渴望，放到所有人類的心裡。顯然，盡早具備幸福的品味，就能夠方便應付隨後而來的很多事情——讓我們更有把握地追尋幸福，也能讓我們認知到幸福遠離的原因，如惡毒的伴侶，或一些不理想的生活條件。曾經有過快樂童年的人，較有能力指認出事物的問題，也懂得縮短容忍的時間。我們終於知道如何讓自己過得更幸福，因為幸福就像學習外語，越早開始，就越能夠運用自如。

孩子（Enfants）

我有三個孩子，她們讓我非常幸福。還沒有成為父親之前，我很容易任由自己負面又愛發牢騷的情緒牽著走。奇怪的是，從我成為父親的那天起，我感覺自己必須有責任，在孩子面前不能再悲傷或焦慮了。並且，不能只是做做樣子，而是必須發自內心（因為我們不能長時間對家人欺瞞自己的感覺）。我不想因為自己那些不必要的痛苦情緒而感染了孩子。我清楚知道，那些負面情緒大多不是「必要的」。因為，實際上這些都不是真正嚴重的事情，充其量不過是些正常的不順罷了。我的

孩子，是幸福的來源（正如相傳成俗那般）；然而，同時也制約著幸福。這樣奇怪的混合體，在我身上卻運作得很好。愛我們的人，他們的看法和判斷是助力，至少在能力範圍內可以改正自己的缺點。至於其他的缺點，就要祈求愛我們的人的好意了。

地獄（Enfer）

地獄，像什麼樣子呢？或許，地獄就是賈克·歐地貝堤 [1] 在〈殉難者〉（Martyrs）一詩裡描述的：

在我醜陋的紫袍下，
不堪一顧的金色面紗，
我是世界之后。
我是絕望的痛苦。

絕望的痛苦，沒有任何幸福的期待——這是不幸的定義。就像安德烈·孔德－斯朋維勒對幸福所下的定義，狹隘卻很實際：「幸福，並不是永遠的歡樂（誰又能夠如此呢），也不表示從來無法歡樂；而是不需要發生什麼決定性的事，也不需要改變什麼，就能夠歡樂。」但丁（Dante）在地獄入口寫著：「進入此門之人，放棄所有希望。」希望，有時候被認為是幸福的圈套（能夠真正品味，總比空抱希望來得好）。但是，在面對痛苦和不幸時，希望也是不可或缺的解藥。

無聊（Ennui）

星期三我經常在家裡工作：我不能擔任全職的精神科醫師，因為自己會漸漸失去聆聽的能力和愉悅。這就是我星期三在家裡工作的原因——還滿不錯的，因為孩子們都在家裡，但也因此有點麻煩。某一個星期三，我在書房裡工作。有個女兒百無聊賴無以自遣，她已經用完了電視和電腦的時間配額，也沒有姊妹或朋友在眼前陪她玩。由於書房的門是關著的，她不敢進來，怕惹我發脾氣。這是對的，如果有人打擾我工作，我經常是會發脾氣的！我聽到她在走廊裡踱來踱去，隨後又有紙張的輕微沙沙聲。原來是她從門底下塞進一封求助信：「爸爸，我很無聊，請幫幫我。」（忠於原文）我不禁放聲大笑，隨即打開門，女兒就在門後面等著我；她也覺得好笑，很肯定自己可憐的處境會觸動我。我不記得自己對她說了什麼，但是我們應該有說到「無聊」這件事——跟過去同年紀的我們相比，我們的孩子過度受到外界的刺激，比我們當年更無法忍受無聊。

然而，在內心平衡的機制中，無聊扮演著重要的角色，能夠促使我們反省，進而滋養創造力。因此，無聊是有用的心靈狀態，鼓勵我們重新思考自己的生活方式（是不是缺乏足夠的行動和變化），以及感知世界的方式（是否因為不用心或缺乏深度，而與許多有趣的事情擦身而過）。

幸福，乏味嗎？（Ennuyeux, le bonheur?）

有些人認為，相對於快感或興奮，幸福顯得很枯燥乏味。我恰恰以為相反，幸福是不可能乏味的：幸福實在是太脆弱、太微妙了，不足以使人乏味。菲利普·德萊姆下筆一針見血：「凡

受威脅的，必不能乏味。」否則，整個人生都會枯燥乏味，因為不能時時動個不停、笑個不停；正如花朵也乏味，因為永遠靜止不動在原地；大自然令人厭倦，因為既不閃爍炫亮，也不會自我推銷。

熱情（Enthousiasme）

這件事發生在有天早晨，與我那位充滿活力又熱情的女兒在一起。當她看到我昏昏欲睡的模樣時，試圖叫醒我：「咦，老爸，你準備好度過這美好的一天了嗎？！」我精神不濟，但又不想抱怨，因為我沒有什麼正當的理由可以抱怨，只好咕噥著：「嗯，應該可以吧……」她立即反駁道：「喂，你的回答實在不怎麼樣啊！」

我們於是放聲大笑。她說得真對：我很不容易熱情、自然率真或是積極主動。在最好的情況下，我也只是覺得安寧、快樂、自信、詳和，但卻很少充滿熱情，很少會歡樂熱情地迎接生命、迎接到來的每一天。然而，我經常在女兒身上發現這些特質。更糟的是，許久以來我一直都抱持著懷疑的態度——在我看來，熱情就是盲目和失望的根源。今天，我才明白：憂慮地期望，並且只有在事情確定時才能歡喜，這樣的心態是不怎麼合理的。早餐時，輕輕勉強自己開懷大笑、扮扮小丑，確實可以讓人心情好起來。學習培養熱情，是很可貴的，在我開始感覺到動力減緩的生命時刻裡，注入了活力幹勁。我學會了欣賞別人，而不是只看到桎梏；沒錯，熱情並不總是合理，但又有什麼是永遠合理的呢？

意志鍛鍊（Entraînement de l'esprit）

對我而言，意志鍛鍊的概念是很寶貴的，就像培養身體機能（如體力、肺活量、柔軟度等），也可以開發心理能力（如專心、注意力、記憶力等）以及情感能力（如珍惜當下的態度、控制憤怒和擔憂）。關於意志的運作，特別是在感情的領域裡，我們通常會做出兩個錯誤的判斷：第一、我們會以為自己什麼都做不了（而且天生如此）；第二、相信只要有毅力和意願就足夠成事（必須真正想望；如果不成功，表示自己的意願不夠強烈）。毅力和意願，當然是必須具備的；然而，最重要的是長養自己的正面情緒。處在正面情緒的當下，別忘了推動並且增強這樣的正面情懷。

弔詭的是，就鍛鍊意志來說，我們已經稱得上是專家了；但是對於負面情緒的應對，卻還有精進的空間。我們經常反覆思考負面的想法和情緒（例如悲傷、怨恨、悲觀），而且已經相當純熟——我們利用悲傷、憤恨和悲觀的神經機制，讓自己在面對生命中的任何事件時，都能以最快的速度有系統地全面掌控局面。結果，我們成了負面的運動員。這真的是我們希望的樣子嗎？如果我們開始學習積累，並且反覆咀嚼積極正面的情緒，會不會更好呢？

忌妒（Envie）

忌妒，是一種不愉快的感覺，認定他人擁有我們所沒有的（並且希望自己有一天能夠擁有）。這樣的心境難以捉摸，無法用金錢來解決；或者也正因為這個原因，幸福就成了忌妒的對象。

我常常看到，那些不幸的人因為比較，而更加重自己的苦難；例如，多病的老太太怨恨同齡的鄰居雖然比較窮，卻比自己健康。殘障兒童的家長，每回遇見其他同齡健全兒童的家長時，心理備受煎熬。因此就以為，生命對自己不公平；他們不但不全心努力使生命能夠更美麗一些，反而忌妒別人的生活，結果加重自己的不幸。

伊比鳩魯（Épicure）

伊比鳩魯學派的創始人，曾被形容為溫柔善良的素食主義者，很少執意於不必要的樂趣。一個幸福的禁慾主義者，教導眾人如何能夠更接近幸福，如何克服對於無用之物的慾望——因為，只要上有一瓦，又有食物和朋友，就別無所求了。是什麼奧祕使伊比鳩魯成為「享樂主義者」的代名詞呢？

伊比克泰德（Épictète）

伊比克泰德早年曾是奴隸。有一天，愚蠢的主人為了證實禁慾主義，打斷了伊比克泰德的腿。這彷如死亡的經驗，讓他後來成為了古代的偉大哲學家之一。他以幸福生活的觀點著稱（雖然略顯粗糙），應該是個人過往經驗所致。伊比克泰德就像佛陀一樣，認為幸福深植在人類內心：「神創造了人類，是為了讓他們能夠幸福；然而，人類卻由於自己的缺失而不幸。」但是，人類需要警覺和努力才能辨別清楚，哪些是取決於自己（個人的努力），哪些又是自己不能掌控的（所以必須接受，而不是改變）。伊比克泰德的教誨，由弟子收集抄錄寫成了著

名的《手記》，即使在將近兩千年後，讀來仍然有令人意想不到的新意。

試煉（Épreuve）

試煉是逆境，會動搖我們的根基，不知道自己是否能夠存活下來。試煉會讓人不禁在心裡自問，終究走出來之後，會不會因為遍體鱗傷、殘破不堪，而無法再有所為。我們正在經歷的考驗，數不盡的人早已經歷過了。這個事實，並不會讓考驗變得較不可怕，而是提醒我們，這只不過是生命的千百種面孔之一。考驗，就是這張讓人喪膽的面孔，能夠攫去我們的生命。考驗將我們丟到一切未知之中，讓我們以為置身於地獄裡。我們完完全全不知道未來會發生什麼事情，因此，唯有竭盡全力面對考驗，而不是面對自己的咆哮與反覆思索。只能盡力做到最好，因為永遠都不會是完美的。然後，又有其他的事情將會到來，而令人擔慮痛苦的是，即將到來的不知道會是什麼事，也不知道會在什麼時候。然而，總是會有事的。「人生有兩副面孔：一副令人禮讚，另一副令人畏懼。當你看過了那張可怕的面孔，讚歎的面孔會像太陽一樣轉向你。」

情緒平衡（Équilibre émotionnel）

什麼是情緒的平衡？總之，從代數的觀點來看，如何才是正面情緒和負面情緒之間的適當比例呢？我很清楚，平衡並不一定就是幸福；有時候，幸福恰好就發生在瞬間失衡的狀況下。儘管如此，若像焦慮以及憂鬱的人那樣，不斷充斥著負面情緒，

那是絕不會感覺到快樂的。有一些關於短暫情緒的調查研究，為時幾個星期，受測者的手機每天大約會發出十次的小小嗶嗶聲。每次嗶嗶聲響起時，就得記錄當下情緒愉快或不愉快的強弱指數。在那些沒有過度緊張、焦慮或憂鬱的人身上，研究出來的數據結果顯示，正面情緒與負面情緒間的最佳比例，大約是三比一。因此，並非必須完全正面積極；我們可以經常感覺到負面情緒，例如焦慮、悲傷、內疚、煩惱等等，這些情緒都能激勵我們去適應。但是，若要達到精神平衡，負面情緒必須比正面情緒少三倍。您的情況是這樣嗎？

淪為自己的奴隸（Esclave de soi-même）

幾年前，某個星期天的傍晚，我坐在地上擦皮鞋，女兒看著我說：「可憐的爸爸，你看起來好像一個小奴隸！」這個畫面讓我覺得好笑，便趁勢埋怨了一下：「唉！是啊，我是這個家的奴隸！」惹得女兒跟我一起笑了。但是，她並沒有為我的奴隸身分而感動，隨即走開去做別的事了，留下我一個人，反思著我們的對話，想著我的「奴隸狀態」。我明白了，與其說我是家裡其他成員的奴隸，倒不如說是自己的奴隸。事實上，我就像所有人一樣，每逢週末，至少總得修理勞動一番。我當然也會夢想著休息一下，讓別人來服侍我。看著自己沾滿灰塵和泥濘的鞋子，我有兩種選擇：不要擦鞋上蠟了，就讓接下來一個星期都穿著骯髒的鞋子，生活中畢竟還有比穿髒鞋子更糟糕的事；另外一個選擇則是面帶微笑地擦鞋油，畢竟，讓一個骯髒的東西變清潔，美化它，實在不是一件值得抱怨或徒勞無功的

苦差事。因此，有兩種方法可以不讓自己成為奴隸，不加重自己肩上的擔子——或者不做，或者輕輕鬆鬆去做。並不是每次都能夠有選擇吧？確實，有些限制是不可避免又痛苦的，總是很難讓人從內心發出會心的笑容。不過，我們應該稍微反省一下——有很多枷鎖，是可以打破的，遠遠超出我們原來所以為的。

復活的祈望（Espérance de la résurrection）

祈望（espérance），是性靈和宗教版的希望（espoir），融合了希望與信心，仰望上帝。因此，祈望變得比世俗的希望（比如「希望星期天不會下雨」）更強大，也更脆弱，並且更令人感動。祈望通常都是發生在生命中的重大時刻，當我們感到力不從心的時候（像是「希望好友能夠痊癒」）。對天主教而言，祈望與信心和愛心，一同被稱為三達德。祈望，讓我們重拾信心，將自己交到上帝手中，尤其是在面臨死亡的時刻。每當去教堂參加彌撒，聽見神父召喚死者「安息在復活的祈望裡」時，我的胸口都會緊縮憂傷。令我震撼不已的是，祈望的廣袤和脆弱。

希望（Espoir）

希望，就是期待未來符合自己的需求，或等待更好的明天。希望可以是一種助力，但也可能有雙重的危險——如果因為抱有希望而讓自己不採取行動，或者因而放棄珍惜既有的一切，倒不如不要再希望什麼了，只求盡情生活和行動就好。記者問羅

患嚴重神經系統疾病的天體物理學家史蒂芬·霍金（Stephen Hawking），得了這麼嚴重的疾病，如何還能保持士氣，他說：「當我二十一歲時，希望就已經完全消磨殆盡了。從那時候開始，每件事情對我而言，都是意外之喜。」這也是哲學家安德烈·孔德－斯朋維勒，在標題極具啟發性的《幸福，必須義無反顧》一書中所建議的：停止希望，並不是因為絕望，而是為了活在當下。

初學者的心態（Esprit du débutant）

心態，是面對事情的方式，也是生活的方式；也就是說，自己是如何判斷、如何看事情。無需贅言，正如所有形式的心理學或心理治療的努力一樣，心態對正向心理學而言是最重要的。讀這本書時，如果您沒有開放的心態，就無法藉由雙眼，或者應該說藉由自己的批判意識，發現書裡提到的任何論述或建議。您不一定要正面善意，但至少必須好奇誠實，這就是禪學所謂的初心（初學者的心態）。沒有經歷之前，不要先下論斷；如果沒辦法做到，不要馬上放棄或批評方法，應該訓練自己再實踐看看。初心，是純樸、謙卑，混合著好奇。也就是說，即使抱持懷疑的態度，也是一種充滿善意和參與的懷疑。

嘗試（Essayer）

阻礙我們得到幸福「祕訣」的原因，是我們根本連試都不去試；缺乏的，是堅持不懈的精神。

自尊（Estime de soi）

自尊，對自己的幸福是很有益的；主要能讓我們避免自我戕害，不會陷入誇大又不斷的自我批判。自尊，也能夠使我們與他人接觸時，保持尊嚴，覺得自己值得被愛。在自我尊重還有與他人關係的角度上，自尊可以發揮最大的成效；至於增加個人績效以及促進成功方面，則是取決於許多其他的因素，自尊的好處，就比較不明顯了。

周而復始（Éternel retour）

有的時候，即使歷經努力贏得成功，我們還是會因為周而復始的負面情緒，以及憤怒緊張的傾向，而陷入沮喪。然而，難道夜晚、風雨甚或冬天永恆的周而復始，不就是萬事萬物本然的秩序嗎？不過，在現實中，這樣的周而復始發生在自己身上時，則伴隨著微妙的差異和變化，雖不易察覺，卻又真實——我們可以覺察到，憤怒、悲傷和恐懼，總是重新回來，只是，維持時間較短、力道較弱，對我們的行為影響也較小，對我們生活的掌控也減弱。因此，我不喜歡某些警句，像是「一旦喝酒，就會永遠喝下去」、「去除本性，馬上又故態復還」等等，讓人動搖、無法翻身。可以想像，我和所有心理諮商師對這些說法深惡痛絕，因為如果這一切都是千真萬確的話，我們不如捲舖蓋，不顧痛苦病患的死活。這些警語有時候是正確的，所有的警語不都是這樣嗎？在某些時刻，短時間裡確實無法見到改變的成效。然而，這些話卻往往是錯誤的；最可怕的是，這些話會令人沮喪、打擊士氣，所以是有害的。我不喜歡那些毒

害靈魂，讓靈魂沮喪又打擊士氣的東西。當我們狀況不佳的時候，這些警語都是傷害我們的咒語，只會讓情況更糟糕，甚至陷入僵局。

永恆（Éternité）

當我們暫停下來感受品嘗片刻幸福的時候，就如同吸進了永恆的氣息，進入到一個超越時空的泡沫中（只要輕輕一彈，就會像肥皂泡一樣幻滅了）。幸福的現象，也就是這樣被勾勒出來的：感覺時間靜止膨脹，自己置身於永恆的括號裡。幸福時刻，就像剎那的永恆。時間暫時停懸在那裡。可惜的是，不幸也有點類似這樣，也讓我們感覺到永恆的時序；被不幸折磨的時候，我們也體驗到永遠讓利爪攫住的恐懼。

伸展（Étirements）

記得小學歷史課裡提到，國王路易十一把反對者和敵人關在一種被稱為「少女」的籠子裡——既不能坐、不能躺，也不能站直，只能夠保持蹲踞的姿勢，不能作任何完全伸展的動作。當時還是孩子的我，真是嚇壞了。想像著這個可怕醜陋的國王，把俘虜囚禁多年，甚至一輩子困在這種身體的絕對痛苦裡。這或許就是為什麼，我如此喜愛時時伸展身體；無論在家裡寫作，或者在醫院看診時短暫的空檔裡，我都會站起來，高興地伸展一下。

星星（Étoiles）

「星星。在上帝的家裡，有光明。」儒勒・何納的這段句子向我們眨眼暗示，鼓勵我們定睛看看世界。想像一下，上帝坐在自己家裡的椅子上，沉浸閱讀一本好書。這樣的情景，既讓我覺得有趣，又讓我充滿喜悅。雖不免有些幼稚，但卻撫慰療癒。通常，我就像儒勒老友一樣，只會把這類幼稚的想法偷偷保留給自己，或者寫進日記。我希望能夠經常如此。

什麼都不做的奇怪先生
（L'étrange monsieur qui ne faisait rien du tout）

事情發生在有一天我開完會的回程火車上。列車走廊的另一頭，有一位行為有點怪異的先生。打從火車離開車站，他就吸引著我。我用眼角餘光注意，看他是否會停止自己怪異的行為，然後表現得像其他人一樣。但是沒有，他還是繼續著費解的行為。其他所有的乘客，手邊都在做一些事情──大多數人自顧自地看著螢幕、沒有人講電話、有些人在睡覺。而他，什麼都不做。

無論是他的目光或衣著，看起來一切都相當正常，沒有什麼好奇怪的；我花了一點時間觀察，才明白了自己的疑問。因為，奇怪的點在於：他什麼也不做。有時候他看著窗外，有時候看著上車或走動的人。我想說的是，他一直用一種適當的方式觀察一切，沒有過多的牽強，而是像生物學家一樣，小心謹慎且仔細觀察著自己最喜歡的動物來來去去，如同我正在觀察他一樣──一個什麼都不做的人，就像是面臨絕種威脅的物種！他只是看著自己周遭世界的一舉一動，我幾乎就要想像他是個瘋

子了；然而，我卻認為他是個智者。在我的腦海裡，對這段奇特的經驗胡思亂想了片刻。只是因為一個人什麼都不做，就覺得他奇怪；我們的生活，是多麼地奇怪啊！這個社會又是多麼地奇怪啊！有一瞬間，他差點就要讓我失望了：經過一小時的旅程後，他拿出手機開始輕輕敲著。我嚴肅地監看著他，覺得自己好像太快給他加冕了。但是沒有，他只是不經意地瞧了一眼，隨即將手機放回口袋裡，又繼續對著窗外飛逝的田野美景沉思，沒有其他的人像他這樣看著窗外的景色。

結果，我也開始欣賞起窗外了。拋開電腦和所有必須趕快修改的遲交文件，那些緊急卻又無關緊要的東西。因為，最重要的事情在此，存在於我的眼前，以及那位奇怪先生的眼前：就是在這輛列車以及飛逝而過的風景裡，正在進行著的生命……

受人欽佩（Être admiré）

受到欽佩，能使人愉悅，也會讓人尷尬。傾慕者可以認為他所傾慕的對象，擁有卓越超然的特質；然而，受到傾慕的對象，卻或許覺得自己被人錯愛。最好的情況是，被傾慕的對象，只是接受自己被看重；因為，看重是指自己能夠與他人平起平坐，並不意味著地位被架高。

有一天，我在一座教堂地穴裡演講。會議結束後，承辦協會的負責人整理桌椅，我發現顯然有人準備在那裡過夜。這個協會組織建立了一套值班制度，在酷寒的冬季，輪流接待無家可歸的人在演講會場過夜。就像大多數的護理人員，我知道照顧遊民的夜晚，實在很難是件樂事——因為，有些遊民會發狂叫嚷、

有些喝得爛醉、有些企圖自殺、有些非常非常髒，還有一些痛苦得不發一語。這確實是一項可敬的工作。所以，當有人來恭維我演講的時候，我覺得自己彷彿在招搖撞騙似的；應該欽佩的不是我，而是這些志工！雖然如此，我藉由演講得到的片刻讚賞，一定比所有志工一年的無私奉獻來得多。世界真是奇怪！儘管我知道他們這麼做，不是為了想讓人欽佩。幸好，有件事情安慰了我，並且讓我不再自責──有很多人來聽這次的演講，每人付的少許入場費，將支助志工活動。呼，我終於可以心安理得了：既可表達我對志工的欽佩，並且感到自己也盡力幫助了他們……

遵循字面上的意思（Être pris au mot）

事情發生在幾個星期前，我在聖安娜醫院的一次諮商。病患是一名我已經認識很長一段時間的退休醫生，她的問題很複雜，性格也很複雜。她預約了急診，唉，因為她的病又復發了。在諮商結束後，我自以為終於安撫了她。她從袋子裡拿出一份包裝精美的禮物說：「這是為了感謝您接受我的急診以及您悉心的治療。我知道，您有很多工作……」

作為醫生，有時候會收到病人的禮物。我們當然很高興（因為這份禮物肯定了我們的辛勞），同時也讓我們尷尬（因為我們不過是盡自己本分罷了）。每當我收到禮物時，就會有這些感覺。我會道謝，也會特別表達自己的榮幸（例如「您太貼心了」）。可是那一天，不知道為什麼，我竟然說：「謝謝您，不用了……」剛巧，這位病人在人際關係中有點特別，她不擅

長人際應對，也不懂得解碼交流的訊息（雖然這些問題從來沒有真正困擾過她的醫師專業）。我看到她臉上變得茫然不知所措，她思忖著我說的話：「您很困擾，我送您禮物嗎？」我說：「嗯，對啊，有一點。我是真心在治療您，現在您好多了，這就是我的禮物。」她接著又說：「我不希望這份禮物給您帶來困擾。」可憐的她極度不安，不知道該怎麼辦才好，猶豫著不知如何處置還沒完全從自己袋子裡拿出來的禮物。頓時，我也覺得有點傻眼：她給我帶來的這份禮物，是她特地為我選的。我當然真的覺得很開心。若她把禮物帶回去，也是不要緊的，畢竟我也不缺什麼。然而，我不能拒絕這份禮物，不能讓她又帶著禮盒離開。果真如此，那麼我就實在是既不領情，又不尊重她了。於是我對她說：「不是的，我實在很高興您的心意，送給我這份禮物，您真是太貼心了。」我就只以簡單的訊息來傳達簡單的想法；我只專注於重點，放棄解釋為什麼這份禮物讓我尷尬，以及自己尷尬的程度。她笑著遞給我禮物，看得出來她終於放心地鬆了一口氣。然後，我們一邊聊著其他的事情，我陪同她走到了門口。

這件事情，給我上了一課。可是事後我有些懷疑：她刻意給我禮物，是不是比我想像的存有更大的心機？（比如「我讓心理諮商師掉入陷阱了，讓他照著我的意思做，只為了捉弄他一下罷了」）。不過我不這麼認為，她不是這種人。但誰又知道實際情況是怎麼樣呢？無論如何，從此以後，當別人送我禮物時，我不會再說：「不用了！」正向心理學的要義，就是始終簡單行事。

幸福主義（Eudémonisme）

幸福主義就是，能夠實現自己的價值觀，而感覺到幸福；也由於實現以及精進的過程，賦予了生命的意義。幸福主義，隨著年齡增長而增加；享樂主義則似乎緩慢減少。享樂主義來源與幸福主義來源之間消長的總體幸福水平，保持穩定不變：生命就是這樣，如此完滿。[2]

異常欣喜（Euphorie）

從理論以及字源來講，欣喜（Euphorie）意味著享有愉快的心情。對精神科醫生來說，當我們焦急和沮喪時，會感覺到煩躁不安（dysphorie，某種情緒障礙）（前綴字 dys，有不正、錯誤的意思），煩躁不安是與異常欣喜相反的。奇怪的是，在今日法文的習慣用語中，欣喜一詞指的是過度的好心情，這也進一步證明了正面情緒的難以為之！不錯，過度的好心情，是可能帶來危險的。興奮時，情緒的平衡會暫時中止——我們做的選擇、採取的態度，都可能變得草率，因為不再有負面想法或情緒來提醒自己必須注意潛在的問題。因此，不要在過度興奮或煩躁的時候，做任何重要的決定或承諾！

惱怒（Exaspération）

蕭沆告訴我們：「每當連續幾天都浸淫在寧靜、引人沉思又簡樸的文章裡時，我只想走出門到大街上，打爛第一個碰見的人！」對我來說，倒不是這類文章會讓我如此反應。而是，那些故作鎮定或禪學的假先知，會讓我惱怒。當我這麼覺得，或

當我知道他們只是在裝模作樣保持形象，而現實生活中卻不過是斤斤計較又小氣的人，這時候我想揍的不是路人，而是他們——我想給他們一個巴掌，以期撥亂反正，並且打破盲目的崇拜；我還想要求他們停止自作聰明，建議他們回到修道院去，再打坐修行幾年以重返正道。

體能鍛鍊（Exercice physique）

許多重要的研究證實，身體健康能夠使心靈健康。經常鍛鍊身體，可以略微增加正面情緒的傾向；同時，也可以增加面對焦慮事件時的情感耐力，即使在脆弱的偶發性憂鬱症患者身上亦是奏效的。所有的精神科部門，都應該配備一間健身房！

狂喜（Extase）

狂喜，是強烈的幸福或快樂；如此極度的激烈，甚至會讓我們脫離自我。最為人所知的，就是性的狂喜，和神祕主義的狂喜。這樣的狂喜，能夠帶來生理或形而上學的震撼。如果我們認為狂喜是極端形式的幸福，其本質，是一種出自己身的爆發力，那麼也就證實了，幸福的自然運作不是向內性的（由外面到裡面），而是離心力（從裡面到外面）。

1. 編註：賈克‧歐地貝堤（Jacques Audiberti, 1899-1965），法國著名作家、詩人、劇作家及影評人。
2. 譯註：如下圖解

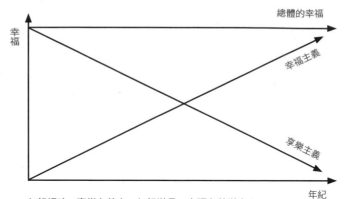

生命中幸福感的演進

年紀輕時，享樂主義高；年紀增長，幸福主義增高；
而總體幸福，則保持水平不變。

瘋狂
Folie

身為心理醫師，我從來沒有見過瘋子，
而是一些苦於無法快樂的人。

F

軟弱或脆弱？（Faible ou fragile?）

我們經常引用尼采（Nietzsche）的一句話來凸顯超越逆境的美德：「無法毀滅我們的，能使我們更加堅強。」有一天，一位來聖安娜醫院接受心理諮商的女士讓我知道，這句話的反面有的時候才是正確的。她告訴我，生命中的許多考驗如何慢慢地磨損脆弱的她，最後她總結道：「以我的例子來說，沒法毀滅我的，卻讓我變得脆弱了。」她說的有些道理——她所經歷的心理創傷，多年後還持續讓她痛苦著。在我看來，她已經竭盡一切努力，也做了所有可能的改進。在這種情況下，我有些不知道該如何回答她；我希望能與她再討論一下，不想讓她帶著這種「不得不軟弱」的想法離開。因此，我們又聊了好一會兒，討論軟弱和脆弱之間的區別。說實話，我一點也不覺得她軟弱，而是覺得她極度脆弱。一直以來，對軟弱的概念總是帶有道德批判。這樣的想法通常挺困擾我的，特別是這位女士的情況，更是讓我困擾。在我看來，她的情況也不是面對生命中某些事件時強烈的無力感，因為，她有讓自己去面對，只是面對本身讓她痛苦。在我看來，這位女士不是軟弱，而是脆弱。就我個人而言，當我覺得自己軟弱的時候，總會氣餒，並且會提前放棄行動；可是，當我覺得自己脆弱的時候，並不會放棄行動，而是促使我更謹慎，意識到必須小心行事，而且想必需要別人的幫助。總而言之，脆弱其實是一種積極的軟弱。對此事，我們不予任何價值判斷，也不會有任何的責難。

傷害他人（Faire de la peine）

自小我就很怕傷害別人。請注意，我指的不是那種正常的恐懼，不是那種擔心自己不友善、沒禮貌或愛吵架而傷害了他人，而是那種無所不在的過度恐懼；例如，當我走過沒有顧客的攤販前，商家孤獨地目送我，而我什麼都沒買，這樣的情境總是令我十分尷尬。或者，沒有把自己所有的錢都給路旁的乞丐。這種對他人的過度關心，如影隨行地跟著我。

1898 年八月十五日，儒勒·何納在《日記》裡寫了一段插曲：「我問金獅餐廳：『午餐什麼時候開始？』『上午十一點。』『好。我先去城裡走走。』結果，我在另外一家餐廳吃了午飯。從此，我再也不敢走過金獅餐廳。說不定他們一直還在等我。店家是否還在臆測著：『他是否會來晚餐？』我會不會被關進城裡的警察局呢？我腦子充滿這種愚蠢的胡思亂想。」多虧好心的儒勒，我才感覺比較不孤單。但是，有一天我又陷入了同樣的情境。在火車上，陰鬱的尷尬湧上心頭，因為我沒有向推著三明治飲料餐車經過車廂的先生買東西；又因為，上車前我沒有光顧月台盡頭的老報販，我還在不好意思。很奇怪，這種對他人處境的超級敏感，是如何再次湧上自己心頭的。我從來沒有清楚地理解，為什麼有時候自己有辦法斷絕這樣的想法，有時候卻無能為力？說實話，我想，我從來沒有試著真正擺脫這些。因為，如果失去了這點，我覺得自己也會失去一點人性。

「全力以赴」（《Fais de ton mieux》）

完美主義，往往是危險的態度。但是，這並不妨礙我們喜歡完美主義，並且希望盡可能地把事情做好。兩者之間是不同

的。這也是斯多噶哲學經典裡終極目的論（*telos*）和目的論（*skopos*）之間的區別，也是介於意圖和結果之間的差別。試圖全力以赴，避免禁錮於一定要達成的結果，盡可能做好事情。我們常以瞄準靶心的弓箭手為例——不要把所有的注意力都集中在射中靶心，應該全神貫注在自己的姿勢（同時重視靶心和自己的每一個動作）。最該注意的是姿勢，而非結果的完美。這適用於大多數生命裡的行事舉動，更適用於幸福的追求。

家庭（Famille）

每個人都聽過雷翁‧托爾斯泰（Léon Tolstoï）的小說《安娜‧卡列尼娜》那著名的開場白：「幸福的家庭都很相似，但是不幸的家庭各有各的不幸。」我曾經也一直認為如此。因為我很佩服托爾斯泰，而且我也是這樣看事情的：幸福似乎一定比較愉快，可是卻比較沒什麼好觀察、好描寫敘述的。然而，實際上這個想法卻是個錯覺（對不起囉，雷翁），以為幸福通常並不需要多加言語就能讓人體會，而不幸卻耐人尋味，讓人抽絲剝繭想要剖析明白（使人不斷咀嚼、呻吟抱怨……）。不幸給人更加豐富有趣的印象——其實只是因為那些喋喋不休。

今天，我對正向心理學很感興趣，不厭其煩地剖析了「人類必須幸福的一千零一種方式」。我被說服了——正面的情緒和經驗，全然可以和負面情緒那般豐富多樣。相較於不幸的家庭，那些幸福的家庭也是各個不同的。身為一位心理醫生，看過很多很多不快樂的人之後，有時我會忍不住地說：「所有不幸的

人都是一樣的；但是，每個快樂的人則各有各的方法。」其實，只要我們對一個主題感興趣的話，就能感知到它的豐富、多樣和其中的微妙之處。是不是所有的草，都長得同一副樣子呢？不會吧！不妨讓自己試著躺在一片草地上，數看看有多少種不同的「野草」！幸福和愉快的情緒也是一樣的道理！不過別誤會了，這番話並不是要阻止大家去讀托爾斯泰的偉大著作！

幸福幽靈（Fantômes de bonheur）

以一幢度假屋為例，你們剛在那裡過了一個熱鬧興奮的暑假，認識了很多人，進行了許多活動，也講了不少話。如果你們在這一幢房子度過很長的時間，已經積累了許多回憶，那就更好了。試著獨自一人再回去那裡一段長時間，可能的話安排在夏末。但是，如果您的假期不是在某間房子度過的話，也沒有什麼關係，只需要選一天風和日麗，到一個自己喜歡的地方，最好是個美麗安靜的大自然環境，而且是個沒有人會打擾到您的地方。坐下來，深呼吸。等待著回憶、談話、低語、笑聲和爭吵的片斷慢慢湧現──從牆裡或者從自己的記憶中，如幽靈般慢慢湧現出來。就這樣，隨興地觀察它們，千萬不要強迫記憶，也不要想組織這一切。更不要特別執著於任何一段回憶，就只是讓過去的一切占據自己的意識空間。就這樣，花幾分鐘、幾個小時，或花上很長一段時間，就這麼待著。觀察幸福的幽靈就像釣魚一樣，不能強迫魚兒上鉤，如同不能強迫回憶湧現。等待，就足以讓人況味；因為，等待是一種存在，而不是稍安勿躁。

這個練習對我們有什麼用呢？什麼用也沒有。至少在現在，是沒用的。也許以後，我們會因為這個練習而覺得自己的經歷更人性化、更和諧、更快樂，也更豐富一些？可能會這樣吧。

疲累（Fatigue）

我們常常抱怨疲累，但是，疲累也是有好處的。例如，疲累能夠讓我們調整自己的態度，讓我們不至於做出超過能力負荷的事情。然而，令人抱憾的是，有時候會碰到必須發揮極限而不允許疲累的情況，如加拿大消防隊員或飛行員在奮力對抗森林大火時，就是一種極限的挑戰。反之在一般情況下，若是碰到令人厭煩的行為時，疲累其實是件好事情。比方說，在過去，如果有人很開心想要放聲高唱，當然會吵得鄰居耳朵不得安寧；但是，唱了一段時間之後，那人累了就會停止，鄰居也終於能重享安寧。然而，今日的問題是，拜科技之賜，不再受疲累限制。因此，如果有人很高興，他不再放聲高歌，而是把音響開到震耳欲聾。問題是，音響永遠不會累，麻煩迅速達到高點，衝突也隨之而來。顯然，科技進步必須伴隨心理的進步；不幸的是，前者進步得比後者快多了。

節慶（Fêtes）

真是奇怪，節慶竟會讓許多人傷感。也許是因為，節慶總帶著強迫意味。節慶通常要求我們在某個特定的時段，必須快樂；然而，這並不一定符合每個人的節奏。因為，被逼迫的好心情往往都有些矯揉做作。另外，節慶裡混雜著許多擅長以及不太

擅長幸福的人——外向的人會推波助瀾擴大自己的快樂，而內向的人卻難以讓自己活絡起來。結果，不太擅長幸福的人往往拿別人和自己比較，於是就雪上加霜了，只會帶來失望，因為他們會以為自己似乎比較不快樂，似乎與所有美事好運擦肩而過。一般過節的方式，都是外向又激動的——人越多越好、音樂越大聲越潮，大家越興奮越棒。可是，內向的人喜歡安靜過節；然而，這是不存在的，不然就不叫「狂歡」了。內向的人嚮往的是三五好友，伴隨著柔和的音樂，安和地談話。這是他們的「美好時光」……

自豪（Fierté）

在我看來，自豪是一種有點過度被讚譽的正面情緒。這很危險，因為有可能會助長（對他人或對大自然的）優越感。我從來不曾感到自豪，頂多只是滿意自己。畢竟，無功不受祿。如果說我從來不需要對抗自我膨脹的情緒，從來不需要對抗驕傲或驕傲帶來的偏失，或者對抗傲慢自負，那也不過是因為我長久以來缺乏自信。一旦擁有了自信心，我還是一貫地注意避免有過分的行為，保持跟過去一樣，當一個無力自傲的人。只要超越了自我的限制，無需再費太多氣力，就能將限制變成美德。

世界末日（Fin du monde）

有一天度假回來，我信手遊走手機，提醒自己待做的工作。無意間，眼睛瞄到了一個奇怪的日期：有個預定在 2068 年的東

西！哇⋯⋯這是什麼啊？ 2068 年，我都超過一百歲了呢！一定是搞錯了吧。我還是不禁打開來看看──「2068 年十二月一日十八時：世界末日。」好！我終於明白了，又是女兒們開的玩笑：她們經常在我手機裡塞些玩笑，像是一些假信息、假約會或者一些瘋瘋癲癲的鬼臉照片。但是，關於這個世界末日的訊息，沒有一個女兒承認是自己做的。誰又知道呢？所以，假使 2068 年與您的年齡可以搭上關係的話，我把這個信息傳給您。說不定⋯⋯

有限性（Finitude）

當我還是醫學院學生的時候，最好的哥們之一克里斯提昂，特別喜歡在非醫師的聽眾前以老學究的語氣說：在性行為中，人類只具備有限的能力得到快感。他大致上都會聲明：「研究報告顯示，經過大約一千二百五十次性行為之後，快感的能力會消失。人類天性設定我們為了生育，然後性欲會降低，讓我們將精力投入在別的事情上！」這段話，當然是子虛烏有，其實是為了觀察在場人士擔憂的表情，其中大部分人會馬上開始心算：「這麼說的話，我要平均一個星期做愛幾次呢？我還剩下多少次呢？」總之，這個策略每回都奏效，因為它觸動了人類的嚴重擔憂──對有限性的擔憂。當我們開始計算自己餘存的健康年數，算著還有幾個夏天可以征服高山，還有幾個晚上要睡在不舒服的山上小屋裡時，我們的腦子應該就像那些計算著剩餘性高潮次數的人一樣。

這就是所謂的中年危機──就在那一刻，我們意識到，已經過

去的年數比將來的年數來得多（特別是身體健康的年數）。對一些人來說，意識到這些甚至會導致憂鬱的危機，有些人則會有倒退的危機（試圖以各種方式變年輕，例如染髮、換伴侶、整容或買跑車）。但對大多數人來說，這場危機（krisis，以我手邊的希臘老字典，按照順序翻譯就是：「判斷、決定、選擇、辯論、危機、結果」），讓人意識並且體悟到有限，「不要再將幸福延怠至明天，我要活在今天的幸福裡」。不應該繼續以為「獲得這份工作、付清貸款或退休之後，我才會幸福」，而應該是「現在就可以開始幸福了」。此外，這種對有限性不太舒服的覺知，迫使我們帶著智慧又主動地反思自己生命的幸福、生存首要以及行為舉止。

福樓拜（Flaubert）

「愚蠢，自私，還有健康的身體，是幸福的三個必要條件。但是，如果缺了第一項，就全完了。」這段對幸福條件毫不留情的句子，出自 1846 年八月十三日福樓拜寫給情婦露意絲・柯雷（Louise Colet）的信。不過，他馬上又補充道：「還有另外一種幸福，是的，還有另外一種幸福。是我所見到的，也是妳讓我感覺到的。妳讓我看到了空氣中明亮的幸福反射，飄動的幸福華衣下襬照耀著我的目光。就因為這樣，我伸出手來，想要握住幸福⋯⋯」好一個古斯塔夫[1]，用這麼浪漫又溫柔的語句，刻意要我們相信幸福⋯⋯

落花（Fleurs qui tombent）

秋天到了，枯葉紛紛從樹上飄落下來，使我們有點傷感惆悵；枯葉預示著寒冷的冬天，白晝漸短的季節即將到來。然而，春天裡同樣的樹木也會有繁花凋謝，可是我們的腦子並不會太在意，因為隨之而來的不是冬日的酷寒灰瑟，而是透露著春日的溫暖明媚。由此看來，凋謝的花朵對我們的影響不及枯死的落葉，我們可以遺忘得比較快。

有一天早上，我從家裡出門，行經的路上，一陣風帶起一縷小小的李花。這一切真是太美了，帶著輕輕的感動——這些從樹枝上飄落下來，數以百計粉紅色的小花瓣，就在我周圍紛飛離散。我不禁想起了童年的結束：從孩童轉變成為少年的時候，我們是不會感傷的（嗯，其實我還是會有一點點感傷……）。因為這不是結束，而是轉型；因為我們不是朝著衰敗，而是朝向成長（這樣說有點奇怪，因為成長這個語詞已經被濫用在經濟上，結果變得很難在另一種情境裡使用……）。同樣的，花朵讓位給果實，應該快樂才是。然而，還是不免有一小段被哀戚懷喪羽翼籠罩的過程，一陣讓人能夠隱忍的淡淡憂鬱。因為，從花朵轉換到果實的過程中，有種失卻的恩典。即使我們歡心地迎接美好季節和豐收果實，還是會繼續懷著對繁花的依戀。好吧，儘管這麼說，但是就在即將到來的某個早晨，只要出現晴朗溫和的天氣，只要夏天第一批果實出籠，我很清楚地知道，自己會有多麼高興能夠重拾味覺，並且喃喃地說：「你是多麼幸運，可以在那裡啊！」

靈活性（Flexibilité）

有一天在餐桌上，有個女兒沉默了好一會。這是很不尋常的！於是，我問她在想什麼，她回答說：「從剛才到現在，我看著你們，假裝一點也不認識你們。我對自己說，就像這樣看著，好像是第一次見到他們一樣：妳覺得他們怎麼樣？」這很有趣，就像是走在現實旁邊，像是將自己從無意識以及慣性判斷中抽離出來的時候。這讓我們全家著迷。首先，從自我為中心的角度來說，我們的第一個反應並不是要求自己以她的立場，退身一旁想想自己對他人的看法，而是想要知道，當下她正以如何的全新眼光來看我們！我們只有在自己心滿意足（或放心）的時候，才會開始探索外在世界⋯⋯當然！我何不趁勢問問女兒是怎樣看我的呢？你們知道她是如何回答我的嗎？我那一天的樣子，穿著糟糕，囚首垢面（那是個星期天的下午），像個老好傻瓜。這樣的描述，真是十分貼切。

心流（Flow）

心流，是正向心理學中眾所周知的術語，意指「流動」或「波浪」，是一位姓名很奇怪的著名研究員，米哈里‧契克森米哈（Mihaly Csikszentmihalyi）的研究結果。藉由一種名為「情感調查」的技術來測量快樂，說明了愉快的情緒能夠提供的活動可分為兩類：一是可預見的活動，包括一切的快樂時光（例如吃東西、做愛等等）；另一類則是需要完全沉浸其中、全神貫注的任務。這種完全專注給我們帶來的幸福，需要幾個要素：一、這項活動是需要積極參與的（也就是說，不能有被動分心的情況）；二、不能是太容易或重複性的活動（也就是說，必須涉

及一定的難度）；三、這項活動的難度，必須是我們能夠掌控的（然而，也不可以過度掌控，否則會變得太容易而難以令人滿足）。在這些時候，我們的注意力完全專注於正在做的事情上，分分秒秒都處於掌控和快樂的意識流裡面。這樣的情形可以發生在所有的活動裡，例如滑雪衝下陡坡、參加合唱團、從事創造性的活動（如素描、寫作、繪畫等等），還有修理東西、整理花園。也可以是在工作的時候——如果有幸，從事一份能夠讓我們沉浸在心流裡的工作。這種類型的經驗，當然只發生在以上描述的特定條件下。倘使難度太大，就不再有心流的情況，而是焦慮；反之，難度太小時也不會有心流，而是厭倦。

信仰（Foi）

擁有皇家書院辯才教席的詩人讓・帕塞拉特[2]，在感到死亡即將來臨的時候，為自己寫下墓誌銘，寫下對於復活的期待，文中充滿著祥和感人的信心：

讓・帕塞拉特在此安眠，
等待天使前來喚醒：
並且堅信，號角響起時，
自己將再次甦醒過來。

我也希望，當自己長眠時，能夠擁有像讓・帕塞拉特一樣堅定的信念。這就是所謂的「煤炭商的信仰」[3]；我們不知道這個說法的由來……我們常常會取笑如此的信仰，視作缺乏智力和洞察力，就像喬治・帕桑斯[4]在《無神論者》（Le mécréant）一曲中寫的：

我希望擁有信仰，擁有像我煤炭商那樣的信仰，

像教皇般開心，像籮筐般愚蠢。

儘管，我喜愛又欽佩喬治老友，但是他的這些嘲諷並不能打動我。我沒有辦法將那些信仰堅定不移的人，看作是缺少智能的人。我寧可將他們視作比別人擁有更多一些東西的人。我也觀察到，擁有信仰，往往使他們更快樂，未必讓他們變得缺乏智慧。

豐特奈勒（Fontenelle）[5]

有一天，當哲學家暨院士的豐特奈勒被問及，是什麼祕訣讓他結交了這麼多朋友，而沒有樹敵。他回答道：「要知道兩個真理，就是：一切皆有可能，並且每個人都是有理的。」這句話看起來，像是交際手腕的謹慎做法，甚至是逃避、放棄傳達（特別是傳播）對他人的意見。我們也可以將之視為人生的智慧和哲學：判斷和立決之前，總是以善意和寬容為出發點。有些日子裡，我的想法就像豐特奈勒一樣，一切的確都是可能的，並且每個人都有些道理。總之，這是一個生存的態度，使得貝納·勒·布野·德·豐特奈勒（Bernard Le Bouyer de Fontenelle）能夠享壽百歲，這在當時（他去世於 1757 年）實在罕見。這就是為什麼大家會說，正面情緒和社會關係，有益健康！

優點和弱點（Forces et faiblesses）

「培養自己的優點，不光是改善自己的弱點」，這是正向心理學的主要原則之一。我們經常認為，想要進步，就必須擁有一

些自己還沒有或者還不夠的優點。其實，還要培養那些我們已經具備的優點。例如，藉著新年新希望，建議不要只選定改善自己的弱點（例如少抽煙、少衝動、少看電視或少黏著電腦），還要選擇培養自己的優點才是——問問什麼是自己已經做得很好的事情（如主動對人友善、樂於助人、樂於學習新事物），並且全力以赴。這樣做，會得到雙重好處：首先，能夠帶給自己更多快樂；其次，這額外的快樂能夠帶來能量，讓自己找出解決弱點的辦法（因為這本來就會有些難度）。

永遠年輕（Forever young）

有天夜晚，我夢見年輕時最要好的朋友。二十年前，在一次摩托車長途旅遊中，我親眼目睹摯友車禍身亡。夢裡，他活生生地站在我的面前。可是，我告訴自己：「不會的，你在做夢，他已經死了。」於是我問他：「事實上，你已經死了，不是嗎？」然後，他回答說：是的。然而，我們還是繼續說話，好像他是否死亡並不比他把摩托車停放在哪裡來得重要。而我非常不安，清晰記得自己的情緒。再見往日摯友，我無比歡喜，平靜地對自己說：「太好了，原來死亡並不會中止任何事情。」然而，當他再一次要從我夢裡消失的時候，我滿懷著隱約的不安。他還是走了。一覺醒來，我惶惑忐忑。然而卻也十分幸福，他能夠從我腦子裡或其他不知所以的地方，活生生地冒出來。有些夢境比白日來得更震撼，更滋潤我們的靈魂。

幸福數學公式（Formules mathématiques du bonheur）

有沒有什麼數學公式，可以讓我們更理解幸福是怎麼發生的呢？這當然是一個遊戲；但是，還蠻符合教學原理的。

例如，正向心理學權威，索妮亞·柳波莫斯基（Sonia Lyubomirski）的幸福公式：

B=N+C+A

以上這個式子裡，B= 幸福、N= 生物水平（即氣質和基因的影響，以及當下身體狀態的影響）、C= 生活條件（例如城市或農村、工作辛苦與否、民主政治或獨裁政權、獨居或有家庭），還有 A= 為了提高幸福所做的自願行為（所有正向心理學的建言都是）。這個公式，想必是目前關於幸福能力的成分組合中，最接近現今科學數據的。

另外一位正向心理學大師，保羅·塞利格曼（Paul Seligma）也提出了「真正幸福」的公式：

B=P+E+S

P= 正面情緒、E= 參與（即生活中抱持實際參與的能力）、S= 意義（對自己所做的事情賦予意義，不限圍於當下情緒愉快與否）。這項公式，旨在融合兩大幸福傳統理念，也就是享樂主義（人生裡要盡情享樂）和幸福主義（找到幸福的意義），強調努力行動、積極參與。

我也不免野人獻曝，提出另一個公式，強調自覺的作用：

B=BE×CS

BE＝自適（即感到愉悅或正面的情緒）、CS＝意識（即覺醒，也就是活在當下，將幾乎動物性的自適轉換成較為典型人類的快樂）。這是以上三個公式裡最簡單的一個，也是最容易時時刻刻實踐的──永遠不要忘記將自適昇華為幸福。

瘋子（Fous）

心理分析學家帕特里克・德克勒克（Patrick Declerck）提醒我們：「還記得嗎？有兩種瘋子：一種瘋子不知道自己終究會死，另一種則是忘了自己活著。」換句話說，我們容易犯的兩個最大錯誤：一是從來沒有想到不幸（也就是不知道活著是一件多麼幸運的事情），另一個錯誤則是，時時刻刻只想到不幸（也就是讓不幸擁有無限的勢力，以致完全沒有任何享受生命的能力）。

脆弱（Fragilité）

脆弱，並不會妨礙幸福。相反的，脆弱使幸福更顯必要，並且磨練自覺的能力。有時候，當我面對自己與家人脆危的幸福時，不免自私地顫抖起來──因為，實在不需要多大的事件，就足以摧毀我們的幸福。例如，生在一個世紀以前或以後，往南或往東五千公里等等，情況就會不同。這麼一想，對我來說，又多了一個理由來實踐本書中的計畫：珍惜、分享以及給予。珍惜，並且尊重幸福，以及幸福的理念。許多人沒有這樣的能力，他們只以苟活為目標，而不是為幸福而活。最糟糕的愚昧和蔑視，就是沒有意識到這一點。

法國（France）

法國，在歐洲居民幸福感排行榜中，名列最後。這個結果實在不怎麼好，即使法國躋身於頂尖學生的一流學校（即「西歐」）裡，也不足以彌補幸福指數最後一名的遺憾。儘管法國成績不好，卻還是有許多學生對他羨慕不已。法國假裝自己真的是又笨又懶的學生，佯裝不懂幸福。然而事實上，他每堂課都到，卻又在課堂上偷懶打盹。當我一再讀到關於法國全民憂鬱還有他們悲觀態度（愛抱怨，卻又沒有真的那麼不幸）的文章時，無論如何，我確實可以一笑置之。

逢西斯・卡白勒（Francis Cabrel）

同情心，有時候會在完全出乎意料時，闖進我們的生命。

這件事情，發生在有一天開完會的回程火車上。我聽著耳機裡的音樂，看著窗外飛過的景致，感覺有點累。耳機裡播放的是自己很喜歡的逢西斯・卡白勒的歌曲。突然間，有一首歌，描述著一個癱瘓女子夢想著自己能走路又能跳舞；就是一個這麼簡單的故事，竟然讓我鼻子發酸，哭了起來。我不知道是否因為疲勞與幸福交織在一起的緣故（無論從人際或者教學的角度看，這場會議都十分順利圓滿，我的表現似乎很稱職，與觀眾的共鳴也不錯），就在那一瞬間，一股巨大的慈悲浪潮淹沒了我。我轉頭望向窗外，讓淚水靜靜地流下；甚至還開始由右至左移動著眼球，做起眼動心身重建療法[6]，以期讓眼淚盡快消失。接著，我意識到自己的行為像個白痴（當我情緒激動時，常會發生這種情形）。沒有任何外力的逼迫，我卻試圖抹殺自

己的情緒體驗——沒有任何打擾，有的是時間，而且這是個重要的經驗。一個關於慈悲的經驗。

我很稱職地做好了演講者的工作，在滿意的小確幸裡，一陣同情心氾濫了起來；好端端的在自己生命的軌道上，卻突然被別人的痛苦攪住了。只因為一首再簡單不過又不造作的歌曲，就因為裡面提到的一點：千百萬人沒有辦法走路，所以感到不幸。而你，你卻能夠行走自如。無論何時，你都能夠行走跑跳。甚至從來不需要考慮到這個問題。想到那些無法行走的人，或者說，根本「沒有想到」他們。不應該只在理性的大腦裡，而是應該在心裡，甚至在身體上，感覺到對他們的憐憫。真正的慈悲，從來都不是表面的隨意思考。

結果，還是不能解決流淚這回事；哽咽開始一波一波襲來。我把臉埋藏在自己手裡，繼續哭泣。看著窗外飛過的田野和樹林，任憑淚水流個痛快。我儘量輕聲地抽泣，並從口袋裡掏出手帕。我不再試圖阻止自己哭泣，而是任由憐憫心盡情發洩。任由憐憫的浪潮，打醒自己、淹沒自己。我一呼一吸，靜靜聽著大自然對我低聲輕語：一切都很好，不要反抗掙扎，就讓該發生的事情發生吧。在此刻生命裡，一切都恰如其位，不要逃避。就讓憐憫攪擾淹沒自己。讓憐憫在心中留下最深的足跡。讓憐憫使你痛苦、使你歡欣。就在你哽咽的這一刻，在你感覺自己像個傻瓜一樣啜泣的當下，你剛剛經歷了一場人性與博愛的經驗。伴隨著這一切，與之同呼同息。然後，當這一切從你心中輕輕離去時，不要忘記了。

當眼淚不再流下，當你又能正常呼吸的時候，不要遺忘了。就

在此時此刻，運行一下大腦。一切都會變得更清晰，你可以思考、採取行動、決定要做的事。你永遠都不會忘記，自己曾經因為一首簡單的歌曲，有好長的幾分鐘，浸淫在慈悲的情懷裡。你會再想起自己曾經所做的一切，想起自己會再繼續這一切——下次當你找著車位，卻只剩下殘障停車位時，就不會再滿口抱怨了（我很慚愧地坦承，自己曾經因為這樣而抱怨，然而其實……）。不要再將摩托車停放在盲人會經過的路上，他們會撞到的（我曾經如此做過，但再也不會了）。你再想想，自己還可以多做些什麼？準備好，讓自己能夠幫助更多擦肩而過的殘障人士，跟他們多多交談、對他們微笑、捐獻更多的錢給慈善組織。繼續尋思，必定還有其他的助人行動……

佛洛伊德（Freud）

佛洛伊德在《文明的不安》整本書中，以非常悲觀的看法清楚地揭示了，幸福是存在的。以下是一些摘錄：

「我們可以說，讓人快樂並非是創世紀的目的。人們所謂的幸福，狹義地說，是長期積累的需求下突發的滿意；本質上，只能是一種偶發的現象。」

「生命強加在我們身上的擔子，對我們而言是太沉重了。生命讓我們承受太多的痛苦、失望以及難以解決的問題。要能夠忍受生命，是離不開安眠藥的。可以有以下三種安眠藥：要有能夠讓我們忘記自己苦難的超強消遣、要有補償性的滿足來減弱苦難，還要有能夠讓自己無動於衷的毒藥。」

通常，佛洛伊德的論述是頗為中肯的（因為生存的困難，人類的物種演進會優先考量負面情緒），但是這種一概而論的說法，卻是值得商榷的。佛洛伊德這位偉大的悲觀主義者，正如所有悲觀的人一樣，希望能夠說服周遭的人同意他的看法是正確的。不過，說句公道話，佛洛伊德目睹了第一次世界大戰期間歐洲的自毀，還有第二次世界大戰前，納粹主義的興起和反猶太主義的爆發。他去世於 1939 年，躲過了最糟糕的恐怖；然而，身為那段歷史期間的猶太人，無疑是最不容易的。

我記得，因為高三時讀了佛洛伊德的著作，使我決定進入醫學院，成為一位心理醫生。我非常讚佩他對人類靈魂的視野。他的悲觀主義似乎具有說服力，使我們全然服膺於「負面心理學」。佛洛伊德向我們保證：「心理分析不在於使人幸福，而是為了將精神的痛苦轉換成平凡的不幸。」當時遠不如今日重視微笑和好心情；二十世紀七〇年代和八〇年代間，嚴肅的知識分子似乎永遠都得道貌岸然，才能夠讓人信服。至少，我曾經沉浸其中的負面情緒，讓我能夠與病患保持真正的友愛情誼……

水果和蔬菜（Fruits et légumes）

1909 年，哲學家阿蘭[7]寫下了這句雋永的名言：「就像草莓帶有草莓的味道一樣，生命帶有幸福的味道。」真是奇怪，水果和蔬菜能夠讓我如此感動——當我吃到好吃的水果或蔬菜時，就有一種原始的幸福感覺通透全身。這真是一種幸福，我所隸屬的大自然，讓我得以品嚐她的產物。我反而比較不會因為一

頓可口的大餐或蛋糕而渾然忘我。在我看來，這是動物性的幸
福，同時也是對造物主的直覺感謝。

1. 譯註：Gustave，福樓拜的名字。

2. 編註：讓‧帕塞拉特（Jean Passerat, 1534-1602），政治諷刺作家、詩人。一般認為，
   十六世紀源於法國的十九行詩體「維拉內勒體」（Villanelle，源於拉丁文，原指田
   園牧歌或民謠）的確立是由他開始的。

3. 譯註：la foi du charbonnier，意指從父母承傳而來的信念，義無反顧、從不質疑。

4. 編註：喬治‧帕桑斯（Georges Brassens, 1921-1981），詩人，文藝理論家，畫家，
   作曲家，歌唱家，一生極富傳奇色彩。

5. 編註：豐特奈勒（Bernard Le Bouyer de Fontenelle, 1657-1757），科學作家、哲學家，
   本想當一名律師，但未能如願，結果改為從事文學創作。他本人不是科學家，卻
   是笛卡爾的信徒。1686 年出版《關於宇宙多樣化的對話》（*Entretiens sur la pluralité
   des mondes*），向一般讀者介紹了新生的望遠鏡天文學，詳細描述從水星到土星的
   每顆行星，並對這些行星上可能存在的生命形式進行推測。1691 年獲選進入法國
   科學院，1697 年起擔任法國皇家科學院常任院長。他性情開朗、個性穩重、身體
   健康、熱愛社交與工作，這些優點一直維持到高壽。

6. 譯註：EMDR，英文全寫為 Eye Movement Desensitization and Reprocessing，是一種心
   理治療方法。

7. 編註：阿蘭（E. A. Chartier dit Alain, 1868-1951），法國哲學家，亨利四世中學哲學
   教師。他對創立新哲學的想法不以為然，主張繼續法國偉大的哲學傳統；他的授課
   涉及諸多重要思想家，關注的不是理論的傾向，而是評述各個作者思想中最有見地
   的部分。對眾多學生乃至一整代人產生影響，沙特和梅洛龐蒂都曾與他論戰。

感恩
Gratitude

所有的歡樂，都是禮物：
由生命、他人，（或許）也由上帝給予。
感恩之情，能夠增強你的心靈與幸福。

G

慷慨（Générosité）

給予，能夠讓人更快樂。接受的人，當然是快樂的；然而，給予的人也是快樂的。在這裡，我們感興趣的是給予。所有的研究都證實：給予，會增加施者的幸福感。

給予有幾種方法。在一般情況下，我們是樂於給予的，用愛給予自己的孩子、親人以及朋友。這種給予很好，但也是容易的。然而，真正的慷慨意味著給予那些我們不認識或不怎麼認識的人；甚至，有時是給予那些我們不怎麼喜歡的人……為了不要太複雜，在這裡我們只討論針對不認識的人或者認識不深的人的慷慨行為。研究證明，持續六個星期，每星期實踐五件善行，能顯著提高福祉。而且，奇怪的是，把這些善行集中在同一天，似乎比每天做一件善行來得有影響力。同樣的，以各種不同的行為來利他，比一貫實踐相同的善行有更大影響力。

因此，建議實踐慷慨的練習，就是選在每週的一天，我們要盡可能地表現慷慨，如此持續好幾個星期；並且，試圖變換形式（例如花時間去幫助別人、資助無家可歸的人、給親人一些東西、關懷弱勢家庭的老人……）。

「這樣，在其他的日子，我就可以像個自私鬼嗎？」當然不是這樣的——我們特別集中在某一天實踐善行，是為了讓自己習以為常之後，自動地每一天都表現得慷慨。善行變得自動自發，而不再是一種刻意的行為。

這些善行計劃的見證紀錄中，慷慨行為的多樣確實令人高興和驚訝；除了對待親人或陌生人的慷慨，也有一些完全匿名的行

為，比如為下一位司機代付高速公路費用，或把他人丟棄在地上的紙屑放進垃圾桶。美國的一位研究人員告訴我們，每次母親看見他心情不好的時候，都會說：「史蒂芬，你看起來好不開心啊，為什麼不去幫助別人呢？」請記住，這真是一個極好的練習！

討厭的人（Gens ennuyeux）

儒勒‧何納曾寫道：「有些人很令人討厭，以至只要跟他們在一起五分鐘，就會讓你一天都不舒服。」哲學家伊比克泰德的答案會是：「儒勒，你一點也無法反對那些討厭鬼的存在。反之，全看你怎麼縮短自己在他們身邊的時間；之後，就不要再去想那浪費掉的五分鐘了。」

仁慈（Gentillesse）

仁慈，是給予他人溫柔和關懷。偶爾講到仁慈時，人們那種居高臨下又不信任的態度，總是令我驚訝。他們有意猜疑著，仁慈是一種欠缺的表現──認為一個人如果仁慈，是因為他不能有別的做法，或者是因為他軟弱。若強而有力，就沒有必要仁慈。他們也許會臆測，仁慈的人一定掩飾著什麼事情，比如希望有所回報。然而，仁慈可以僅僅是給予，沒有任何條件，也沒有期待！就只是給予，然後事情就過去了，即使什麼也沒留下。所以，我們並不是為了得到什麼而仁慈；而是因為，仁慈對自己和別人都好，也能使世界更愉悅、更舒服。

祖父（Grand-père）

我有個朋友當外公了。他不是個善於表達的人，仍然保持一貫的低調，並沒有大聲宣揚自己當了外公。但是，他為此事頗感欣慰。復活節假期時，在一幢很大的度假屋裡，我們很多人一起度過了好幾天，其中也包括他女兒和外孫女。一天下午，房子裡一片寧靜，幾乎所有人都散步去了，只有他和我留下來。我看書，他照顧外孫女。我在大廳的一端，他在另一端。我埋首在書裡，他全然忘了我的存在。突然之間，我聽到他發出一些奇怪的聲音，一些小小的、溫和柔軟的呼嚕聲。我輕輕地抬起頭來：原來是朋友一邊拿著奶瓶給小寶寶餵食，一邊發出這般原始的聲音跟寶寶對話；他眼裡充滿了幸福，嘴角帶著微笑。怎麼形容我看到的這一切呢？眼前的景象，勝過所有歌頌祖父喜悅的長篇大論。從他喉嚨深處發出的遠古舊石器時代之愛，讓我感動得熱淚盈眶。

賴床（Grasse matinée）

一個星期五晚上，已經很晚了，我還忙於往來電子郵件討論工作。朋友建議我放慢腳步，星期天早晨賴一下床。一輩子，我還從來沒有賴過床。通常天亮了，我就睜開眼睛，不論當下心情如何。身體不適的時候，焦慮喚醒我（「快，盡快做完一切該做的事，就擺脫了」）；身體好的時候，則是快樂、充滿活力（「快，看看天空、星星、太陽，細細品味，好好活」）。在任何情況下，我都萬萬無法再睡個回籠覺，或賴在床上。然而，我可不是過動兒，只是喜歡從容緩慢地做事情罷了。我也

喜歡睡覺，喜歡蜷縮在床上，任由白天的回憶魚貫走過。因此，我還是給朋友回了一封電子郵件：「你呢，你會賴床嗎？」他回答說不會，說自己也從來沒有賴過床。我們絕對是兩名殘疾，無法理解懶惰和賴床的奧祕（與快樂）。

焗烤節瓜（Gratin de courgettes）

事情發生在表親山上的家裡，他們邀請了我們，還有其他朋友，以及其他的表親。那天晚上我們很晚才到，邀請我們的表妹熱心地跑進廚房，臨時為我們張羅晚飯。

「嘿，還有剩的焗烤節瓜。有人要嗎？沒有嗎？克里斯多夫，你喜歡蔬菜，你要一點嗎？不要？好吧，算了，我就倒垃圾桶囉，已經放冰箱好幾天了……」

我放聲大笑，她花了幾秒鐘才明白過來，也接著笑了，有點不好意思，但也沒有過於尷尬——我表妹就是這樣坦率耿直，但人也非常好。

當然，她腦子裡是沒有任何預謀的。她所想的並不是這樣：「一、我想丟掉這個東西；二、但還是試試看，說不定可以塞給某人；三、如果真的沒有人要，我再扔掉。」而是這樣：「一、嘿，剩下一點焗烤；二、也許有人會吃；三、好吧，沒人要。啊，我想起來了，已經放冰箱好幾天；四、當機立斷扔了……」

飯後大家圍在火爐邊聊天的時候，我不禁又想起剛才那一刻：笨拙與冒犯之間，真是一線之隔。我之所以沒有生氣而覺得有趣，是因為我喜歡這位表妹，我也知道她喜歡我。倘使沒有這

樣的確信，焗烤這件事可能就不會這麼順利地過去了。這就是我們所說的，要對生命事件進行良好的心理消化，情境和回憶實在至關重要。因此，我們在生活中才必須帶著最好的心情前行；所有的研究都表明，有了這樣的好心情，讓我們更容易有反思情境的能力。

感恩（Gratitude）

感恩，是受益於他人的一種欣喜之情。

最近，在聖安娜醫院，我們與一群病患討論感恩的主題，並且提到有不同程度的感恩之情，例如：

▶ 感受到他人有意為我們做的好事（幫助或禮物）

▶ 感受到他人為我們所做的事，即使不是特別為我們個人所做的（感謝麵包師做好吃的麵包，雖然必須付錢購買，但那有什麼問題呢？）

▶ 感謝那些我們永遠不會遇到的人（莫扎特、巴哈以及所有在我們之前的人，留給了我們這個美麗的世界，還有那些世世代代耕耘土地的農民……）

我們甚至還說到某些時刻，例如面對夕陽餘暉、美麗鄉村、絢爛天空時，所帶給我們的沉思。難道只因為是來自大自然，而不是人類所給予，就沒有感激之情了嗎？也是有的！可以感謝父母和祖先，讓我們能夠在這裡看到這一切。感謝過去以及現在所有的人，讓我們生活在一個和平的國家。

所有對於感恩的反省，讓我們打開雙眼，明白這顯而易見的事情——我們擁有的一切，都必須仰賴其他的人。我們可以盡情為此歡欣，並且表達感激之情。

就像善意一樣，感恩可能不過是多說幾句話罷了，然而卻有相當大的價值。不要害怕接受感謝。最近，岳父來巴黎和我們小聚幾天；他搭高鐵離開前，我建議他改搭比原本預定早一個小時的直達列車，這樣就不用轉車了。其實，我並沒花什麼大不了的工夫；然而，第二天他卻特地打電話過來跟我道謝：「克里斯多夫，感謝你的建議，昨天旅途順利愉快，一路上我都在心裡感謝你們。」我內心的第一個反應是：對一個這麼小的建議，未免也太客氣了。隨即，我想他是對的（跟往常一樣，我岳父一直是幸福心理學天才）。畢竟，抱持著感激之情，讓他的整個旅程，以及他對世界的看法，變得美好；他對我表達謝意，也讓我很開心。無論是對他或對我，這一切只「花費」了幾句話——不過是簡單的幾個字，就能分享許多快樂，感受到彼此聯繫的支持和友好。

訓練感恩，其實很簡單：一、花大約一個星期的時間，每天晚上寫下三件當天愉快的事情（例如：與家人開的玩笑、大自然裡一段愉快的散步、看了有趣的書）；二、尋思在這些事情裡，有哪些是受益於其他人的（例如：讓自己發笑的朋友、那些鋪整維護步道的人，這些路可不是從天而降憑空生出來的；以及書籍或文章的作者、印刷工、出版商）；三、意識到自己正在與眾多認識或不認識的人連結在一起、同享甘福，並且為此而歡欣。每年重複數次這樣的練習。生活順遂的時候如此，生活

不順遂的時候也如此。當您成為感恩專家之後，讓自己在痛苦時也做這樣的練習；感激、憐憫以及欽佩，能夠減輕痛苦的影響。因為，在痛苦的時候我們經不得他人提醒，只有自己才能夠決定升起感激、憐憫和欽佩的心。

藉由這些練習，我們可以理解感恩如何有益於我們——讓我們重新回到生活中的美好時光，也讓我們知道，身為人類總是「利大於弊」。

燒烤（Grillade）

一個夏天的夜晚，我在花園裡。所有人都離席了，只剩下我一個人，我像往常一樣什麼事也不做，只是觀看、聆聽和嗅聞。鑲滿了夜鳥鳴叫和飯後聊天的喧噪聲音，隱隱地從圍牆和籬笆那頭傳送過來。可以聞到燒烤的氣味。我很喜歡這股燒烤的味道，儘管幾乎已經不再吃燒烤了。但是，在這個時候，這股煙熏既不會給我吃的慾望，也不會想要批評吃肉的人。只有一股想要幸福的慾望：讓我想起了，在不同的場合裡，與各形各色的人一起，那幾十次豐富多樣的度假燒烤回憶。就在那一刻，只需要聞到一盤我很喜歡的菜的味道，就完全足以填滿我的幸福。我告訴自己，如果一個簡單的氣味就足以讓我感到幸福，那麼自己實在已經進步許多了。隨即，我想起自己已經吃得飽飽的了，若是當下很餓的話，有可能又是另一回事了。沒關係，我還是留在原地，聞著烤肉的香味慢慢蔓延整個花園，聽著第一聲蝙蝠追捕昆蟲的叫聲……

討厭的抱怨鬼（Grincheux désagréables）

曾經有一段很長的時間，我十分討厭那些嘟囔抱怨的人。我一點也沒有辦法維持基本的謙恭禮貌，也無法報以友好的眼光和微笑！然後，我不再如此了。我終於瞭解，愛抱怨並不能抹殺其他的優點。從那時起，我往往會設想，某些抱怨鬼的個性（像是不困囿於社會習俗、不屈服於社會規範），也許是一種自由表達的型態，藏著令人厭惡的勇氣——這個不理會我的人，可能會在戰爭中救我一命，讓我躲過敵人追捕；然後，依然如故壞理壞氣地，拒絕我的感激之情……

痊癒（Guérir）

痊癒，每次都像奇蹟一樣（例如治癒一場疾病、傷口或骨折等等）。我們是多麼幸運，能夠擁有一個經常懂得自我修復的身體！生在發明醫學的人類之列，是多麼幸運，可以在自癒能力不足時，拯救自己的肉身！儒勒·何納說，疾病讓我們「嘗試死亡」。隨著年齡增長，可以感知到自己的死亡漸漸到來。年輕的時候，痊癒似乎是理所當然；然而，隨著年齡增加，顯然變得越來越需要降福了。每個疾病都在提醒自己的脆弱，總有一天死亡會來臨。「死亡嘗試……」，是的，每次痊癒都是經歷「嘗試」之後，死亡釋放我們的時刻。因為我們很幸運，或者對於信徒來說，是因為上帝希望如此。每次痊癒，都應該讓我們更懂得感恩——向任何人、上帝或者生命的感恩。讓我們歡喜慶幸，比平日更長久深遠地感恩。疾病還會復發嗎？會有復發的危險嗎？好了，即使會，那又怎麼樣呢？難道歡欣鼓舞

會加速疾病的復發嗎？當然不會的！倘使歡欣有所效應，那也
應該是相反的——愉悅的情緒，會幫助我們打擊病魔。

和諧
Harmonie

和諧，就像往往容易忘卻的
隱密需要。
沒有它，誰又能長久活下去呢？

H

享樂習慣（Habituation hédonique）

幸福可以成為習慣。我們周遭充滿了太多能夠讓自己幸福的事物；可是我們卻視而不見，一直到失去的那一刻。就像詩人雷蒙‧哈狄格[1]的名言：「幸福，我只有在聽見你即將離開的聲響時，才認出是你。」

一切都能讓我們習以為常，唉，即便美好的事物和幸福，也能讓人視而不見！當這些美好降臨在身上，而我們總是照單全收時，這些事情漸漸地就不再能讓自己快樂了——就像是生活在一個和平的國家，擁有一切如配偶、工作、房子、食物，我們終究會習以為常。這就是所謂的享樂習慣。心理學上所提到的積習，就是指減損，有時以反覆延長的方式刺激，甚至到滅絕的程度。恐懼症行為療法就是以這種原理進行的，讓患者習慣面對恐懼的刺激，而不是逃避；病人能夠意識到，對恐懼刺激的反應逐漸減少。不幸的是，對幸福的感知也同樣出現這種情形——當生活中的幸福源源不斷時，幸福就會失去其力量。因此，我們不由得自問：要如何才能避免這種習以為常。基本上，有兩種方法：第一、有時候不妨想像離開一下那些讓我們很快就習慣的「尋常好事」，例如：停電會使我們意識到電源是我們日常生活中的幸福來源、遠離親人會使我們意識到與他們在一起生活時的喜悅、摔斷腿則告訴我們能夠走路是一件多麼棒的事。第二、經常提醒自己每一天所擁有的幸運，這也就是我在書中一再跟您說的事……

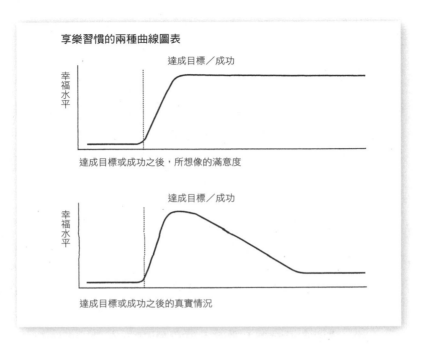

享樂習慣的兩種曲線圖表

幸福水平

達成目標／成功

達成目標或成功之後,所想像的滿意度

幸福水平

達成目標／成功

達成目標或成功之後的真實情況

和諧（Harmonie）

和諧,是指部分和整體之間達成正面的結果,像是美觀、愉悅,或者有利等等。幸福的時刻,即是和諧的時刻,也就是說,在過去與現在、自己與他人,以及生活中各個元素之間取得和諧。即使,在有些詭異的時刻,幸福是由不幸衍生而來——在痛苦以及痛苦會帶來的感受之間,也可以有和諧的境界,可能解放我們、提升我們。此外,當我們感覺到幸福不僅降臨在自己身上,也瀰漫在四周的時候,也會出現和諧的境界。

享樂主義（Hédonisme）

享樂主義與幸福主義,是通往幸福的兩條路徑,追求的是更頻

繁且不斷重複的幸福愉悅時光。

野草與森林（Herbes et forêts）

不知名的野草大軍，總是勇敢地與時俱進，急馳征服森林與小徑。當風兒吹過樹木交織成的綠色大教堂，彷彿是傾訴耳語的管風琴。漫步在森林裡，什麼都不想；如同，灌滿了堅定的信念：生命，是值得經歷的。

冬天（Hiver）

每年冬天，都會給我們帶回兒時的驚奇，感受到神奇的力量——走在光禿冰冷的隆冬森林裡，對自己說，不久的將來這裡又會是碧綠如蔭、鳥鳴蟲啼。這都是因為懷抱著對春天的想望，才使冬天變得美麗而不再那麼嚴酷……

醫院和心情（Hôpital et états d'âme）

前一段時間，我與一位神父朋友以及一位哲學家，參加電台節目，談論關於慈悲的主題。我講到醫院的工作，以及照顧病患時需要具備的慈悲之情。突然，不知為何，我想起了在醫院工作的日子裡，早上和晚上心情有所不同：早上總是有隱隱的焦慮，晚上則充滿快樂。

我不記得，曾經有哪一天到醫院上班是帶著輕鬆快樂心情的。即使是天氣晴朗，身心高昂的日子，我還是會有輕微的不安和緊張（在那些寫作或者教學日的早上，並不會有這樣的感覺）。可是，我確實熱愛自己的工作，對工作一直興致勃勃；如果重

新再來一次，我還是會選擇成為精神科醫師。然而，就如同所有醫護領域的工作一樣，這不是簡單的任務。這是一個每天早上都要去面對苦難的職業。心情如何輕鬆得起來呢？我的意思是，怎麼能夠像是去樹林裡散步那樣，完全輕鬆呢？由於我們的工作中還有其他事情如會議、培訓、填寫文件等等，有時候會讓我們忘記這些精神壓力。但是，我們的身體沒有忘記，並且會提醒我們，每次上班就是與痛苦約會。當我仍是年輕的精神科醫生時，我記得也有這種工作前輕微痛苦的情緒。早上會有點擔心地自問：「我能夠勝任工作嗎？我知道該如何處理這些病患的問題嗎？」這些疑慮至今依然存在，只是不再讓我糾心——我不過是簡單地告訴自己：萬一怎麼樣，就全力以赴，給予關注、同情，以及盡可能最好的建議。總之，我也不能再多做什麼了。

晚上呢？其實很簡單：打從在醫院工作開始，幾乎沒有一天下班時我不是開開心心的，總帶著一種嚴肅而澄明的幸福（除非是一些沉重悲傷的日子，比如有些病人遭遇不幸，或者聽到了一些可怕的事情）。但是，這種幸福不是因為終於可以放輕鬆了（「呼，工作結束了」），也不是因為滿意（「自己做得很好」）。並不全是因為這些緣故，也許這一切有影響，但是還有其他的因素。我很清楚，那些因為做好寫作或教學（沒有醫療工作）而心情愉快的日子，與做好醫生工作之後的愉快心情，是有差別的。我相信，這些情緒更加深遠植根於同情、給予、全力以赴、關懷、聆聽、體貼，以及仁慈。所有正向心理學的研究都在提醒我們：給予，就是獲得。我戒慎恐懼，對病

人所付出的一切，都以百倍回報於我。否則，我實在想不出還有什麼原因，讓我晚上從聖安娜醫院騎著腳踏車回家，望著天邊和塞納河，腦海裡歷歷閃過患者面孔時，自己的心情是如此平和。

恐怖和幸福（Horreur et bonheur）

我的工作是接觸苦難並且試圖減輕困境；這樣的工作深深影響了我對幸福的看法。其中，最令我震撼的回憶是什麼呢？是一位因重度憂鬱症而住院的阿爾及利亞裔病人，他曾經親眼看著伊斯蘭狂熱分子屠殺自己的兒子，這簡直可比擬奧斯威辛集中營。經歷了這一切之後，如何還能相信幸福？我不知道該如何回答這樣沉重的問題；讓我們重新質疑的，不是幸福是否存在、幸福的可能性或者幸福的重要性等等問題。而只是看清楚了「生命能夠讓人免於不幸」的錯覺──真的沒有什麼能使我們倖免於難的。遺憾的是，我們之中有些人歷經了絕對的恐怖。但是，不能因而放棄幸福。只有這個理由讓人各隨已能，堅持減輕不幸，抑止恐怖。

幽默（Humour）

幽默攸關樂趣，勝於攸關幸福。我不記得是哪一位喜劇演員曾經說過，他可以為了一句好詞，不惜出賣一段友好的關係。這麼說，有些過於禮貌而顯得虛偽；也可以說，因為太厚道而不好笑。幽默總是帶有一股殺傷力的毒舌形式。即使我們不做邪惡之事，還是會看到並且想到邪惡，然後以一種詼諧滑稽的方

式說出來。至少對那些開懷大笑的人來說，這樣的邪惡讓人暢
快。通體暢快……

1. 編註：雷蒙·哈狄格（Raymond Radiguet, 1903-1923），是一位早熟的神童作家，名
   聞當時的法國藝文界，二十歲即罹患傷寒去世。哈狄格十四歲開始寫詩，詩作深受
   另一天才詩人韓波（Arthur Rimbaud）的影響，並發表劇本、短篇小說及詩作。小
   說代表作為《肉體的惡魔》和《伯爵的舞會》（Le Bal du Comte d'Orgel）。

幻覺
Illusion

當幻覺溫暖你心，
促使你行動時，
不要害怕。

幻覺（Illusion）

十八世紀文學才女，也是狄德羅[1]情婦的碧熙娥（Puisieux）夫人，曾寫道：「我寧願要一個讓我快樂的錯誤，也不要一個讓我絕望的事實。」這裡提到的「錯誤」一詞，意味著有確定對錯的情況（然而，我們的生活中卻極少如此）。我反倒喜歡「幻覺」一詞，以自我主觀的看法來詮釋事實。有時候，對幸福的渴望，或許應該說，渴望不落入不幸，輕易就讓我們陷入幻覺。無神論者（「上帝不存在」）與不可知論者（「我們無法知道上帝是否存在」）都認為，信仰上帝是一種假象，但同時也默認這種想法能讓人心安，尤其是在面對生命考驗和接近死亡的時候。身為治療師，我有時情願要一個溫暖的幻覺，也不要一個痛苦的真理——如果未來是不確定的，尤其是需要憑藉當事人的士氣時，鼓勵希望就是金科玉律，即使事後有可能被證明是錯誤的。不過，即使在不確定的情況下，懷抱著希望往往使人不會感覺那麼不幸，有利於提起行動力，因此也利於扭轉情況。例如，殘障兒童的家長需要一些尚合情理的幻覺，勝於那些會阻止他們懷抱希望的負面確定。如果對他們說「您的孩子不會再進步了」，當然會讓父母不再顛躓於虛假的希望中，幫助他們接受現實。然而，若對他們說「我們不知道他能進步多遠」，則可勉勵父母繼續激發殘障孩童竭盡所能，確實能使孩子向前邁進。

心理影像與速度（Images et vitesse mentales）

悲傷時，腦海中產生很少的心理圖像，但卻會在每個圖像上耗

費很多時間；歡樂時則是相反，會產生大量影像，且變化快速、極少有深刻的注意力。悲傷減緩，喜悅則加速；這不過是正面或負面等值的問題——當一些正面情緒減緩時（如安詳），其他負面情緒則加速（例如憤怒）。這全然取決於情緒在生命中所扮演的角色——無論是快樂或憤怒，全是為了回應新的狀況，做出必須或有利的反應；這兩種等值相反的情緒，讓答案很快到來。反之，安詳或悲傷都不是針對突發事件的情緒回應，而是回應一般情況時所產生的漸進情緒。放慢腳步來思考或感覺，通常比非常迅速反應來得有用。這對您來說，似乎有些複雜嗎？確實，沒有什麼是簡單的；也正因為這樣，一切都很有趣……

無力感與隨侍在旁（Impuissants et présents）

有一天，我由一位重病患者家屬口中聽見這段感人的話：「我所能做的，無非就是待在他身邊；我很無力，可是卻隨侍在旁。」多令人動容啊。無力，卻仍然守護在旁。以一己之身，留下來；即使不能提出任何具體的事情，還是竭盡全力地在場，伴隨著無力感。

（愉快事件發生之前的）不確定感
（Incertitude [avant les événements agréables]）

不可預知，可以增加幸福感，比方說，知道自己會收到禮物，但卻不知道是什麼。在等待的期間通常會增加正面情緒。不確定感的作用，甚至比愉快的確定感更強大有力。有一項研究告

知志願者，為了感謝他們的參與，最後將可以獲得一份自己從先前列表中選出來的禮物（像是巧克力、拋棄式相機、馬克杯，或是 USB 隨身碟等等）。部分參與者被告知會得到自己最喜歡的禮物（確定的喜悅），另一部分則被告知會得到兩件最喜歡的禮物之一（雙重的不確定喜悅），或者兩件最喜歡的禮物（雙重的確定喜悅）；然後，研究人員評估他們接收到好消息時正面情緒持續的時間。顯著持續最長的，是那些得到不確定愉悅感的學員。怎麼解釋呢？首先，我們的心理總是傾向於被不確定、新穎以及令人驚奇的事物所吸引。其次，倘若事先已經知道會發生在自己身上的事，或自己將得到的東西，我們的心理總是趨於提前歡喜，認為事情已經來到了、「結束了」，因而可以轉身離去。可是，當處於未知的情況下時，就不會隨便切換到別的事情，一直在心裡面帶著驚喜幸福的念頭。這可以說是有利於正面情緒的反芻。

實際的結論是：沒有必要為孩子購買他們寫給聖誕老人清單上所有的禮物（尤其別讓他們得到全部的禮物）。保持驚喜，反而能夠使他們更快樂——告訴他們，只能收到一份禮物（但是，必須確定是孩子清單上的禮物！）。

（愉快事件發生之後的）不確定感
（Incertitude [après les événements agréables]）

當好事發生在我們身上時，不確定感有擴大的能力——如果不知道為什麼，或者不知道是誰讓事件發生在自己身上，那麼這件事帶給我們的快樂，會比一切都清楚的情況來得更持久。有

一項這樣的研究：在一所大學圖書館出口分發一張帶有一美元真鈔的卡片。有些卡片上寫著：「微笑協會。為了促進善良行為。祝您今日愉快！」有些卡片則寫得比較清楚一點（也就是減少了一些不確定的感覺，但實際上也沒有給什麼更多的實際資料，因為不希望有太多的迂迴比較）：「我們是誰？微笑協會。我們為什麼做這些？是為了促進善良行為。祝您今日愉快！」就在幾公尺遠，那些剛剛收到鈔票的人被邀請參加關於校園生活的問卷調查。在眾多問題中，有一題問受訪者當下的情緒狀態。結果顯示，收到的禮物附上最少解釋的學生，比那些認為自己知道多一點訊息的學生，來得更愉快。正如事前的不確定感一樣，事後的不確定感亦可延長快樂，兩者出於同樣的原因——不確定感可以讓愉快事件在我們心裡持續較長的時間，促使正面的思考。

實際的結論是：如果想讓他人得到更多快樂，不需要有明確的理由（如生日、感謝或其他任何原因），送上禮物或做一些沒有特定動機的利他行為：「只因為我想到你，因為我想這麼做，如此而已。」

不確定感和焦慮（Incertitude et anxiété）

往好處說，不確定感會捉住我們的注意力；往壞處說，不確定感會讓我們置身於焦慮之中。如果不確定感跟愉快事件有關（像是即將收到一件禮物，卻不知道是什麼；或者即將去度假，卻不知道會到哪裡），那是會帶來愉悅的。至於負面的不確定感（像是知道某些痛苦事件即將降臨在自己身上，卻不知

道以何種方式，也不知道何時到來，有時甚至不知道是什麼痛苦的事），則是最不愉快的經驗。例如，被告知檢驗報告結果異常，或者是放射線檢查發現有可疑的影像，正在進行進一步的檢查，但是結果很可能不太樂觀。像這類有關負面事件的不確定感，通常會開啟一段痛苦的沉思週期。對於非常焦急的人來說，這樣的反覆思考會持續不斷，因為活著本來就充滿不確定性，他們會想：「我不知道明天、一星期或一年以後會發生什麼事情；未來使我焦慮，生命使我焦慮。」我們可以注意到，悲觀者自有解決問題的方式——他們寧願採信負面的確定結果（如「結局會很糟糕」），也不想接受不確定感的毒害；他們能夠以某種方式來「結案」，然後轉向其他的事情……在這過程中，悲觀的人拒絕幸福；然而，也以自己的方式保護自己，免於遭受過多不幸。

（快樂的）缺點（Inconvénients [à être heureux]）

快樂，當然是有缺陷的！最主要的缺點，或許是幸福能削弱我們的批判意識，或至少會削減我們希望運用批判意識的渴望，因為我們會傾向於看到人事物光明的一面。在沒有惡意也沒有野心操控的正常環境下，這是一件好事。但是，面對可能剝削我們的人或情境時，缺乏批判精神顯然會讓我們變得比較沒有抵抗能力。證據顯示，在我們心情好的情況下，會比較容易接受廣告信息。面對有害或危險的情況時，我們會在需要的時候開啟警戒系統；這是好的，也是負面情緒有必要存在的理由。

情緒感應（Induction d'émotions）

當我們想做心理科學方面的研究時，參與者的想法或行為的情緒結果，需要借助所謂的情緒感應過程：因為大多數的人不能啟動自己的情緒（大部人無法有意識地啟動情緒，通常是下意識啟動情緒，而且經常是在擔心等等的狀況之下），因此要由外在誘發。想要挑起情緒，有多種可能性，其中簡單有效的方法就是聽音樂、看電影剪輯，或閱讀一段故事，這些精心挑選的材料可以引起一系列不同的情感。我們也可以運用情境（這更有效，但也更複雜），比如宣布與智商測試結果無關的話，以激起好或壞的心情（例如：「哦，對不起，成績有點低」相較於「恭喜您，真是天才」）；或者讓人輕易賺得一筆小數目的金錢或禮物（或是讓人失去金錢或禮物，而其他大部分參與者卻獲得這些）。

這些基礎研究的實際結論是：一、不需要花費太多功夫，就能激起我們的情緒；二、經歷愉快情緒，其實是非常容易的（只要看看搞笑電影，或是聽快樂的音樂）。

幸福的焦慮（Inquiétude du bonheur）

幾乎為人遺忘的 1911 年諾貝爾文學獎得主莫里斯‧梅特林克[2]寫道：「超越了幸福焦慮，我們就能快樂。」他想說的到底是什麼焦慮呢？是擔心找不到幸福？害怕太快失去幸福？還是擔憂幸福無法比預期的完整又震撼呢？這些擔憂往往與幸福的脆弱息息相關：因為幸福不穩定，總是受到威脅。我們是否能夠克服這些憂慮呢？擔慮與悲觀的人有時會覺得，擺脫追求幸福反倒是比較容易的，就像韋勒貝克[3]建議的：「不要害怕幸福，

它其實並不存在。」我們還可以做得更好（不過會比較困難）：應對這所有憂慮的終極武器，就是接受這些憂慮（是的，幸福是不確定又脆弱的；是的，幸福總有結束的一天）。然後轉向別的事情——全力貫注於生命，讓人不再一直思索著幸福，如此就能增加幸福再次出現的機會。

當下（Instant présent）

我很喜歡歌德（Goethe）的這句話：「心靈既不看前也不觀後，唯有當下是我們的幸福。」已經有數十本書在歌頌當下的力量。如何才能辦到呢？就是——不要太用腦筋，應多多品味。少用腦力，多用動物性的方式來生活和感覺。然而，這麼做會不會與先前看到的幸福定義之一——覺知自己的安適——有抵觸呢？不要只感受到這樣的自適，同時也要知道我們是如何幸運能夠有機會體驗它。是的，除非我們遵循的是一條動物不會採取的路徑：首先，（像動物一樣）感覺自適；其次，為其命名，並衡量其範圍和含義（這就不像動物了）；最後，（又像動物一樣）再次品味這種自適。在幾秒鐘內就完成的這趟內在旅程，可能解釋了為什麼人類的幸福如此複雜、豐富和脆弱。

智力（Intelligence）

一個古老又陳舊的傳統斷言，智力、知識和敏銳，會讓我們偏離幸福。這意味著幸福會凸顯智力的幻覺和短視。這種斷言的濫觴是《聖經・傳道書》：「加增知識的，就加增憂傷。」即使在今天，我們還是會說某人是快樂的傻瓜，而不太會說是不

幸的傻瓜。然而，這兩者都是存在的。有關的研究並沒有證實智力和幸福之間的相關性，卻證實了正面情緒會增強創新能力——悲傷會膠著減緩大腦運作，快樂則會刺激、加速大腦運作。

間歇工作（Intermittences）

我們都是幸福園裡，間歇的工作者，就如同表演行業裡的間歇工作者一樣。因為生命從來不會為我們提供源源不斷的快樂，而是像橫跨沙漠裡相隔的幸福綠洲，有時單調、有時令人不安。但是，我們不應該急於從一個綠洲跨到另一個綠洲，而是應該好好學習如何欣賞沙漠！

1. 編註：狄德羅（Denis Diderot, 1713-1784），法國啟蒙思想家、小說家、劇作家。其最大成就是主編了《百科全書》（Encyclopédie），此書概括了十八世紀啟蒙運動的精神；他也被視為是現代百科全書的奠基人。

2. 編註：莫里斯‧梅特林克（Maurice Maeterlinck, 1862-1949），比利時象徵主義詩人及劇作家，被譽為「比利時的莎士比亞」，並素有「昆蟲博學家」美譽。創作主題主要是關於死亡及生命的意義，代表作《青鳥》2000 年被媒體評為「影響法國的五十本書之一」，至今仍在世界各地上演，堪稱戲劇史的經典之作。

3. 編註：韋勒貝克（Michel Houellebecq, 1958- ），當今法國文壇最炙手可熱的作家，被譽為繼卡繆之後，唯一將法國文學重新放到世界地圖上的作家。其作品呈現當今社會的冷酷荒謬，捕捉最惹人注目的西方社會現象，如物欲橫流、沉溺消費的空虛、愛情失落、性慾衝動、存在苦悶、旅遊買春、戀童癖等等，並鉅細靡遺描繪，筆觸赤裸，極具煽動性。2010 年以《誰殺了韋勒貝克》（La Carte et le territoire，原文書名「地圖與疆域」）一書獲龔固爾文學獎。

喜樂
Joie

雀躍、歡叫、喜悅的淚水：
喜悅，就像由內在突然升起的活力。不會一直持續下去嗎？
在心裡持守著確定，喜悅就會再回來。

J

昔日（Jadis）

往日美好的時光，這種奇怪的情懷……

研究顯示，通常當我們美化過去時，至少不會鬱悶。我們的精神會不自覺地選擇美好的回憶，以和諧一致的感覺，重寫那些在當時並不這麼輕鬆自在的過往時光。這現象再一次證明，當一切運作正常，當我們美好的心理機制不被舊日或當前的痛苦所破壞時，人類本性是生而完善的……

這種人性與生俱來的能力，可以作為這個小練習的主題：試想當下這一刻的不完美，在二十年後，如何能以一種美好回憶的形式浮現出來呢？記憶，只是做了清理和簡化的工作，朝精髓的方向進行：「不要矯揉造作了！這事到底是好，還是不好呢？」然而，我們經常以一種「還不錯，但是……」的方式體驗當下；可是我們的記憶只在意一件事：「我要將這些事存放在愉快還是不愉快的盒子裡呢？」這樣的簡化，未必讓事物扭曲變形；反而是我們扭曲了愉快的時刻——因為我們的不滿、追求完美、期望太高，或者因為擔憂纏身，而無法珍惜當下愉快的時刻。所以，回到剛剛提到的練習：在你為了一些芝麻小事而怨天尤人、牢騷嘟囔的這一刻，想想二十年後，會剩下什麼記憶呢？你自以為有理由抱怨的這一刻，會留下什麼記憶？或許，這一刻原本該是快樂的，卻讓牢騷和不滿污染了？

我喜歡……（J'aime…）

夏天的早晨，被女兒的嬉笑聲喚醒；這一天沒有什麼急事要辦，

就只有一些類似吃飯、說話、觀賞、散步、看書、睡午覺等等，重要而緩慢的事情。我喜歡看到病患的痛苦減輕或康復。我喜歡安靜地獨處幾天，不跟任何人說話，而我知道在同個時間裡，遠方所有我愛的人，一切都好、一切都幸福。我喜歡看見人們互相幫助，或者開懷大笑；望著日出日落，細看月亮高掛天上，欣賞星星；聞著下雨和晴天的味道；享受山谷的涼意和山峰的壯麗，品味攀登的努力。我喜歡赤腳走在潮濕的草地上，感覺自己還活著。

你們呢？你們喜歡什麼？

園丁（Jardinier）

在工作過於沉重的時候，我總是夢想成為一名園丁，想像著自己正在靜靜地掘地、耙土、種植、修剪。四周環繞著鳥叫聲，呼吸著純淨的空氣。沒有任何人給我壓力。眼前有的是時間，可以暫且停下，微笑看著一朵雲飄過、一片葉子落下、一隻小瓢蟲飛走。我知道，真正的園丁生活並不總是如我想像的這樣（甚至一點也不像吧？）。但是，這樣夢想一下，我感覺很好。在我來說，成為園丁是「溫馨的幻想」；有的時候，我們每個人都需要有這麼一處夢想的園地。

耶利米（Jérémie）

耶利米是《舊約聖經》裡偉大的先知之一。傳統上，我們認為是他寫了《哀歌》（也許不應該這麼認為，可是我們只會錦上添花）[1]。耶利米向其他人預言耶路撒冷的毀滅和巴比倫的

流亡，但是，同時代的人並沒有聽從他的話。或許，他就像所有的悲觀主義者一樣，非常介意被冷落一旁，總是心情不好：「我沒有坐在宴樂人的會中、也沒有歡樂，我因你的感動（「感動」原文作「手」），獨自靜坐，因你使我滿心憤恨。」[2] 從此我們就用「jérémiades」來暗示令人難以忍受的一長串痛苦哀嘆……然而，我們竟然再也不問，哀嘆者要表達的是對還是錯；我們只記得他有點厭煩，高聲訴說著世界所有的不順。請記住，如果希望別人聆聽我們的抱怨和警告，就要經常表達我們的喜悅和讚美。

歡樂（Joie）

歡樂，以強健又充滿活力的形式來表達幸福。即使伴隨著一連串愉快的情緒，歡樂不免還是需要體力，而且激烈又短暫。歡樂，也是比較不知性的，不像幸福，讓人有多一些思考。歡樂，經常是為了回應一樁中斷我們生命連續的事件（即「快樂」事件）。反之，在一般的情境下，幸福較容易持續出現；只要我們意識到平庸的時刻也充滿著恩典，幸福就來臨了。要讓自己歡樂並不是那麼容易的，因為這需要一點外向的特質。幸福可以很低調，歡樂卻會滿溢外露，希望被看見，並且尋求分享。因此，外向的人歡樂慶賀時，內向的人則嚮往幸福。兩者的選擇也算是一種性格測試……

生日快樂（Joyeux anniversaire）

巴黎大雨的一天，我騎著摩托車，分明是自找麻煩——因為交

通大堵塞，不論是行人、腳踏車、轎車、計程車或貨車，所有的人都心煩氣躁……在一條有點狹窄的馬路上，有輛卡車擋住了通道，連摩托車也沒辦法穿過去。結果，我只好借用旁邊剛好空無一人的自行車專用道。當然，我是又慢又小心的。我發誓，我只騎了二十公尺；就在要超進卡車前的時候，我看到前方五十公尺的紅綠燈旁，一位警察正看著我。哎呀！我發現警車旁邊站著好幾名警察，他們今早的任務顯然就是要逮住像我這樣不當借用自行車道的傻瓜。來到紅綠燈前，我假裝沒事，移開目光，但是我注定逃不掉的──警察注意到我了，招手要我停車。我猜得真準！只好欲振乏力地解釋：因為卡車擋路，只好借道十公尺，還說了我過去從來沒有做過這樣的事。努力無效：違規就得罰款。畢竟，這是完全合理正常的。我沒有抱怨，抱怨也沒用，是我錯了，那傢伙只是忠於職責罷了。

好了，就這樣我們走向警車，警察拿了我的證件，告訴我等一下，逕自上車填寫表格。我則和其他六個當場被逮的摩托車騎士在人行道上等候。我當然很惱火，開始努力讓自己冷靜下來──「OK，好吧，你被逮住了。人生就是這樣，記取教訓吧。真是愚蠢，就為了省那三分鐘。不要再生氣了，下次要記得……」

我極力試圖放鬆，同時也觀察著警察專心一致埋首工作。突然，我看見他抬起頭來，跟坐在對面的同事說話，並給他看我的證件；對方點點頭，他們一臉嚴肅地討論著。哎喲！又怎麼了呢？難道我忘了繳保險費了嗎？還是有搶匪盜用了我的車號，騎摩托車犯案？總之，有點不對勁……警察收拾了這些文

件，起身走近我：「今天是您的生日嗎？」我沒想到他會問這個問題，傻氣含糊地迭迭回答著「是、是」。「好了，您可以離開了！不要再騎在自行車道上了……」同時不苟言笑，一臉嚴肅地將證件還給我。

這時，我終於知道是怎麼回事了。我真想熱情地感謝他，開懷大笑拍著他的肩膀說：「啊！謝謝你，老兄，你真是太好了，這樣小小的舉動，實在讓人愉快。」但是，我沒有這麼做，因為在我周圍跟我一樣違規正在接受罰款的其他人，一定不會高興落在我頭上的好運。更何況，其中大多數人抱怨著警察應該去抓真正的罪犯，而不是在他們身上揩油……我明白為什麼警察要不動聲色地送我「生日禮物」，因此我也只是低調地感謝，拿了證件離開。重新啟動引擎的時候，我向他揮了揮手，彷彿看到他輕輕地笑著。

我高興地離開了。不是因為自己逃過了罰單，而是因為這份不求回報的低調小禮物，讓我對生命和人性充滿歡喜。

歡騰（Jubilation）

從詞源來看，jubiler 是高興大叫的意思。喜悅滿溢大腦，就像牛奶溢出鍋子一樣。在一般情況下，歡騰來自於很難得的成功所帶來的快樂；經過漫長等待、付出許多努力，以及克服龐大困難之後，成功時即帶來跳躍——所以，才有爆發和過度的一面。例如，運動員得到奧運體育獎牌後的狂喜，因為他既害怕無法得到獎牌，又吃盡了訓練的苦頭。歡騰意味著我們在患得患失又吃盡苦頭之後，好不容易才達到努力很久的目標。投入

了這麼多，若沒有達到目標，會使我們非常痛苦。因此，如果我們真正感興趣的，只是希望快樂，那麼實在沒有必要非得歡騰不可。歡騰，就讓給幸福的偉大運動員去實現好了。

1. 編註：一般認為《哀歌》的作者是先知耶利米（《歷代志下》35：25記載耶利米作《哀歌》），不過也有人認為《哀歌》的內容與《耶利米書》有不少差異，因此不可能是耶利米所作。

2. 編註：《耶利米書》15：17。

輪迴
Karma

沒有宿命，就沒有輪迴。
你並非禁錮在過去裡。
而是囚禁在習慣裡。

K

K（K）

意大利作家迪諾・布扎第[1]的著名小說裡有一個年輕小伙子，他是遠洋航船隊隊長的兒子。從航行的第一天開始，他就被一隻名字奇怪的海怪「K」追殺。從最初他想脫逃命運遠離大海，到後來面對海怪而成為水手。在他一生中，每次轉身就看到遠方在船身後面緊追不捨的海怪。最後，他很老很老的時候，終於決定不再奔逃，而是選擇面對海怪──K竟然和他說話了！海怪告訴他，一直尾隨在後是為了交給他護身符，以確保他一輩子成功和幸福。不要逃避自己的恐懼，有時候，轉身面對能夠增加我們的幸福。對未知的恐懼、對關係的恐懼，以及對所有一切的恐懼；從自己的恐懼中解放出來，是接近幸福的方法。我倒希望能夠讀到布扎第的另一個故事，告訴我們如何一輩子追隨另一個怪物，讓我們遠離幸福──這隻金錢怪獸，不叫K，而是叫美金、歐元、英鎊，或日圓。

快速輪迴（Karma Express）

根據印度教的中心法則，一個自覺的人，是由他過去所有的行為，尤其是自己前世所完成的功德所決定。根據這個看法，我們不僅受到自己個人過去的影響，也受到超乎我們自身的所有過去的影響。這種說法既令人沮喪（因為我們承載著所有前世的痛苦經歷），也令人振奮（為了來生，試圖減輕我們的業力）！正向心理學以自己的方式，提供了一套快速的因果報應理論──在此生，我們做好事，會讓自己快樂，並且確定在這一生能讓我們幸福；而不是在來生。

公案（Koan）

禪宗臨濟宗的公案，就是師父給徒弟說一些未解的謎，這樣做是為了幫助門生明白：有時候，不要試圖去解決問題或綜合矛盾，而是應該讓這一切（透過冥想而非思考）在自己身上溶解，領會空虛無用所帶來的答案。公案，可以是問題、軼事，也可以是確認。例如：「單手擊掌是什麼聲音？」或者：「你缺乏的東西，要在自己所擁有的裡面尋找。」還有：「這本書的主題，什麼是錯過的幸福？」或者：「不幸就在幸福裡，幸福就在不幸裡。」在西方，我們有時候也會提到疑難，指的是沒有解答的困難或問題，就像是「先有雞還是先有蛋」之類的問題。公案和其他疑難的好處，在於鼓勵我們容忍不確定性，不因此而逃避問題和矛盾；特別是關乎幸福和快樂人生的事。

關於邪惡的公案（Koan sur le mal）

好好沉思一下，哲學家古斯塔夫‧提邦的這句話：「從外面看，邪惡引來懲罰；從裡面看，邪惡召喚的是憐憫。」記得禪的精神——不是在解決難題，不是要知道懲罰或憐憫哪個比較好；而是，在面對邪惡時，深深地體會到所有決定中無可避免的複雜性。

磷蝦（Krill）

磷蝦，是一種住在冰冷海水礁石區裡極小的蝦子，也是鯨魚的食物。鯨魚打開嘴巴，吞嚥海水。然後，閉上嘴巴，讓水從自己的鯨鬚流出。鯨鬚代替牙齒，有過濾的功用，保留所有在水

中可以吃的東西。我們也可以這麼做：每一天，從早到晚微笑
地面對生命，當我們閉上嘴巴的時候，還留有幸福的磷蝦。

1. 編註：迪諾．布扎第（Dino Buzzati, 1906-1972），義大利當代著名作家、詩人、畫家，
有「義大利的卡夫卡」之稱，作品主要是短篇小說集。做過地方記者、音樂評論版
副主編、地方版主編、特派員和戰地記者。卡繆曾翻譯他的劇作在巴黎公演。

關係
Lien

幸福存於關係中。
永遠不要忘記：你關係著全人類，
他人的淚水也是你的淚水。
讓你的幸福也成為所有人類的幸福。

L

放鬆（Lâcher-prise）

放鬆，是一種寶貴的態度，實際上卻比乍看之下更為複雜。每當我們遭遇失敗，或者因為失敗而面臨憂鬱來襲時，放鬆對我們是很有益的。放鬆，並不是放棄或休息，而是在驅動一整套策略：一、決定中止正在做的努力，強迫停止；二、接受「事情行不通，途徑窒礙」的事實，可能因為途徑不適宜、時機不適當，或者因為方法不正確；三、觀察一陣一陣上升的負面情緒（例如失望、憤怒、憂鬱、恥辱），告訴自己，這是正常的，但不是我們所期望的；四、從任務或情境裡抽離出來，允許自己稍微喘息一下，跟自己說，稍後再重新上陣，抑或永遠不再回去；五、開瓶啤酒──不是啦，開玩笑的……在放鬆的練習裡，這第五步就……任君選擇吧！

練習從面對小問題開始（例如翻箱倒櫃找尋丟失的鑰匙、不知道怎麼回一封信或寫一篇報告、談判對手為了一點枝微末節吹毛求疵……），訓練自己微微地放鬆。試一試，並且觀察一下──放下手裡的事情至少幾分鐘，想一些有趣的事情，轉圜一下情緒和勢態。

「讓陽光照進來」（《Laisse entrer le soleil》）

當一個人大腦焦慮時，每每不能意識到自己早已沉淪在這所有未解的問題，所帶來的陣陣精神浪潮裡。我們就在這條憂慮的河流，駕航著生命之舟。就在寫著這幾行字的此刻，我正意識到：這本書離截稿只剩最後一個星期了。一切都很好，我要去一個能給自己帶來靈感的地方，單獨一人（我喜歡這樣）；我

想，我有足夠的時間來精雕細琢這本書。然而，我突然意識到心裡充斥著灰澀的想法：到達那個地方以後，要先去買東西、要找到網路連線，然後結束還未完成的研究書目；在這個星期中，我還得打幾通電話解決一些問題……好，好，這些你都會去做的；但是，你就不能也花點時間來歡喜一下嗎？你就不能打開一點心靈之窗，讓陽光進來幾分鐘嗎？到達那邊以後，你會處理這些問題的；現在，你已經注意到，也知道問題在哪裡了。總可以好好把握正在經歷的此刻吧？因為你將會有時間專心沉浸在自己喜歡做的事情，也就是寫作。我終於明白了，也讓自己相信了。我抬起頭來，深深呼吸著，真正地看看外面，心靈頓時大開。我靜靜地歡喜了一下子，花了點時間來沉思，能夠擁有此刻生命的幸運。天空一片灰暗，然而我可不在意——因為萬般皆美好，我也還活著。

淚水和淚的回憶（Larmes et souvenirs de larmes）

1654 年十一月二十三日，星期一，「從晚上十點半左右，到大約凌晨十二點半」之間，巴斯卡歷經了一種神祕的狂喜，我們稱之為他的「火光之夜」。巴斯卡在紙上寫下幾行字，縫進外套夾層裡。直到去世時，這篇短文才被人發現，從此被稱為〈伯雷茲·巴斯卡的回憶〉（Mémorial de Blaise Pascal）。文中，他描述一種暴烈又舒緩的感知：「堅信。堅信。情操。喜悅。和平。」之後再遠一點，他又寫道：「完全又溫柔的放棄。」在這兩段之間，寫道：「喜悅，喜悅，喜悅，盡是喜悅的淚水。」這是他作品中最神祕的片段之一，包括最後幾行寫的：「只需

在地球上一天，足以永恆喜悅。」巴斯卡並沒有把這一刻告訴任何人，也沒有告訴任何人這篇手稿的存在，之後也沒有再提起過。

有很長一段時間，我無法理解怎麼可能喜極掉淚。我的意思是，發自內心的理解。理智上，我大概能夠瞭解——在非常害怕或非常不幸之後，是可能喜極而泣的；比方說，找到原本以為已經失去的所愛之人。然而，若是說到發自內心……

直到幾年前，這樣的情形發生在我身上。有一年我生日的時候，聽見女兒朗誦莫里斯·卡雷姆¹獻給父親的一首詩。女兒們非常驚訝：「欸，爸爸，你哭了？！」我想，這是她們第一次看見我哭。是的，我不得不承認，自己被感動得熱淚盈眶。若是在以前，我會強忍著不哭出來，而那一次我只是稍微克制一下，不至於讓自己淚流滿面。倒不是為了掩飾什麼，只是為了保持一點精力，來好好接受並且品味正在經歷著的這一刻，品味能夠純粹喜悅哭泣的幸運。之後想想，這或許就是幸福的真正滋味，就在喜悅的淚水中；當幸福滿溢己身，而我們也願意讓自己被幸福氾濫，這時候也就全然放開了。就因為這樣哭了。這些美妙的瞬間不會持續，終究會消失的。但是，也不需要因此就停止快樂——幸福就在這裡，我們正在經歷幸福。眼淚，就像是對自己巨大的幸福最純淨清明的表達，不是嗎？

教誨（Leçon）

「失敗的時候，不要也失去了教誨。」我已經忘了這是誰說的，但是，我盡力永遠不要忘記這句話的劊切。成功提高我們的身

價，使我們放心，給我們安全感，有時候甚至能夠讓我們快樂。然而，失敗卻能讓我們睜開雙眼，讓我們變得更有智慧、更聰敏。打開我們的雙眼，看見成功所掩蓋的。正如一句禪諺所言：「達到目標的人，其實錯過了一切。」只有當我們接受失敗並且從中反省，願意記取教訓，這句話才有真義，失敗也才會帶來智慧。是什麼樣的教誨呢？經歷了令人討厭的失敗，讓挫折啃蝕自尊之後，什麼樣的教誨才能夠讓人開始觀察反省，而不是沒完沒了地抱怨著不公平或運氣不好，且反芻著這些想法所帶來的痛苦？然後，把注意力轉移到其他的地方（例如：「如果再發生同樣的情況，我該怎麼辦？」），也是指以不同的眼光來重新評量（比方說：「如何以一種平和而不再憤怒或全然盲目的眼光，重新審視發生在自己身上的事情？」）。

我們必須教導自己，這個非常重要的課題；因為，剛剛遭遇失敗的時候，說教者總會讓人厭煩，即使他們說的都有道理。我們也必須瞭解，智力上的理解是不夠的，必須接受的是更深刻的教誨，也就是說，在情感的層面上學著接受。這項工作龐大遼闊、扣人心弦，又幾乎是無止境的——生命裡，有這麼多的教誨要學習！不再犯同樣的錯誤，這就是經驗的累積。面對失敗，不要總是懼怕；面對不完美，別只會憤怒——退一步，事情或許還帶來其他的教誨呢！

然而，也有些時候真的無法吸取教訓，怎麼辦呢？嗯，這帶給我們的信息是：有些時候，挫敗是無法讓人成長成更豐富的。這也是一種教誨……

輕盈（Légèreté）

幸福的時刻，常常能使我們感覺輕盈。

輕盈，被定義為沒有重力；就是，無論身體或精神、個人或周遭環境，都沒有讓人沉重的地方。不覺得束縛，也沒有負擔。想要快樂生活的渴望，順暢無阻。輕盈，顯然是憂鬱的對立面——憂鬱時，一切都背負著沉重負擔，生命被重重困擾阻塞著。任何丁點的決定，都會壓垮我們。感覺無比沉重，好像身在「死蔭的幽谷」。輕盈，似乎只有好處；其實，跟所有的愉快情緒一樣，輕盈也會有一些缺點。舉例來說，如果輕盈成為了佯裝或刻板的生存態度，形成一種「一切採取輕盈態度」的偽哲理，那麼就可能變成逃避責任，或顯得不成熟。以這樣的態度經歷生命，勢必會讓我們慢慢地遠離幸福。

然而，輕盈的生命態度也是可以有深度的，與投身奉獻並無抵觸。輕盈是沉重的相反，而非深度的相反。輕盈並不妨礙深度；例如，喜悅可以表現得輕盈，但喜悅的根源卻可以是深厚的。輕盈只是反映活著的喜悅，這樣的幸福並不妨礙我們意識到生命的短暫。因此，輕盈就是一種優雅的態度，不限囿於人類生存條件悲劇的一面——清醒且輕盈地活著，是可能的……

保羅・梵樂希寫道：「輕盈得像一隻鳥，而不是像一根羽毛。」然而，我們卻夢想著如羽毛一般輕盈，想要不費吹灰之力就與永恆的本質連結。但是，這樣的輕盈卻使我們隨風漂散。我們應該依照自己所嚮往的來營造輕盈。耐心地讓輕盈無往不利，我們也才更能夠經常振翅高飛。

合法（Légitimité）

尼采說：「無論什麼人，一旦在文章上訴說自己的苦難，就會成為憂鬱作者。然而，當他能夠告訴我們，自己曾經遭受的苦難，以及如何擁有現在的喜悅，他才能夠成為令人信賴的作家。」因此，那些穿越過不幸，而終能為我們講述幸福的人，他們的話語才是最強悍，且最有價值的。

緩慢（Lenteur）

在速度裡，感覺自己強大；在緩慢裡，感覺自己幸福。這就是為什麼，我偏愛緩慢。

感謝函（Lettre de gratitude）

感恩，是幸福的利器。首先，必須經常體會到感恩，這樣對自己有益。其次，需要時時體驗感恩，如此也有益於他人，並且持續對自己有好處！所以，練習寫一封詳盡的「感謝函」，給某位對我們很好的人（例如親人、老師、朋友、同事、醫生等等），並且寄給當事人。為什麼是一封信，而不是當面道謝（比如登門道謝，親自拜訪，向對方讀出感謝函的內容）？以上兩種做法都很棒，但是感謝函有三個優點：首先，寫感謝函需要時間反省，深入體驗我們感激之情的意義與濃度。繼而，收件人可以安靜地讀信，不一定要回答，也不需要致謝，或者強忍淚水。最後，收信人可以一讀再讀感謝函。誰還能想到比這更美好的禮物嗎？但是，實際上感謝函最後幾乎都會變成親自拜訪——接獲感謝函的人，鮮少有不想與寫信的您見面的，向您

致謝，還有回報他的……感激！

自由（Liberté）

經常，我們會反對幸福和自由，因為選擇幸福會使我們更容易放棄自由。有時候確實這樣：幸福意味著必須尊重別人，有時必須服務對方，讓對方幸福，而不是讓自己幸福。所以我們會擔心幸福阻礙自由。有時候，幸福讓人妥協，比如被朋友強迫接受自己不能苟同的政治理念（我們比較在意友誼，而不願表示反對）。因此，問題是：如何在妥協與背叛自我價值之間取得平衡？然而，在大多數情況下，幸福是會增加自由的，特別是內心的自由——幸福幫助我們解脫自己的恐懼、執著和心理封閉。幸福，是一種能量的開放及獲益，讓我們不再憂慮。幸福造就世界與我們之間的聯繫，消除無數障礙。如果這不是有益於自由，那又是什麼呢？

社會關聯（Lien social）

歌德完全看出了社會關聯的問題：「對我來說，最大的懲罰就是，獨自一人在天堂。」況且，天堂一直都是與自己所愛之人重逢的地方。如果沒有人與我們交流分享，所有慾望的滿足又有什麼用呢？社會關係是幸福的主要來源之一，無論是經歷了長時間的深度關係（幸福就是與自己認識和心愛的人在一起），或者新近結交而比較淺薄的關係（例如，結識新朋友的樂趣）。我們需要他人，勝過他人需要我們。正如拉羅什福柯[2] 所說的：「那些自認為不需要別人的人，是錯誤的……」隨

即又狡黠地補充道：「但是，那些以為別人不能沒有自己的人，更是大錯特錯。」

祕密關係（Liens secrets）

我喜歡看到一些隱匿的關係──在我身邊所有活生生的物件上，別人看不到，只有我知道的關係。像是，正準備打開的這瓶酒，是某位朋友送給我的。身上穿的這件T恤、這本書、這尊小雕像、掛在牆上的小孩畫作；所有這些物品，都有某些超出它們的使用或存在功能的東西，讓我愉悅，向我輕聲述說著各種關愛，讓我沉浸其中。其實，我們所有人都沉浸在這樣的關愛中。這些物件，都帶著看不見卻又滋養的存在關係。這樣的存在，也令人不安，因為它們無窮無盡，讓人眩暈──當我寫作時，出現的是我的小學老師以及法文與文學老師、是送給我第一本書的父親，還有所有作者，以及過往時間裡滋養我的思維。無論我做什麼、無論我想什麼，我從來都不是獨自一人。一份恩典、一句提醒，以及一份責任感，敦促我以所有傳承的愛和智慧，全力以赴。

幸福的模糊地帶（Limbes du bonheur）

在天主教傳統中，模糊地帶的問題爭論已久──它指的是一處既不是天堂也不是地獄的地方；特別是指，那些一出生就亡故，來不及犯任何罪惡的孩童（所以沒有理由下地獄），但又因為還沒有受洗，所以尚未洗淨原罪（因此也不能升上天堂），那麼他們的靈魂該歸何處？我們常常也會發現自己處在幸福的模

糊地帶，既不快樂，也沒有不開心。有些人認為這樣已經不錯了。就像1894年九月二十一日，儒勒‧何納在《日記》裡寫的：「我們不快樂；我們的幸福，只不過是不幸的沉默。」當不幸保持沉默無聲，肯定是有利的。然而，還是需要努力。否則，我們就會像梭羅（Thoreau）所說的：讓自己陷入「絕望的平靜生活」。誰會滿足於這樣的狀況呢？

正向心理學的限制（Limites de la psychologie positive）

顯然，一貫正面的態度，在某些情況下是會有問題的。研究顯示，樂觀也會有不利的影響。例如，病態的賭徒總是希望能夠翻本，由於一貫偏執的樂觀，即使輸了也無法停止賭博。同樣的，原諒並不總是好辦法，特別是跟有虐待傾向的配偶生活在一起的時候；原諒不努力改過的人，是不會有什麼好結果的。因此，有三條黃金規則：一、先從正向開始；二、評估結果；三、決定繼續如此下去是否妥當。

長壽（Longévité）

正面情緒，有利於健康長壽。多年來，眾多科學研究都導向這個結論。然而必須記住的是，正如所有關於健康的事宜，這些結論都只告訴我們一種趨向，而非保證；也就是說，研究結果所透露的是保護因素或惡化因素。一般來說，反覆而密集的壓力和負面情緒是有害的，安適和幸福才能改善狀況。今日，我們已經瞭解幸福如何有利於健康──幸福可以改善免疫機制，減少發炎反應，並且延緩細胞老化。幸福與菸草一樣對健康帶

來強烈的效應，當然結果是完全相反的：根據研究，菸草減少六至七年的壽命，而幸福則讓你增加同等的壽命。還有一些其他的論述環繞著這個主題，列出了一些影響健康的其他因素，如飲食、運動、遺傳基因、環境污染等等。再者，情感也會帶來影響：正面情緒既令人愉快，也有益健康。能夠做到的話，當然很好，但是，如果不能做到就一定會不好嗎？您也可以跟自己說：身體的健康還有賴於其他因素，而且生命也還有其他的目標如財富、名利、無私的奉獻等等，並不是只有追求健康和長壽。最後要說的是，如果您是吸菸者，也別忘了要快樂，以減輕吸菸帶來的過量風險！

樂透（Loto）

法國彩券公司曾經邀請我為樂透得主做心理方面的演講，旨在幫助樂透得主不要感覺太孤單，並且讓他們分享彼此的經驗。樂透得主俱樂部其實是非常封閉的，那也可以說是一個互助團體。與這些「幸運得主」聊天，我才發現，外界所以為的恩賜，實在是件十分麻煩的事情，甚至可以說是詛咒。突如其來的財富會引發許多行為上的問題與困擾，尤其是獎金得主周圍的人往往會以愛和友誼的名義，要求分一杯羹；由此引起的不和睦，或因為金錢帶來的困擾，遠比快樂來得多。我記得一對夫婦，因為兒子無法接受自己得不到獎金，於是這對夫婦就再也見不到孫子了。事實上，一些研究證實，中樂透彩並非幸福的保證，剛好與我們所認為的相反。得獎，只是一個方便得到幸福的因素，還必須伴隨著一些努力。有些努力，在得獎前與得獎後都

是沒有差別的——例如珍惜美好的時光，而不是一貫指望著別人；培養親情和友情關係；盡可能給予，而不是等待或要求。還有另一些努力則特別牽涉到物質財富，比如必須竭盡所能避免嫉妒和覬覦；也就是說，必須儘量低調，並且增長公平以及共享的觀念。

狼群（Loups）

一位蘇族[3]的爺爺給外孫解釋所謂的生命：「你知道，在我們的心裡，無時無刻都有兩隻狼交鋒著。一隻黑色的，是仇恨、憤怒與悲觀的狼，這是不幸之狼。另一隻白色的，是愛、寬容與樂觀的狼，這是幸福之狼。」孩子問：「那麼，最後是哪匹狼會贏呢？」在您看來，這位爺爺會怎麼回答呢？而您自己呢，您又會怎麼回答？以下，是這位蘇族老爺爺的回答（他是一位真正的智者！）：「勝利的，始終都是我們餵養得最好的那一隻……」我們身上的這兩匹狼，在生命中的每一刻裡，我們給哪一隻餵食得最多呢？

洞悉（Lucidité）

洞悉，就是一種能力，能夠看到事情本來的面貌，而非我們希望的面貌。為什麼我們經常把洞悉能力與絕望悲觀連結在一起，卻很少將它與幸福連結呢？這對我來說就像個謎團。想必對作家埃里克·舍維拉爾[4]也是如此：「為什麼洞悉能力總是用來照亮下水道，卻永遠不是用來照亮鑽石礦場呢？」當然，洞悉能力迫使我們看清自己終將死亡、會受到痛苦折磨、很多

夢想都無法實現、世間的苦難和不公如此尋常、無辜的人總承受苦難……但是，同樣的洞察能力，也能讓我們打開雙眼，看到愛、溫柔、善良、美麗的事物；還有，即使生命呈現不完美，仍是一種幸運。在我看來，有一種正面或喜悅的洞悉能力，我們實在談得不夠多，也或許是因為我們培養得不夠——這種正面的洞悉能力，就跟照亮悲傷的洞悉力一樣，需要同等的智慧；無庸置疑的，它還需要多一些意志力。

1. 編註：莫里斯・卡雷姆（Maurice Carême, 1899-1978），比利時當代最著名的法語詩人，在法國獲詩王稱號，又被稱為孩子們的詩人，創作大量詩集、短篇小說、童話故事與繪本，其中不少詩被知名音樂家選上譜曲，作品也被翻譯為多國語言。

2. 編註：弗朗索瓦・德・拉羅什福柯（François de La Rochefoucauld, 1613-1680），法國思想家，出身巴黎一個顯赫的家族，早年熱衷政治，卻得罪當權者被流放外省，之後又捲入政治鬥爭；晚年重心轉向文藝沙龍，有《回憶錄》（Memoirs）及《人性箴言》（Maximes et Réflexions diverses）二書傳世，拉羅什福柯厭惡凡事正向思考的矯情，挑戰人類自我的正向認知，其冷靜睿智的哲思、簡潔機智的風格、透徹清明的觀點，影響後世許多哲學家及作家。

3. 譯註：北美印地安人中的一族。

4. 編註：埃里克・舍維拉爾（Éric Chevillard, 1964-），法國小說家，才氣縱橫、想像力豐富、文采斑斕、語言清晰又富機智；作品中彌漫著濃濃的詩意，而且總是妙趣橫生。1987 年以來已出版了十餘部小說，其中 2003 年《勇敢的小裁縫》（Le Vaillant Petit Tailleur）獲得維爾佩獎。

不幸
Malheur

幸福打開我們的心。
不幸打開我們的眼。
不要質疑：兩者你都需要。

好友的電子郵件（Mail de copain）

有一天，天氣非常好，一位心理醫師朋友給我發了一封電子郵件，討論一些我們要共同解決的工作問題。在郵件最末，他稍微改換語調，從工作的主題裡跳脫出來：「無論如何，現在最重要的是，太陽終於出來了。我要除草一下，克珞婷要種下第一批球根植物。一隻斑鳩仍然徒勞無功地，試著跟教堂風向標繁衍下一代¹，遠處隱隱傳來小型觀光飛機的引擎聲。一切都會完美的。」真是令人難以置信，這短短的幾行字，竟然帶給我無比安定的作用。我微笑地站起來，走到窗邊，也欣賞著這團給朋友帶來靈思的陽光。一切終究都很好，這些擔心的事，也不過就是些擔憂罷了。就在一瞬間，朋友傳達的訊息，將生命的精隨帶向我們的靈魂──我們還活著，而且天氣美好。

幸福之家（Maison du bonheur）

儒勒・何納說：「如果建造一幢幸福之家，其中最大的房間，一定是等候室。」悲觀的人、略帶憂鬱的人以及那些多愁善感的人，都會喜歡這句話的。這些人之間最有活力的，還是會努力把等候室變得愉悅！

幸福導師（Maîtres de bonheur）

在我一生中，見過一些偉大的幸福導師。那些真正的導師，都是既禁得起長時間深入觀察，也禁得起共同生活的楷模。趕不上火車，或者等候時被插隊，這種時候大師會如何反應呢？我的岳父，足可被列入幸福導師之列。我有許多關於他的軼事可

以說。我們每一次見面時，無論是側面觀察或傾耳聆聽，幾乎都會讓我學到新東西。以下要告訴你們的，是我自己最喜歡的一件事。

幾年前，我岳父獨自一人待在巴斯克地區[2]的房子，因為那幾天他太太出國去看望朋友。他們住的大房子，坐落在一處風景優美的地方，屋後的陽台能眺望對面庇里牛斯山脈的壯麗景色。那天，岳父在整理花園，但是有些心不在焉。走上石階時有點過於急促，心裡還想著別的事情，未料一隻涼鞋卡到石階裡，讓他重重地跌了一跤。這個強烈的撞擊，弄得他有點頭昏眼花；回過神來時，竟意識到頭部血流如注，只要稍微一動就會噴出一堆血來。儘管仍在驚嚇中，岳父竟然搞不清楚事情的輕重緩急——他繞過花園而不是穿過房子裡面，走到電話機旁，只因為擔心血跡弄髒地板會讓太太不高興（真是奇怪，在最糟糕的時刻，我們的腦袋裡有時還是塞滿了一些不必要的限制！）。消防隊員首先趕到，看著房子周圍大量的血跡還有頭上血流不止的情形，非常擔心，馬上要求救援直升機快速把他送到百永納（Bayonne）[3]醫院。在那裡，一切順利，傷口縫合得很漂亮，還做了神經系統檢查。好險，終於沒什麼大礙，呼！傍晚時分，在歷經了這些驚險之後，岳父打電話到我們巴黎家中敘述所發生的一切，我仍然記得他是如何開頭講述這段故事的：

「啊，孩子們，你們一定想不到，今天下午在我身上發生了一件令人難以置信的事：我坐在直升機上飛過巴斯克地區，真是棒極了，這輩子還從來沒有過這樣的經驗呢！」

「直升機？發生了什麼事？」

「我從樓梯上摔下來，結果，就有了這趟直升機旅遊！」

「但是，為了什麼呢？」

「送我去了醫院啊，因為不得不治療，還要作檢驗……」

「醫院？」

「對啊，百永納醫院。一切都很順利，我真是佩服護理人員的速度和效率，而且那裡的人又好又專業！」

爾後，我們終於聽到了全程的冒險經過，不光只是歡快驚奇的片面。結果，這段驚險歷程給岳父留下的深刻記憶，不是受傷或可能有的危險（比如萬一失去知覺，或可能嚴重出血），而是急救過程和直升機旅程。於是，這段經歷將永久保存在「美好回憶」的架子上。最令人折服的是，岳父好像一點也不費力就能夠如此自處——所有發生在生活裡的事件，他的大腦似乎很自然地就能夠擷取好的一面。而且，他也完全不會想要建議任何人採取什麼正面的態度；光憑這一點，他就不同於那些庸俗的幸福導師。他是真正的高手：既不解釋，也不教導，卻以謙卑的胸懷，親力親為。

幾年後，為了能夠忠實敘述這段經歷，我打電話詢問岳父。他又翔實地敘說了一遍，並且還加上一個讓他為此事感到高興的新理由（「家人和朋友都趕到我床前，我一點也不覺得孤單」），接著又說：「但是，你們知道嗎？克里斯多夫，我並不是一直都這樣的。偶爾，我也是會有憂鬱的時候。」呼……

然後，他又加了一句：「儘管如此，隨著年齡增長，生活越是讓我歡喜讚嘆！」

就是因為這樣，我總是津津有味又好奇地觀察岳父，盡力詳實記錄下他處理事情的方式⋯⋯

疾病（Maladie）

疾病使幸福變得複雜，但不會阻礙幸福。疾病，尤其是慢性疾病或致死的疾病，開始時會讓我們覬覦那些健康的人所擁有的幸福，還有他們不自覺自己所擁有的這一切。疾病，讓我們浸溺在悲傷和怨恨裡。然而，如果對自己誠實的話，我們會睜開雙眼，看出這種生命態度的徒勞與危險。只有如此，疾病才能扮演鞭策的角色，讓我們更自覺於簡單的生存幸福，知道這一切都與是否生病無關。這時候，疾病才會讓我們的腦子清靜。然而，當我們自己生病的時候，要克服這些負面生活態度，是需要很多時間和努力的。

牙疼（Mal aux dents）

牙痛的時候，我們才不管自己幸福不幸福。唯一希望的，就是不要牙痛。極度的疼痛，讓人完全關閉意識，只希望疼痛停止就好。記得小的時候我經常牙痛——因為吃太多甜食又沒好好刷牙，當年的父母不像今日的父母這麼注重牙齒保健。前些天我與一位牙醫朋友聊天，他告訴我，已經看不見像以前那樣滿口爛牙的小孩了。真是謝天謝地，牙痛曾是我們和祖先的問題，再也不是今日孩子的問題了。但是，還是可以找到那時代

的一些痕跡，就像帕桑斯名為〈遺囑〉（Le Testament）的歌裡所說的：

我毫無怨尤地結束了生命。
再也不會牙痛了：
就在這裡，公共墓穴裡，
時間的公共墓穴。

儘管（Malgré）

有一天，一位女病患對我說：「如果沒有『儘管如何如何』，我們永遠都不可能快樂的。比如，儘管過去或現在、儘管身邊的苦難、儘管所有……我們還是快樂。」我不知道該如何回答——這件事情發生在我還以為自己必須具備所有答案以讓病人不再憂鬱的階段。不久以後，我回到家裡發現了一個可能的答案：也許，這些幸福之所以如此美麗動人又強烈，恰恰也因為是「儘管如何如何」的幸福……今天，我不知道自己是否還會如此回答。我想，我應該會說：我們這一生都是「儘管」某些事情的，幸福也不例外。也正因如此，我們喜歡它、需要它。

不幸（Malheur）

不幸，是幸福躲不掉的影子。祈禱的時候，要求不要被不幸擊中是沒有用、也不可能的。頂多要求，只承受一些普通的不幸就好。並且要求，能夠安然度過這些泛泛的不幸，然後在幸福中重生。這就夠了。

媽媽（Maman）

有一天，我和一位十歲的小女孩聊天。她很鄭重地告訴我，她很喜歡小孩，希望將來會有三個孩子，而且，都已經為他們取好名字了。她媽媽告訴我，這是她的熱望，希望能夠照顧所有遇到的嬰兒；而且，她經常提起這個當母親的計畫。我心裡對自己說：「好可愛，這麼早熟的抱負，好有趣。」可是，這一天我有點兒憂鬱，隨即對自己說：「可憐的小女孩，萬一不能生孩子，她會比長大以後才有這種計畫的女孩，不幸兩倍。」

又過了一會兒，我在雨中散步之後，可能稍微從憂鬱中平復過來了，不同的想法自然飄進腦海裡：「即使她必須面臨不能生孩子的事實，恐怕她也會比你處理得更好：她會走出來的，而不是一直沉溺在抱怨惱恨中。比方說，她可以轉而去愛別人的小孩，或者擁有美好的人生。」這樣一想，就覺得好一些了；再想起我們之間的對話時，我不會再說「希望她會有小孩」，而會說「希望她快樂」。奇怪的是，從那一刻起，我不再猶疑她是否會快樂了。在我的腦子裡，超凡煉金術發生效力，隨即我就明白了這到底是怎麼回事——我因為想像小女孩無法實現一個自己不能掌控的目標（即成為母親），而逕自哀傷；然而，我祝願她掌握住自己能夠把握的目標（即幸福），終於讓我鬆了一口氣。

曼德拉（Mandela）

「我一直深信，人心深處住著仁慈和慷慨。沒有人天生會因為他人的膚色、過去或宗教，而仇視對方。仇恨是藉由學習而來

的，如果能夠學會恨，自當也可以教導他們愛。因為，在人類心中，產生愛比產生恨來得更自然。即使，在獄中最艱困的那段期間，同志和我支撐不下去的時候，我還是可以在警衛眼裡看到人性的微光，即使也許只持續兩秒鐘，也足可撫慰我，讓我繼續堅持。人的善良是一盞火焰，可以隱藏，但永遠不會熄滅。」

以上這段文字，是由因反抗種族隔離政策而入獄二十七年的納爾遜·曼德拉（Nelson Mandela）寫的。能夠知道世界曾經存在過這樣的人，真是令人寬慰。

旋轉木馬（Manèges）

旋轉木馬，就像在隱喻生命。有些孩子興高采烈，有些則憂心忡忡。有些搶著抓絨球，有些則試都不試。[4] 還有的小孩，即使旋轉木馬老闆讓絨球掉到他們手裡，也不會試著抓住；他們被周遭的噪音、燈光、旋轉，以及其他父母小孩的叫聲驚嚇得昏眩。旋轉木馬對某些人來說帶來興奮，對另外一些人則是滿足；對專注於駕馭的人來說，旋轉木馬給他們濃密的幸福，對另外一些不那麼自在的人來說，則只是挨過一段糟糕的時光罷了！

寬容（Mansuétude）

寬容，隨時準備好大方地原諒。可是，當面對一些太過分的人時，就不免流於輕率。除此之外，寬容是智慧的舉動，把溫柔送進每個人心裡。

對女士的寬容（Mansuétude pour la dame）

我最近遇到的一個關於寬容的小故事，發生在火車上。我坐在一位約七十歲但穿著「年輕」的女士對面。我有點惱火，因為必須要求她稍微推一下腳邊的袋子，這樣我才可以在自己腳邊放下袋子。她照做了，但是非常勉強。不一會兒，她拿出一款漂亮的智慧型手機，戴上耳機聽音樂。顯然，她耳邊的音樂實在太大聲了，因為連我都聽得見從耳機裡活力十足地傳出流行音樂的嘶吼。她搞來搞去想要調整音量，突然按錯鍵，不聽話的耳機就被弄成擴音模式，而且還是最大音量──這可好了，整個車廂都強迫中獎聽著震耳欲聾的音樂！她還是無法將音量調低，其他乘客都皺著眉頭轉頭看她。真是令人憐憫（也有點令人討厭），我什麼也沒說，只是燦爛微笑地示意幫助；我伸出手來，讓她把手機交給我。其實我一點也不擅長擺弄這類電子玩意，但是我想應該會比她好一些。她略帶尷尬地解釋道，這是前一天才剛買的，還不清楚怎麼正確使用。真是神奇恩典，我竟然一下子就找到了對的按鈕！我將手機還給她，仍然什麼也沒說，帶著燦爛的笑容。真是超級任務：整個旅程中，我都感受著她的感激和仰望之情（開玩笑的啦……）。而且，她還騰出我們之間的空間，讓我可以有位置舒舒服服地放腳。

對我的寬容（Mansuétude pour moi）

我要請求讀者們對我有點寬容之情：當我準備給出版社發送這本書的稿件時，發覺稿子還是十分不到位。自從寫作以來，我清楚知道，作者常常不是因為認為作品已達到絕對完整流暢、

大功告成，才交出稿件的；而是因為交稿日期早已過了，或者寫作的主題已經飽和，實在無法再添加任何有趣的內容了。我完全清楚這些，但是每次還是舊戲上演——要交稿的時候，所有的缺陷處處可見，醒目刺眼。這本「字典」也不例外。謝謝所有讀者，請原諒我。我多麼希望能夠重寫，希望像我教學或治療一樣，可以自在地積極投入、解釋清楚。但是，這樣做大概又會掉入教學的缺陷中——也就是不斷地重複、一說再說、疲勞轟炸。在我看來，若是全部塗改掉，又會失去著作裡的力量和清新感；所以，也只好保留下來了。我希望在寬容中，您能夠了解我想要極力說服的苦心，而不是只注意到我粗糙的文筆。

咒語（Mantras）

這個術語，意指保護心理的法力，源自梵文——manas 的意思是「心靈」，tra 的意思是「保護」，因此，咒語（mantra）就是保護心靈的方式。在正向心理學領域裡，當我們跟自己講話的時候，可以留意我們是用什麼方式，即使有時候我們不會意識到這一點。因此，培養個人的咒語，如同友好勉慰的輕聲細語一般，耳言悄訴，讓自己不要太擔心、不要氣餒。

有一天早上，我正在家裡困對工作，痛苦猛攻「待辦事項」之際，同時也緊抱著一個原則不放：「全力以赴，但是別忘記要快樂。」從那一刻起，每當感覺到壓力和完美主義要掌控大腦的時候，我就會想起這句話，並且身體力行。我的「貨棧」裡也存放著一些句子，像是「走路呼吸，總好過不斷反芻思考」，

用在頭腦開始來回繞著無法解決的問題轉圈子的時候。還有像是「沒有嘗試之前，永遠不要放棄。一旦盡力了，也要給自己放棄的權利」。如果希望口號有效，當然必須真正實踐，更要相信其中的意義。我們何不花點時間，靜下心來安撫自己，真正傾聽，並且與智慧同步……

馬可・奧里略（Marc Aurèle）

有時候，當我們讀到一些哲學或心理學作品時，不禁會問作者是否真的能夠讓人信任；例如，作者本人是否實至名歸？他是否力行了自己的主張？是否誠懇如一？（這些也可能是您閱讀這本書時會有的疑問。）然而，我讀到了羅馬皇帝及斯多噶派哲學家馬可・奧里略寫的這句話：「無論死亡何時來臨，都會看到快樂的我。」當時我卻從來不會有這樣的疑問。他在《沉思錄》（Pensées）裡的每一頁，都是自己孜孜不倦的靈光，精益求精，在幅員廣闊又受到侵略的羅馬帝國黑暗時代裡，大放光明。

栗子（Marron）

一個陽光明媚的九月天，早上八點半左右，光線仍然有些低斜，輕輕撫摸著栗樹已經開始變黃的葉子；綠色混合著棕色，真是美極了。在這條無名又不起眼的小街上，我敞開胸懷用力呼吸這美麗的一切。我正趕往街道盡頭的政府機關，趕赴一個事先就讓我有些厭煩的約會。

突然，因為自己心不在焉、嘴角微笑地走著，沒注意地面，一

腳踩上一個閃閃發光又漂亮的栗子，那是一個剛剛從樹上落下來出殼的栗子。那不完全圓整的形狀，揭開了一段充滿瘋狂和意外彈起的小小進行曲。瞬間，就像普魯斯特的瑪德蓮蛋糕[5]，一切又讓我回到了童年的秋天。當時，我總是刻意踢著人行道上的栗子，試著不偏不倚一路直到學校。如果順利達成使命，就是吉兆，表示我不會被叫上講台，還會贏得許多彈珠，一切小學生的美事都會降臨在我身上。但是，如果栗子跌落人行道下……糟了，糟了……

一切記憶重新出現──暑假期間學校走廊清冷的氣味；牆壁反彈過來學童的吵雜聲；排列整齊的衣帽架；選擇課桌，一個要度過一年的新地方；認識新老師、新書本和新科目的興奮。過往的開學世界，在栗子每每瘋狂彈跳裡爆開來了。我驚嘆地停下腳步，還想再踢栗子一腳，看看是否一切都將重新開始。但是，我沒有試，最好還是不要知道。（萬一不會重來一遍呢？）只要記住這幾秒鐘就夠了。

馬丁‧路德‧金（Martin Luther King）

1964 年諾貝爾和平獎得主，是以非暴力捍衛美國黑人權益的馬丁‧路德‧金。他實踐了親愛同胞的毅力，堅持對抗各種形式的不公義，使他成為一位特別引人入勝的人物。

1950 年代（彷彿還像昨日一樣，搖滾樂初期……），美國種族隔離政策仍然很嚴重，尤其在南部各州。公共交通運輸上，黑人必須讓座給白人；黑人被禁止與白人共用同一所餐廳、廁所、泳池……每天都有對非裔美國人公開或潛伏的暴力行為。

馬丁‧路德‧金出生於一個黑人資產階級家庭，享有快樂的童年和幸福的家庭生活。他大可以等待歷史列車將這些不公平載走，也可以像其他人那樣，以暴力反抗。但是，他勇敢地站出來，以非暴力的智慧戰鬥，並且表明：「我拒絕服膺『以眼還眼』的舊哲學，因為那會使所有的人都變得盲目。」馬丁‧路德‧金一開始就抱持的非暴力政策，觸及到心理層面，也就是世界共通的層面；非暴力成為世界性的方針，亦是改變意識和人心的方法。

馬丁‧路德‧金並不是超人，他也會犯錯，也有恐懼和疑慮。然而，他是個真誠又務實的人，能夠敞開自己的基督教信仰，接受甘地的理念，時時關注每一個日常行為的道德意義，保持公開言論和私人行為之間的一致。以下是 1968 年四月三日，在他被暗殺的前一晚所做的最後一次佈道內容：「我不在乎現在會發生什麼事，因為我已經爬到高山的頂峰。我不再憂心了。像所有人一樣，我希望活得長久……但是，我現在一點也不擔憂。我只想完成上帝的心念。祂答應讓我到達山頂。我環顧四周。我看見了人間樂土。我有可能無法與你們一起進入……今晚，我很快樂。我不再擔憂任何事。我不怕任何人。」

唯物心理學（Matérialisme en psychologie）

在哲學上，唯物主義斷言，所有事物都植根於物質與現實：除了原子排列，沒有什麼可以超越這個原則。在心理學上，所謂的唯物主義就是將物質價值（例如權力、金錢、名利）擺在非物質價值（例如幸福、愛情、誠實）之上。唯物主義一直都存

在，只不過受到一些偉大宗教教誨的抗衡，約束慾望。然而，今天的唯物主義卻如火如荼發展，主導著思想與文化。這也讓許多研究的主題轉向關注現代超級消費社會所引起的心理傷害。

堅信以購買商品與服務作為獲得幸福的最好方式，顯然是個危險的錯誤。首先，就個人而言，所有購物行為都是臣服於享樂習慣。就群體來看，唯物主義鼓動「模仿慾望」，不可抗拒地要求每個人不能與別人不一樣。在物慾橫流的社會裡，在彰顯佔有的競逐中（像是服裝、汽車、屏幕等等），永遠不能落後。例如，在唯物主義推波助瀾之下，中產階級汲汲營營模仿富人，投入不必要的奢侈品競逐，使他們背棄幸福、漸行漸遠——因為所有的數據都指出，過度工作讓人不快樂，特別是為了非必要的物質占有而犧牲了家庭、朋友和休閒時間。1980年，美國住家平均面積大約一百五十平方公尺，2007 年增加至二百一十五平方公尺，整整增長了百分之四十五，同期收入增長只有百分之十五，而每戶人數保持固定。在美國，同樣的情況也應證在燒烤架尺寸平均銷售價格上：在廣告和模仿的慾愿下，燒烤架逐漸變得大而無當，並且昂貴。現今，經濟原理越來越清楚地指出：「有錢人炫耀買了三萬歐元的手錶、三十萬歐元的汽車、三百萬歐元的房子，並無不當之處；如此可以給窮人製造就業機會，也讓中產階級夢想有一天可以購買這一切；所有的人為此努力工作，促進經濟運作，大家都能各得利益。」

這種以時尚為名，既不必要又多餘的重複購買行為，如同中毒

一般，對現代人類幸福而言實在極端危險。如何治癒呢？就是盡量少買！怎麼少買呢？那就盡量少暴露在誘惑下！以踏青替代逛街，以修理、園藝、烹飪、運動、閱讀等等代替漫無邊際的網上購物。只需要幾個月，保證有效。逛商店買東西，已經取代了我們之中許多人生活中的小確幸，要想戒除這樣的習慣實在不容易，但也不是不可能——畢竟，介於奴隸（servage）和斷除（sevrage）這兩個字之間，只需要切換兩個小小字母就行了。

心情不好（Mauvaise humeur）

心情不好，多是由於憤怒，而非憂傷。因為事情不能照著我們所希望的方式進行，而對世界、人類、自然以及生命，抱持著不能停息的小小憤怒。我們還是可以繼續生活行動（而不是抽離或者自陷於憂鬱中），然而，就像在眾人之間放了個小小定時炸彈似的。每個人都聽過這句話：「不要惹我。我滿含著淚水。」心情不好時，比較恰當的說法應該是：「不要惹我。我充滿著怨恨。」

獎牌（Médailles）

1992 年巴塞隆那奧運會，研究人員拍攝了所有金牌、銀牌和銅牌得主的面孔。然後，研究人員混合每項競賽的金、銀、銅牌的得主面孔，要求一些不熱愛運動的志願者，只依照運動員臉上的幸福表情來排名：以「1」代表看起來最快樂的人，以「3」代表看起來最不快樂的。如果我們的幸福全然取決於邏

輯，那麼金牌得主應該是最快樂的，漸次是銀牌和銅牌得主。事實證明，那些最快樂的面孔是金牌得主（這算合乎邏輯），但銅牌得主則僅次於後，銀牌得主是笑容最弱的。因為，銀牌得主是唯一置身於比較，而不在於品味得獎滋味的。不幸的是，我們也往往受困於比較之中，正如銀牌得主一樣，無法在成功的真正意義上判斷，而總是在相對於別人的比較與自己的預期之中沉浮。這真是糟蹋幸福的可怕方式。

閒話（Médisance）

同一票人閒扯，說著不在場的人一些真正存在或假想的缺點；說閒話是很糟糕的習慣，有時在當下可能好玩愉快。說壞話是沒有一點好處的，既不會使自己快樂（習慣翻看別人的生活垃圾，長此以往，只會讓自己變糟），也不會改變話題人物（因為閒言閒語都是一些不想傳回當事人耳朵裡的話）。養成不說壞話的習慣——我們可以審查、可以判斷，然後決定是否要直接告訴當事人那些不好的事情；或者不管這些閒言閒語，專注於自己的生活，以及一些比較有趣又令人欣喜的事情。

正念冥想和幸福
（Méditation de pleine conscience et bonheur）

長久以來，正念和主觀安適（這是科學研究領域裡謹慎賦予幸福的名稱）之間的相關性，已經有許多描述和分析了。我們因此得知，只需要幾個星期的冥想訓練，就能改變大腦電能活動，增加正面情緒的腦電波。[6] 最近的研究繼續探討這兩者之

間的關聯：參與者在間隔三個月的兩次為期十二天的冥想靜修後，主觀安適與對照組相比顯著增加。正念和正向心理學之間有許多相關的機制，而且也合乎邏輯，例如：

▶正念可以增加日常愉悅時刻的心理參與。這是常常會被忽視的事，因為我們的注意力都集中在憂慮的事，或僅僅專注於追求目標。盡量參與生活，重新體驗那些被忽略的安適泉源；例如，花點時間停下來好好呼吸、仰望天空、聆聽鳥叫、享受美食。

▶正念就是以這種方式，幫助定期實踐正念冥想的人攔阻享樂習慣。如果安適永遠都出現在生命裡，一旦心靈習慣了這種享樂的趨向，就會使我們無法品味安適的泉源。正念鼓勵我們以鮮明常新的眼光，來看日常生活中所有的事物和細節，讓我們學會珍視許多平凡的時刻。

▶正念也證明能夠阻止反芻思考，以限制隨意蔓延的負面情緒，這也是有效預防憂鬱症復發的主要行動機制之一。據了解，反芻思考會讓患者承受雙重的憂慮：一是因承受痛苦而憂慮，二是封閉的心靈無法體驗生命的美好時光而憂慮（例如，家庭共度週末的時候，患者卻不斷擔憂著自己的工作）。

▶藉由多種機制，正念可以幫助情緒自動調節。其中之一，是更有能力盡早檢測出情緒狀態的變化，盡快採取適當的方式來關照自己。

▶正念能夠擴大注意的焦點。力行正念的人實證，無論在痛苦或一般的情境下，注意力的自然運作趨向於縮小集中，然而，

定期的正念練習會打開並且擴大注意力的焦點，間接助長正面情緒——我們知道，廣闊的注意力得以更靈敏地感知整體情況，而非只專注在細節上，因此有利於正面情緒。

▶正念能夠穩定關注。許多研究已經表明，注意力分散與負面情緒有極大的關聯。

▶正念還可以改變與自我的關係，尤其有助於開發自我尊重的能力。

這就是為什麼正向心理學會對正念內觀有這麼強烈興趣的原因！

愁緒（Mélancolie）

維克多・雨果（Victor Hugo）曾說：「能夠悲傷，是幸福的。」卡繆也寫道：「回歸己身。感覺自己的困境，會更愛自己。是的，也許這就是幸福對自己的不幸所抱持的憐憫之情。」當我們不快樂的時候，對自己的這種柔軟憐憫，幾乎深情的感覺，就是愁緒；它像酒一樣，有時一飲而盡，能夠撫慰我們，打開心靈，然而，過量飲用則會陷入深淵。

選擇性記憶（Mémoire sélective）

我忘了是哪一位智者說的，「學習把傷害寫在沙地上，把歡樂刻在石頭上。」你們知道嗎？對我來說，這句忠告最重要的字是「學習」。我們可以學習這句忠告，並且不停地身體力行，從面對一些小痛苦開始（這樣會比較容易），輕柔地告訴自己，

一切都會過去的。即使還不怎麼相信，即使還不能減輕自己的負擔，還是要如此對自己說，就像父母安慰孩子一樣。然而，當面對歡樂的時候，要告訴自己：「永遠不要忘了，不要忘記當下的歡樂。用這一切幸福來充盈自己、大口嚥下、津津品味，迎接這樣的快樂進入身體的每一個細胞裡面。」

謊言（Mensonge）

有一天，我接到一位讀者寫來的信，告訴我發生在他家裡的一段小插曲，帶給他默然隱祕的震憾。

讀者提到他與孩子共進晚餐。兩歲的兒子要他幫忙在自己的盤子裡加一點鹽。可是，因為他（理所當然地）認為，菜已經夠鹹了，況且平時孩子吃得太鹹又過甜，於是他只作勢假裝加了一下鹽。兒子不疑有他，高高興興地把菜吃光了，並且對爸爸報以笑容。讀者告訴我，就在那一刻，自己感到了深深的悲傷，連帶著陰鬱又震撼的感覺，因為他嘲弄了兒子對他的信任。之後，他試著跟妻子談起這件事情。但是，妻子不明白他為何如此小題大作。

我很喜歡這段小故事，我喜歡這些情緒。我認為，其中包含了人性所有的真相和困難：我們都有說謊的弱點，又有內疚的智慧。讀者感到的悲傷之情，是一件好事，但在下一個階段一切才見真章——接下來，他該如何處理這樣的悲傷之情？如果因此反覆思忖自己身為父親的無能，本來可以進步的機會就可能變成了自虐，甚至更悲傷。但是，如果他接受自己的悲傷，像一位溫柔的朋友對自己說：「你的態度是正確的，你所做的有

道理。剛才你與兒子發生的事情並不尋常。沒什麼大不了,但也的確不尋常。給自己一點時間去感受、去反省,隨著這一切呼吸——深深呼吸並且試著微笑。然後思索,下一回當兒子再跟你要鹽的時候,你該怎麼對他說?在這段期間,學著接受所發生的一切,接受你所做的事情。你這樣做是為了愛,即使有些笨拙,即使……也許有些不恰當。事情就是這樣。不要忘記,但也不要自虐。在那一刻,你已經盡力而為了。如果你接受了這次的內疚,你就能夠慢慢改變。下一次,你會再一次盡全力做好——也許這個『好』將會是真的好,也許不會是最好。到時候再看了……」

快樂套餐（Menu plaisir）

有一天,從書店舉辦的書友會回程,在波爾多（Bordeaux）[7] 火車站,我買了一個三明治準備在路上吃。那天很幸運,服務員卡洛斯（他的名字印在收據上）告訴我,剛好有個促銷活動,三明治加飲料只要 5.50 歐元,叫做「快樂套餐」。首先是這小小的文字遊戲讓我覺得好玩。隨即,卻令我感到有些困惑（大概是一整天下來的疲憊所致）——並不是因為提供的食物不好,而是牽涉到「快樂」,又加上「微小」（menu）[8],如此貶低且濫用字語,我們卻都習以為常,不會察覺有什麼不對勁了。難道這不是問題嗎?這種廣告和市場營銷的壞習慣,無所不用其極地使用快樂、幸福、寧靜等等,褻瀆販賣這些用語,又讓人空有希望。我對自己說:「可是,你還不是一樣?你的書不也是在講這些事情嗎?」接著又自問自答:「沒錯。

可是，我是用四、五百頁的書來解釋來龍去脈的。我是有所用心地使用這些語詞。好吧，但也還是不一樣嘛！唉，這怎麼會一樣呢……」我無法再繼續這樣喋喋不休的內心對話，實在太累人了。我狼吞虎嚥地吞下快樂餐，看著高鐵窗外掠過的風景。這兩個動作安撫了我，並且減緩了腦子裡的思潮亂湧。以後再想這些事情吧，現在，是大腦該休息的時候了。

謝謝媽媽（《Merci Maman》）

有一次，我在《世界報》（Le Monde）上讀到一篇法蘭絲瓦茲・朵爾托[9]女兒的專訪。其中提到的一段軼事，讓我很開心。有天，她被問到：「一直活在自己母親的陰影下，您不覺得煩嗎？」她回答說：「真是有趣，我倒覺得自己好像一直活在她的光輝裡。」有時候，與其覺得被自己虧欠的人壓倒在地，倒不如歡欣鼓舞起來。這就是所謂的感恩之情。

衡量幸福（Mesurer le bonheur）

一般來說，有兩種方法來評估幸福，以及與幸福相關的正面情緒。

第一種是最常見，也最常被使用的方法，就是藉由一些複雜度不一的問卷，直接詢問當事人所感受到的情緒強度或性質。這個方法很可靠，也合乎邏輯；畢竟，還有誰比本人更能夠感受自己是否幸福呢？問卷調查也有缺點，主要是這類型的數據通常都是回顧性的紀錄；如果是在情緒出現的當下進行（例如參加實驗室的經驗），那是可靠的，因為評估的是當下的感覺。

然而，如果問卷涵蓋的時間週期較長，或已經有些遠離事件本身（像是「您那一天的幸福水平如何？」），就會趨於失真，因為記憶可能會有缺陷，也可能遺忘或扭曲；此外，填寫問卷調查當下的情緒狀態，也可能左右情緒記憶的評估。

為了釐清這個問題，於是衍生了經驗採樣技術來進行「情感調查」。志願者將配備一種振鈴裝置（今日最常見的是手機上的應用程式），每日隨機響起數次。每次鈴響時，就得記錄下當時的情緒狀態以及其他數據；通常，記錄的資訊包括正在做的事情、當下的注意力程度，以及對當下進行的事情的重視程度。例如，您正在經歷某個經驗，手機開始振動起來，您必須提供三項資料：一、現在感覺如何？由數值「-5」（不好、不開心、不幸福），到數值「+5」（非常好、很開心、很幸福）。二、正在做什麼？（例如「我在看一本書」）。三、是否專心於正在做的事情？由數值「-5」（「沒有、不專心、其實我在想別的東西」），到數值「+5」（「是的、完全專心、完全置身其中」）。在足夠長的一段時間內觀察了很多人之後，就可得出大量數據。我們發現了一些有趣的現象，常常出人意料之外。例如，有些活動在（問卷調查）當下，並不一定能給人帶來太大樂趣，但是仍然可以留下美好的回憶──我們可能會在事後賦予事件意義，或美化回憶。另外，我已經提到過的是：如果不專心一致，即使是做一些理論上會使我們愉快的活動，也是無法讓我們感受到正面情緒的。

天氣（Météo）

天氣，對我們的情緒會有什麼影響呢？大多數的科學研究結果，與我們的直覺不謀而合：陽光，還是多少有益於安適的。這裡指的是陽光，未必是溫度。我們注意到，天氣好的時候，醫院精神科急診室裡的病人會少些，而助人的行為會多些；在街上，會有比較多微笑的回應，人們比較會給小費，比較願意載搭順風車的人。另外有研究報告似乎顯示，天氣因素通常對生命的滿意度少有重要的影響，因為世間存在各種不同類型的人，有些人屬「氣象敏感」型，有些人則對氣象沒什麼感覺。

面對氣候變化，大致上可分為四類族群：第一類是對天氣毫無感覺的人；第二類是喜愛夏天的人，只要在陽光和高溫下就會感覺良好；第三類是害怕夏天的人，是受不了太陽太大、天氣太熱的人；以及第四類，即怕下雨的人，一下雨心情就會變壞。說這些有什麼用呢？我們又不能改變天氣……其實，這麼分類是為了更瞭解自己情緒波動，以採取相應的措施：如果因為天氣而心情不好，有可能會一輩子都會因故而躊躇反思。一旦理解了這點，就可以說：「好吧，你知道自己為什麼脾氣暴躁了吧？不要再推波助瀾，也不要再批評自己的生活了。做你應該要做的事，等著太陽再出來。就這樣。」這些影響，都沒什麼大不了的，只需要有另外一個有利的事件，就能扭轉情勢；在天氣陰沉的時候，給自己一些找尋小樂趣的動機吧！

地鐵（Métro）

有一天，地鐵裡很多人。我站著，與玻璃門上自己的反影面面相覷。既然沒事可做，就看著自己，好好地端詳一番吧。

結果，只見一張要死不活的臭臉。也沒什麼特別的理由——當然，那天天氣很熱，上班的路上人很多，而且幾乎所有乘客都是同樣哭喪著臉。然而，即使如此，我有什麼理由帶著這張臭臉嗎？沒有，沒有任何理由！我的生活幾乎一切順利，沒有真正讓人擔憂的事。所以呢？實在沒什麼理由擺張臭臉。於是，我開始想起所有關於微笑的研究，細數微笑對自己和他人的好處。我慢慢提起自己的顴骨，輕輕換上一副微笑的臉。沒有太大動作，免得嚇壞了鄰座的乘客。只是安靜地微笑著，眼睛放空，像在想著放假、想著自己所愛的人，或者想些愉快的事。就這樣，只是為了讓自己感覺好些，也算是貢獻一點力量稍微改善地鐵車廂裡的氣氛！你們可能不會相信，但是這一刻對我來說，是個奠基的時刻——我想，自從這次想要將自己小小的微笑作為基本的表情之後，讓我感覺好多了。而且奇妙的是，大街上許多陌生人都跟我打招呼了！

對準積極點（Mise au point positive）

你們還記得，我在這本書的序言裡所說的那個發生在餐廳的故事嗎？叫老闆出來誇讚他的那位先生……我們為什麼不更頻繁地做這樣的事情呢？一般來說，當客人要跟老闆講話，幾乎都是為了抱怨，而不是為了道謝。就像上司突然召開小組會議一樣，或者像父母要自家青少年來「調整」一下時，很少是為了表示自己很滿意，或讚賞一切進行得很順利。「對準積極點」，應該會令人印象非常深刻；相較於只針對負面點，「對準積極點」可能更有激勵效果。

模範與反模範（Modèles et contre-modèles）

模仿楷模，是最有效的學習方式之一，特別是生命過程中幸福能力的培養。

當我們還是小孩的時候，我們的模仿對象是父母、老師、朋友。尤其是我們的父母，不僅僅只是因為與他們共處的時間最長，也因為他們所代表的象徵重要性。當然，我們從父母身上學到的幸福，並不是來自於他們的建議，而是來自於他們的行為，以及個人應對人事物的態度。我們不是聽從模範，而是模仿模範。

我們之中有些幸運兒，能有機會與快樂的父母一起生活。藉由日常生活所有大大小小的接觸，看著父母如何把握美好時光，以及如何面對與處置不好的事情，從中瞭解什麼是幸福的生活。

有些人則伴隨在不知該如何才能幸福的父母身邊長大（可能因為父母的童年過於辛苦）。小時候，我們很難瞭解父母在幸福方面所犯的錯誤，因為，在不幸的習慣中總有一些邏輯性的慣性。這慣性就是本末倒置，也就是不優先尋求和把握幸福，而是選擇在充滿敵意的世界裡苟活，把注意力和精力都集中在這唯一的目標上。長大以後，我們明白父母走錯了路，特別是當我們發現了其他可能的途徑時。父母因此成了反模範——我們仍舊愛他們，但是不願意像他們一樣。

現代（Modernité）

儒勒‧何納完全理解：「汽車太快了。這麼多美麗的風景，都無法停下來欣賞！處處徒留遺憾。」他還寫道：「不久的將來，地球上的馬會像長頸鹿一樣令人稱奇。」我忘記了在哪裡讀過一位美國作家的評論：「高速公路可以讓我們視而不見地，從東到西穿越整個國家。」現代化提供給我們的機會，由於誤用而威脅到我們的幸福；我們總是不疑有他，因為它令人喜悅興奮，但這也就是它誤導我們的方式。

我（Moi）

我一點也不擅長幸福，總是欠缺竅門。從小我並沒有學到，因為我的父母也不擅於幸福，他們的童年過得並不容易。因此，他們必須以其他的事情為優先，保證一家人物質無虞；幸福如果會來，那就以後再來。結果，長久以來我一直也以同樣的方式思維，認為幸福能力是與生俱有的，內心深處甚至以為幸福是一種錯覺、一種錯誤的評估，覺得快樂的人都是幼稚又不負責任的。或者說，快樂只是在兩個擔憂之間的一個喘息地帶罷了。然而，我終於知道，幸福是可以學習的。所以，我就像過去在學校一樣，努力學習；我是個好學生，功課很好，進步甚多。毫無疑問，我很幸運能夠遇見一些對我有益的人，比如遇見一些好老師，讓我很想聆聽他們的教誨，以及觀察他們做人做事的態度。雖然我與幸福的故事既平庸又普通，卻讓我更親近人性及我的病人。我理解他們對幸福的渴望、置身幸福的困難、恐懼一旦抵達幸福卻快樂不再：我其實也跟他們一樣！

完美時刻（Moment parfait）

一個秋天的早晨，一大清早（六點半），我們和二女兒在廚房裡吃早餐。外面一片漆黑。這麼早，有時候我們還半睡半醒的，談話也很簡略。但是，有的時候的確也可以熱烈討論事情，就像這一天。

「爸爸，昨天我經歷了一段完美的時刻！」

「哇，好棒，是什麼啊？」

「嗯，我跟朋友從高中出來，到了一家很棒很棒又一點也不貴的餐廳（每星期有一天，她中午有兩個小時的休息時間，我們允許她可以不在學校餐廳吃飯）。置身餐盤前面，我突然感覺好像靈魂正在出竅一樣，從身體釋出，看著發生在自己身上的事情：我在餐廳裡面，溫暖乾爽，而外面卻淒風寒雨。所有朋友都圍繞在我周圍，我們享用可口的食物。更棒的是，店裡重複播放著剛斯布（Gainsbourg）的歌曲（這是女兒最喜歡的歌手）。真是太太太炫了！」

「這是幸福！？」

「對。純粹的幸福！然而，好景不長久。因為之後還是不得不回到學校，下午的課程真是緊湊！但是，那片刻的感覺真是有趣，覺得既在自己身體裡面，又在外面。」

我們於是也談起一些幸福的理論，例如「幸福就像意識到生命裡愉快的時光」之類的，但是也沒有聊太久，因為必須抓緊時間穿衣刷牙。但是，我很高興聽到女兒告訴我這段美好時光的片刻昇華。細細品味別人的幸福，其實也是一種快樂。

山（Montagne）

我很喜歡天主教思想家德日進[10]以登山者的形象來比喻對幸福的追求（德日進用了一個可愛又過時的字眼，「遠足者」）。大家才剛剛開始爬坡，第一組成員（即疲累的悲觀主義者）馬上放棄並且返回避難小屋，因為太累又充滿不確定性；重點是：幹嘛要流汗爬山呢？第二組成員（即樂天隨和、享樂至上者）爬到一半就停止了，覺得地方還不錯，風景也美麗，為什麼不就此打住呢？第三組成員是德日進最青睞的人（稱之為「積極熱情」者），則繼續努力直到山頂；他們會因為自己的努力和成果，而得到雙重的喜悅。德日進命名這三種快樂，分別為：安穩、快樂和發揮。無疑的，我們始終周旋在這三者之間。

孟德斯鳩（Montesquieu）[11]

以下看看孟德斯鳩在《自畫像》（*Portrait*）裡如何描述自己：「每天早晨，我帶著祕密的喜悅醒來，看到狂喜的光芒，之後一整天我都會很高興。我睡倒就能一覺到天明。晚上臨睡之前，一種麻木的感覺讓我不思考。」有些人還真是幸運……

道德（Morale）

哲學家尚福[12]說：「享樂並且使他人享樂，不傷害自己也不傷害任何人，這就是我所信仰的道德。」這肯定是幸福的最低道德標準，讓自己開心、不妨礙到其他任何人。我們甚至可以做得更多一些：讓自己快樂，也讓別人快樂。這並不真的那麼困難，而且其實很有趣，也很有效，即使是對自己做的一些小確幸。

幸福的碎片（Morceaux de bonheur）

「天堂不存在於地球上；殘留在地球上的，只是一些天堂的碎片。人世間存在著的，是破碎的天堂。」（摘自於儒勒‧何納《日記》中寫在 1896 年十二月二十八日的文字）。與其為破碎的天堂哭泣，不如撿起碎片，好好欣賞。

死亡（Mort）

克里斯提昂‧博班提醒我們：「死亡有許多美德，主要是覺醒的美德，把我們帶回到最主要、最在意的事情上。」我們最在意的事情，就是生命、幸福和愛。死亡，讓一個人永遠閉上眼睛，卻讓圍繞在場的所有其他人睜開雙眼。幸福和死亡，有密不可分的聯繫。如果我們不花些時間來思考、接觸死亡，或者至少思考死亡的概念，而只是試圖以正向心理學來推理幸福，那是荒謬無用的。這裡要談的不是抽象的見解，亦不是一般的概念，而是具體且個人化的想法——也就是，我們的死亡，以及我們所愛之人的死亡。沒有人能夠提出比皮耶‧得波捷[13] 更好的問題，讓身為人類的我們來解決：「等待死亡的時候，就讓我們快樂地生活吧。」對此，悲觀者認為：「有什麼好努力讓自己幸福的？因為我們都終將會死。」樂觀主義者則說：「就是因為這樣，倘若不在死前曾經幸福過，豈不是太愚蠢了？」但是，清醒的幸福，能夠使我們與世界連結，當不幸襲擊時，不至於瞠目驚訝、不敢置信。這樣的幸福，必須曾經與死亡輕輕擦身而過；並且，經常如此。

幸福之終結（Mort du bonheur）

我給一位剛剛失去孩子的朋友留下訊息，想知道他近況如何。他簡短地回答：「我盡可能過好，我們盡可能過好。從來不曾如此忙碌工作，不失為處理的方法。正如我外婆所說的，幸福終究會停止。就是這樣。擁抱你。」

我楞然面對這封短箋。完全改變他生命的悲劇，也突然闖入我舒適又微不足道的尋常時日裡，迫使我停下來思考和感覺。

幸福終究會停止……的確，我們都知道這個道理；冷靜地說出這句話，似乎也理所當然。然而，在這種情況下由他說出，這句話突然之間扛起了奇妙的重量，耐人深思。實在不需要說什麼陳詞濫調或不關痛癢的話了。這就是一個悲慘的事實，唯一能做的，就是逆來順受。接下來的幾個星期，我經常在早上靜坐的時候，想起這位朋友。我不知道這樣是否能夠幫助到他，但好像應該這麼做，才能讓我默然隱密地，和他潛浸在一起。

莫斯科（Moscou）

有一天，我在莫斯科做了一場關於幸福的講座。我感覺到聽眾們有禮有節地困惑無措。到了問答的時刻，我一輩子都記得遇到的第一個問題，那是由一位女士提出來的：「對想要自殺的人，我們應該說什麼，讓他打消自殺的念頭呢？」我已經忘了自己是怎麼回答的；但是，我不會忘記自己的驚訝。沒想到一個鐘頭關於幸福的講演之後，提出來的第一個問題，竟然是自殺！斯拉夫民族的憂鬱，真不是蓋的。

五年後死亡（Mourir dans cinq ans）

「如果你明天就死了，你會做些什麼？」

看起來不怎麼樣的一句話，其實是很好的正向心理學練習。這句話鼓勵我們自問，什麼才是對自己真正重要的？想要和誰共度最後的時刻？最後的一刻，會想要做些什麼事情呢？但是，只有一天，就只剩現在到明天，這未免太短，也太不實際了。總之，非常不符合現實。如果只剩下一天，選擇的限制和缺憾就會顯得無足輕重——不需要給任何人交代，也不需要做任何解釋；因為，實在沒有時間可以浪費了！

不過，若是五年後死亡，似乎就好多了！讓我們不得不比較認真且深入想想對自己重要的問題，促使我們思考，並且真正去做出一些實際的改變，而不只是空想。五年的限期，不會讓我們放下一切衝去享受最後一刻的快樂；而是，從今天開始具體實踐更美好的日常生活。我們基本上還是過著同樣的生活，但是變得更有智慧；因為，預示了即將到來的死亡，即使不是明天，也像是後天就要到來一樣。

是的，預想一下五年後自己可能就死了。乍看之下，這雖然不能算是好辦法，然而也不失為好主意，能夠讓自己活得更快樂。至少，我不會再等個五年才行動！

小鬍子（Moustache）

有時，無意間讀到的幾行字，會遠遠超出作者原先可以想像的，令我們陷入狂喜。有一天，我瀏覽一本美國作者鼓勵人們

減少工作的書。很有見地，但也惱人——大致上，作者解釋著如何讓別人代勞，完成那些無利又次要的任務，而讓自己能夠專注於有利可圖的工作。這些論點使我不太自在，不過這是另一回事。總之，閱覽這本書讓我的情緒有些喜憂參半。然而，就在作者談到他的一位同事時，我突然像發現珍寶似的；他寫道：「我很喜歡弗德曼（Friedman）。雖然我從來沒有真正理解，他為什麼決定留鬍子。」一段有趣的句子道盡了某種想法：不要只因為某個細節而去評斷他人，而應該抱持著謹慎的態度。僅僅因為這一點就讓我高興了，至少沒有枉讀了這本書。

1. 譯註：法國教堂風向標通常是雞禽的形狀，或許因此讓斑鳩混淆了求偶的對象。

2. 譯註：Pays basque，法國東南部與西班牙交界的地區。

3. 譯註：巴斯克地區的大城市之一。

4. 譯註：傳統上，旋轉木馬繞圈時，店家會拿著懸吊絨球的釣竿，誘使小朋友抓取，抓中絨球者通常可以免費再坐一次。

5. 編註：馬塞爾‧普魯斯特（Marcel Proust, 1871-1922），廿世紀法國最偉大的小說家。長篇鉅作《追憶似水年華》（À la recherche du temps perdu）藉超越時空概念的意識之流，交叉重現逝去的歲月，抒發對故人、往事的無限懷念和惆悵。在這部長篇巨著中，瑪德蓮蛋糕多次在文中出現：瑪德蓮蛋糕混合在椴樹茶中的味道使「敘述者——我」憶起自己的童年，因而成為馬塞爾開始努力找回失去的時光並促成寫作的催化劑。瑪德蓮蛋糕也因此成為喚起記憶的重要符號與象徵物。

6. 譯註：即 Electro Encephalo Gram，簡稱 EEG，記錄大腦活動時的電波變化。

7. 譯註：法國西南的港口城市，靠近歐洲大西洋海岸，以盛產優質葡萄酒享譽世界。

8. 譯註：法文 menu 有「微小、微不足道」之意，也有「套餐」之意。這就是作者提到「文字遊戲」的原因。

9. 編註：法蘭絲瓦茲‧朵爾托（Françoise Dolto, 1908-1988），法國家喻戶曉的小兒科醫師、兒童教育家、兒童精神分析大師。她與拉岡共同建立了巴黎佛洛伊德學派，

將精神分析推向了童年。一生致力於兒童教育，及幫助父母教養、理解孩子；出版了幾十部專著，並在法國廣播電台開設了兒童教育節目，以談話的形式深入而有系統地解答有關兒童教育的問題。

10. 編註：德日進（Pierre Teilhard de Chardin, 1881-1955），法國思想家，神學家，古生物學家，天主教耶穌會士。德日進在中國工作多年，是中國舊石器時代考古學的開拓者和奠基人之一。

11. 編註：孟德斯鳩（Charles de Secondat, Baron de Montesquieu, 1689-1755），法國啟蒙思想家，社會學家，是西方國家學說和法學理論的奠基人。

12. 編註：尚福（Nicolas de Chamfort, 1741-1794），法國十八世紀道德倫理學家、詩人、記者，一度同情法國大革命，但不滿其恐怖手段，最後自殺。

13. 編註：皮耶・得波捷（Pierre Desproges, 1939-1988），法國著名幽默家，以黑色幽默、挑戰常規著稱。做過保險推銷、賽馬預報、聚苯乙烯加工廠的商務經理，1970年後成為一位筆鋒尖刻、令人生畏的作家。其名言：「人們可以對一切開玩笑，但不是當著任何人的面都可以開玩笑。」

自然
Nature

漫步在森林、水涯、山巔，
每天讚嘆天空和遠方。
好好愛護地球：它永遠都屬於你。
有一天，你會再回來的。

N

大自然（Nature）

與大自然接觸，能使我們快樂，心曠神怡不已；因此，醫學界也開始談論起「維生素 V」，V 就是綠色（Vert）。大自然，是人類心理和生理健康不可或缺的泉源。不僅僅因為大自然提供我們食物和藥草，而是，大自然的存在對我們而言就是「療癒」。

關於這方面的研究，起於建築師暨研究員羅傑‧烏里希（Roger Ulrich）1984 年發表於著名雜誌《科學》（Science）的一篇重要研究報告，為許多將來的研究開闢了新的道路。例如，他提到，住在一間俯瞰公園的病房，可以讓手術住院的患者加速復原。從此以後，這一類型的數據已經被廣泛利用與確認，即是肯定了，與大自然接觸有益於臨床治療（例如增加幸福感、減少因壓力所引起的症狀等等），並且有益於生物治療（例如降低由於壓力、血壓或心率所引起的血液皮質醇）。在城市裡，住在綠地如各大小公園附近的居民，比城市裡其他地區的居民來得健康。即使只以意象或綠色植物代替大自然，也有讓人心領神會的效果，更不用說持續浸淫於「真實」的大自然裡了。

許多研究證實日本人稱之為「Shinrin-YOKU」，意為森林浴（就像日光浴）的療效。森林散步，能夠帶來多重生理和心理的好處；例如，兩天的步行能有效改善免疫系統，效果長達約一個月。週末在樹林裡好好散步，可以對抗感冒以及其他原因引起的著涼長達四星期。這很有趣，對吧？這些影響並不全然來自散步（即使我們知道散步有益健康）——同樣是散步，在森

林或城市，效果是不一樣的。因此，有了一些假設：大自然和綠地帶來的具體好處，是不是因為大自然讓人置身於一個沒有視覺、氣味或噪音衝擊，而且安靜與和諧的環境裡呢？各種研究顯示，歷經了複雜與不斷要求完美的工作之後，與大自然接觸有利於恢復腦力，並且可以提高警覺性、注意力和記憶力等等。

浸淫於大自然，確實可以滿足物種進化遺留給我們的古老需求（綠環境一直都是水和食物的來源）。即使我們沒意識到，但我們的大腦對生物的多樣性相當敏感；有一些這樣的間接證據：在自然中，我們的身體健康狀況是與植物及鳥鳴種類成正比的！這是有道理的，因為我們保留著古老又無意識的記憶，知道豐富性或多樣性有利於獲取資源。總之，亞里斯多德所倡導的「遵循自然」（sequinaturam），是真正的安適療癒，不管是在實驗室裡或者在體內，都是可以應證的！但是，如果我們知道，減少接觸自然是大多數地球人的命運，科學應證難道不會造成一些問題。2010 年，每兩個人之中就有一個住在城市，而且這個數字還在不斷增加。今日，百分之八十的西方人花在螢幕前的時間，比花在大自然裡的時間來得多（螢幕時間〔screen time〕與綠色時間〔green time〕的對抗）。因此，對公共衛生專家來說，重新審視古人「大自然的療癒力量」，是醫學上的迫切任務，也攸關環保智慧。或許，我們可以重讀梭羅的日記：「沒有人能夠想像與周圍大自然的對話，對健康狀況或者疾病會有多麼重大的影響。」所以，即使是住在城市裡，最好還是能夠經常到住家附近的公園走路或冥想（盡量不要在

尖峰時段），讓鳥鳴聲取代汽車的噪音。也可以報名參加健行俱樂部；即使每個月只走一天，也是有效的。

忽略幸福（Négliger le bonheur）

我好像明白了，為什麼有些人不為幸福做任何努力。這並不是說他們輕視或低估幸福的重要性；而是，他們認為幸福可以「自求多福」，不需要他們。在他們眼裡，需要操心的是憂慮；反觀那些小確幸，總會自動自發，倘使它要來的話，自己就會來，否則就算了。總之，應該先操心的是憂慮！這當然是錯誤的。幸福確實是可以自行「達成任務」，不需要我們，也不需要我們的努力。但是，如果這麼想，就不要再抱怨為什麼自己無法常保快樂！否則，就像個只會抱怨花園一塌糊塗的園丁，卻從來不照顧自己的花園。

不要斷定（Ne pas juger）

有一天在街上，我看到一位衣衫襤褸的男子，簡直像個遊民，正專心讀著房屋仲介櫥窗裡的廣告。我的心裡立即升起了一股同情和悲傷——此刻，像他這樣買不起也租不起這家店裡任何商品的一個人，正在想像並且體驗到什麼呢？隨即，其他一些場景浮現在我的腦海中，我不禁自問：老兄，為什麼你就如此想當然爾呢？你又如何真的知道這位先生的情況呢？說不定他比你有錢多了，穿成這樣只是為了標新立異？說不定他正想賣掉自己眾多房產中的一幢呢？或者，他只是看看價錢，想租個房子？甚或，他一點也不富有，但是一點也不在乎，此刻既不

覺得困擾，更沒有覬覦。他或許只是好奇：「人們到底願意付出多少錢，來買一幢公寓或房子呢？到底願意放棄多少自由來投入多年的房債呢？我一點也不希望像這些人一樣！」

說不定，他正在跟自己這麼說著呢！也許，我不應該對他感到同情，而應該欽佩才是。我繼續胡思亂想，走到了街道的盡頭，轉身一看，他還興致勃勃地站在櫥窗前面。我有些依依不捨，留下他神祕的面紗。同時，也感謝他讓我做了一個小小的正向心理學練習——逮住自己正以刻板印象思維事情的時刻，意識到自己的想法，打開心靈，不再貼標籤在這位先生身上。連帶得到的獎勵就是，片刻的感恩。

神經可塑性（Neuroplasticité）

神經可塑性，是近年來關於腦功能方面研究令人欣慰的發現；這些成果顛覆了許久以來的成見，點醒了我們，大腦是有可塑性的。我們的一生中，人體的構造和功能包括大腦，是可以進化和改變的。不僅是我們經歷的事件正在形塑大腦，我們平日的努力和實踐，也讓大腦有了進化或改變。許多研究表明，通過心理治療、冥想以及正向心理學，我們可以改變大腦功能，與藥物一樣有效（儘管前者速度較慢）。

禪傻瓜（Nigauds zen）

我常常害怕錯過火車，害怕會在最後一秒鐘才搭上火車。有時候，確實遇到了沒搭上火車的情形。然而，我卻還沒遇過忘了下車的情形！這是我最近才剛經歷的全新體驗……我與三位朋

友前往布盧瓦城（Blois）¹附近的一所禪修中心，主持冥想研討會。我們四個人都十分熱愛這次的討論主題，興致高昂地互相討論著。間或，我們會沉寂下來，看著窗外飛逝而過的美景。總之，就是在一種沉穩專注、寧靜、緩慢以及禪的氣氛下……火車即將抵達目的地一個叫翁贊（Onzain）的小站時，四個人當然都聽到了查票員的廣播；於是悠悠起身，充滿著平靜、禪和正念，慢條斯理地拿好自己的行李，靜靜地走出包廂，走向列車出口。

就在我們還沒來得及下車之前，列車悄然啟動了。是的，沒錯。如果每站都得足足停靠五分鐘的話，那就不叫列車，而是蜿蜒曲馳的小火車了。列車頂多停靠一分鐘，就重新出發了！呆若木雞，我們四個「禪傻瓜」，就往下一站去了……有點尷尬，又有點好玩。隨後，到了下一站我們應該做的就是——下車動作要快一點！然後只好等候反方向的下一班列車。結果，我們整整遲到了兩個小時，其實也沒有什麼太嚴重的。僅僅一個值得思考一下的小小教訓……意想不到吧，冷靜、禪、正念，這一切都充滿了好處，但也還是會有一些缺點的。否則，就不好玩了。

涅槃（Nirvana）

就像「禪」這個字一樣，「涅槃」一詞在西方是用來形容一種置身於天堂般的狂喜，比如我們會讚嘆道：「這真是涅槃！」在佛教裡，情況則比較複雜一些。涅槃，是指停留在一個令人羨慕的狀態；因為涅槃意味著終止一切形式的苦難，是所有人

世的執著以及輪迴（即出生、重生，以及返回痛苦）的最終解體。涅槃的字源，使人聯想起寂滅、寬慰與解脫。

我認為，這好像跟我們的幸福觀離得很遠。但說起來也還是挺有趣的——我的生活中，似乎是在冥想的片刻，方能理解、感受到涅槃。在這些時候，我們會感覺到意識的自我以及障礙正在解體，因此能夠感受到與周遭的一切飽和親近、合而為一。我們與世界之間，只有緊密連結，不再有障礙。沒有欣喜若狂，只是廣袤無邊的舒緩。

非暴力（Non-violence）

在社會觀念裡，非暴力是正向心理學關注的焦點：如何能夠不僅增加個人的福祉，也增加群體的幸福呢？並且，不放棄行動。依據馬丁·路德·金所說：「真正的和平，並非不抵抗邪惡，而是非暴力反對邪惡……這既不是屈服，也不是放棄。非暴力，不是視情況而定的權宜策略，而是人類懷抱的一種生活方式，只因為非暴力是道德良知。」它代表的是，面對衝突或不公平時一種應有的態度和反應，冷靜而堅定地說：「我不接受。」所以非暴力需要勇氣（敢於站出來說話）、需要洞察的能力（面對傷害我們的人，不要被報復的慾望所蒙蔽），以及自我控制（面對不公平而憤怒，是人之常情）。除此之外，非暴力還需要智慧和同情，才能對事不對人。那些不公平、爭強好鬥又暴力的人，是自己的受害者。他們沒有自由，禁錮於自己的出身、偏見以及過去。但是，也不要因此就容忍侵略抑或不公平——只要這些不公不義敢越出雷池一步，就必須大力反

對。這也讓我們能夠不去責怪實行暴行或惡語之人——因為，以非暴力反抗這些人，是持續改變他們的唯一途徑。

非暴力，也被認為是衝突後的重建方法。在每一個社會，每個人的生命裡，衝突是不可避免，甚至是必要的。然而，和平也是必要的。如何在衝突之後讓和平回來呢？比起其他任何方法，非暴力讓和平成為可能——不放棄對抗，並且在爭鬥中，永遠不忘記抱持著人性的尊嚴。非暴力也有助於寬恕、和解，以及日後的聯合行動；總之，要想想衝突之後該如何處置。

懷舊（Nostalgie）

懷舊，是一種微妙的心緒，連結到過去的召喚，在那裡快樂和不快樂和諧混合著——感覺有幸能夠活在當下，也憂傷地瞭解這一刻終將過去。長久以來，我們總是認為懷舊之情不是好事，這種悲傷又憂鬱的形式可能衍生問題。然而，最近的研究則傾向於為懷舊之情平反：事實上，懷舊似乎屬於正面情緒的領域。對於大多數人來說，在情緒（想起美好的回憶）、自我形象以及自我價值感（許多懷舊記憶與超越困難有關），懷舊能夠啟動愉悅的感覺。懷舊，也可以使人感覺不那麼孤獨，因為回憶中盡是社會關係。傾向於懷舊的人，會感到與他人連接比較緊密，在遭受打擊時，能夠更有信心得到支持。懷舊，在個人的身分意義上，也扮演著重要的角色，在過去和現在之間建立連續感。當代有關懷舊的研究顯示，懷舊回憶往往比「單純的」幸福回憶來得更切實微妙。但是，也要善加使用才行！正如正向心理學的某些策略一樣，懷舊有可能讓意志消沉的人

陷入更糟的情境——一味要求他們勾起美好的回憶，有時會讓他們更難過。

食物（Nourriture）

食物，是快樂的重要來源。例如，《聖經》早就已經告訴我們：「你只管去歡歡喜喜吃你的飯，心中快樂喝你的酒……」（《傳道書》9：7）。當我們肚子餓的時候，進食就是一種單純的快樂。然而，我們有點喪失了這樣的樂趣，因為，我們經常坐到飯桌前用餐，只是因為時間到了，而不是因為飢餓。充滿正念享用食物，帶來幸福，那是超越單純的快樂。還有，食物讓我們感覺與其他人連接在一起，比如想到那些種植水果蔬菜的人、製酒的人或者揉麵包的人。我們經常提醒病人重新連接上食物的這種力量：偶爾自己一人進食，慢慢咀嚼，意識到食物的味道，以及所有讓食物來到我們面前的恩典。

浮雲（Nuages）

我們常常將憂慮比之浮雲，顯然有別於藍天。但是，我們也可以像詩人克里斯提昂·博班那樣，以另外一種眼光來看雲：「每天走出家門時，我都會欣賞那些滿懷信心的浮雲。我欣賞它們坦率不懈地漂浮在我們的頭上，好像永遠儲存著善良，大於邪惡。」

露宿街頭（Nuit dehors）

一位朋友告訴我，有一天他搞丟了鑰匙，而且是在清晨一點鐘

聚會結束後回到家門口，才發現鑰匙掉了。這位朋友是剛到法國的老外，沒有家人在法國。他一想到這麼晚去打擾剛剛才認識的朋友，委實有些尷尬。但是，他也沒錢去住旅館或找鎖匠，因此決定露宿街頭，等到第二天再去租房仲介公司拿一組備用鑰匙。起先，他還覺得這樣的經驗滿有趣的，但是很快就意識到，這樣的情節只有在書裡讀到時才會覺得好玩——因為，即使已經春天了，夜晚還是很冷，而路上多是醉酒、吸毒或混日子的人。夜晚的街頭，實在讓人覺得度日如年。一段日子以後，當他向我敘說那一夜的經歷時，他說：「倘使，我們沒有什麼真正的理由，就對生活不快樂，只要經歷過在外流蕩一夜的體驗，就足可讓我們重新珍惜自己所擁有的！」露宿街頭，確實是個很好的練習，用來對治那些享樂的慣性，可以讓平庸的生活又變得神奇無比——擁有一間臥室、一張床、一管淋浴、乾淨的廁所和衣服……

1. 譯註：位於法國中北部。

開放
Ouverture

看看四周，
不要只關注自己的問題。
打開靈魂和眼睛，
讓自己的心呼吸得更順暢。

被迫呼吸（Obligés de respirer）

「人類終其一生都不會停止的兩項運作，就是：呼吸和思想。事實上，我們有能力閉氣的時間，比能夠停止思想的時間長。細想起來，沒有能力停止思想、不能中斷思考，還真是一個可怕的約束。」當哲學家喬治・史坦納[1]講到呼吸的必要時，點明了可怕的生物義務。恐懼停止呼吸以及窒息死亡，是經常可以在焦慮者身上見到的。這樣的恐懼，是介於抽象形而上的恐懼和具體疑病症（這種人連細微的呼吸變化都要審慎觀察）的恐懼之間。

然而，正如許多制約一樣，這個限制也可以提供發揮；並且，矛盾的是，它也是一種解放，可以讓我們意識到自己的脆弱。這是一件好事，因為它使我們在前進的時候，變得更尊重周遭的世界，而不是粉碎或奴役這個世界。而且，它讓我們轉向關注呼吸所帶來的美好；無疑，這是我們可以給自己帶來最大的安撫。

幸福的攻擊（Offense du bonheur）

幸福，是可以傷害那些不幸者的。因為其中的反差，別人的幸福讓他們感受到自己的不幸變得更強大，並且讓他們覺得更加孤獨。有時候，他們也會覺得自己的幸福甚至來得不太恰當（例如在喪禮的場合）。因此，韌性與幸福之間有許多密切攸關的地方。韌性，不只在暴力、苦難、打擊來臨的時候，支撐著我們存活下來；韌性，也能夠重新賦予我們幸福的權利，並且看見圍繞在我們四周的幸福。

安適的擬聲詞（Onomatopées du bien-être）

實在很難用言語，來貼切形容安適的感覺，因而，常常是藉由擬聲詞來表達。「啊……」是鬆了一口氣的嘆息，例如，當等待已久的事情終於到來，讓人十分開心的時候（在一場無聊的飯局裡，好菜終於上桌……）。或者是暢快的「嗯……」，就在這一刻，強烈品味自己的幸運，能夠身在當下、能夠擁有如此的生活。還有羨慕的「哦……」、放鬆的「呼……」。當然，一定還有其他的各種擬聲詞。

樂觀（Optimisme）

樂觀，是一種具有行為後果的精神態度。精神態度是指，面臨問題時能夠假設存在著解決的方案。行為後果則是指實際行動，即是會有可能帶來解決方案的行動。起初，悲觀和樂觀是基於兩個大腦功能的自然運作——悲觀主義者眼於預測問題，樂觀主義則著眼於解決方案。當這兩種功能平衡的時候，我們就是一個「務實的人」。如果在兩種功能之中，一方勝過另一方，我們就會成為樂觀主義者或悲觀主義者。大多數情況下，樂觀和悲觀共存於我們每一個人身上；就像左撇子或右撇子一樣——我們比較喜歡使用其中一隻手，但其實也可以使用另一隻手，只是比較不那麼容易、不那麼靈光。我們需要樂觀和悲觀，就像需要左手和右手。在不同的時機需要傾聽不同的聲音，若能夠同時傾聽兩者則更好。最理想的情況是，既悲觀（以期看清問題），又樂觀（以期找到解決的方法）！

有許多練習可以訓練樂觀的態度；針對有憂鬱症風險的弱勢人

群所進行的評估，顯示這些練習的效果已經得到應證。基本上，就是讓這些弱勢者不斷努力重複著相同的練習；比如，學習辯認出自己過去如何總是以務實為藉口，而臣服於預設的悲觀與失敗主義。或者，讓他們學會分辨「確切」的計畫和「模糊」的夢想，從而瞭解：計畫可以被分解成步驟和目標序列，夢想則是一些往往與實際努力脫節且顯得斷斷續續的成功影像。

矛盾的是，樂觀主義才會導引走向務實主義，因為樂觀主義促使我們面對現實、展開行動去瞭解發生的事情，並收集訊息，以擬定隨後採取的行動。悲觀主義則往往不切實際，因為悲觀主義是以預測的確定性來滋養自己的（例如，「嘗試是沒有用的」），以至於不採取有力的行動。所以悲觀主義者抗拒改變──改變需要依賴實際行動，而不能單單憑藉意圖。樂觀主義奠基於謙卑（「我無法確切知道會發生什麼事情，我只是盡己所能，希望一切順利」）。就這一點來說，悲觀者則基於傲慢（「我已經知道會發生什麼事情了，任何行動都沒有用的」），即使這樣的傲慢總帶著一抹憂傷的色彩。

我們通常嘲笑樂觀的人，認為樂觀主義者不過就是那些拿起原子筆，玩縱橫填字遊戲的人……不過，我們還是比較喜歡跟這樣的人去度假，而不想跟那些煞風景的悲觀主義者！

耳朵（Oreilles）

你們是否聽過「他耳朵一定覺得癢」這種說法，來形容人們在講（或者聽到別人在講）另外一個人的壞話。然而，如果別人

說我們壞話時我們的耳朵會癢，那麼，當他人在說我們好話的時候，會發生什麼事情呢？我們的耳朵會唱歌嗎？會讓我們突然想起一首自己喜歡的歌，然後哼唱起來嗎？或者，在這些時候，就只是會讓我們無緣無故地高興起來？

我喜歡最後這個想法——當我們無緣無故感到高興，就像這樣，從天而降的幸福，是因為有人正在說我們的好話。這就好像是另一種學習感恩的方式，提醒我們將自己的幸福時刻，連接到其他人身上……

忘記幸福（Oublier le bonheur）

「昨天我忘了照顧自己的幸福」，這樣說還滿奇怪的。然而，這卻是經常會發生在我們生活裡的事情。忘記快樂，應該是很困擾我們的。應該會這樣的，就像家長忘了到學校接小孩一樣。倘若這兩種情況發生在我們身上，通常是因為自己真的忙得不可開交。因為正在與生命廝鬥，淹沒於或真實或虛擬的憂慮裡，結果忘卻了本質——忘了自己的孩子或自己的幸福。我們應該盡量不要讓這樣的情況太常發生在自己身上！

再也不說「好，但是」！（Oui mais : plus jamais!）

我注意到，自己已經有好幾年不常以「好，但是」來開始一個句子了。因為我意識到，至少對我而言，這樣的說話方式反映出一個不恰當的生活態度：優先聚焦在不同意的觀點，即聚焦在隨之而來的「但是」之上。結果，這個「好」就成了一個騙局，即是在表達反對之前的「假同意」。這個「好，但是」，

只不過是假的「好」，包藏著不敢真正說出來的「不」。於是，我加入了打擊這種毛病的戰鬥中，希望再也不要如此說話。對於同意的事情，盡量都說「好」；對於不同意的事情，則表達「不」。我不再像以前那樣，同時說「好」，又說「但是」了。

以「好」開頭說話，並不意味著對一切都「同意」，而只是接受適合自己的「好」。這個「好」能夠讓我們隨後的「不」被聆聽。只要有可能，在表達「不」之前，首先向對方說「好」，這就像遇到別人時總先報以微笑，即使知道自己不會完全同意對方──這樣做，是表明尊重以及開放；不花一分錢，卻能夠改變一切。

心靈的開放（Ouverture d'esprit）

幸福，打開我們的心靈；痛苦，則緊閉心靈。

許多詳盡的研究都證實了這句話。例如，要求一些具有正面或負面情緒的自願參與者做一個小測試：面對三個由正方形或三角形所組成的幾何圖樣，將位於最高的圖形視為「參考點」，並說出位於底部（左邊或右邊的）兩個圖形中，哪個看起來最像參考圖形。以下各圖顯示了一些測試序列。閱讀結果之前，先做一下練習！

記得，兩個答案的選擇都是有道理的：判斷幾何圖形之間的相似性，可以根據它們的整體形狀（三角形或正方形），也可以根據它們的細部組合（也是三角形或正方形）。

結果顯示，正面情緒者經常會選擇的圖形，是整體形狀跟參考

圖形相似的那一個；在 1a 的實例中，即是位於左下角的圖形。

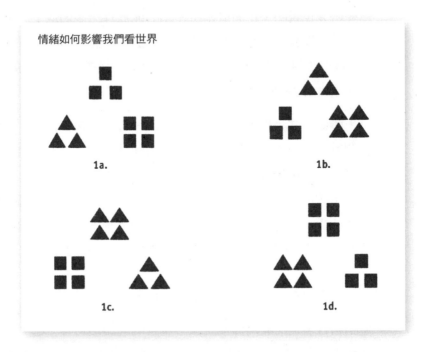

情緒如何影響我們看世界

1a.　　　　　　　　　　1b.

1c.　　　　　　　　　　1d.

反觀，負面情緒者選擇的，往往不是與參考圖形整體相似的，而是細部組合相似的圖形。因此，在 1a 的實例中，他們認為右下方的圖形比較接近參考圖形，因為也是正方形。

為什麼會有這些差異呢？

這是由於正面和負面情緒的特殊作用。正面情緒的作用是打開我們的智力，以尋找資源，為此必須脫離所專注的問題，不再只關注細節，而是退一步看清事情的全貌。負面情緒的作用則相反——面對困難時，立刻陷入仔細審查問題的所有細節。（注意：這樣的機制可能幫助我們找到解決方案，但是也可能使我

們陷入反芻式的思考中！）

這些研究也說明了正面情緒所連結的開放性，多虧退了一步的距離感，使我們面臨問題時，更有創造力，有能力吸收新的想法，或得出原創或奇特的解決方案；而且，我們在處理問題時，也能擴大解答的幅度。

以上所得的結論是：無論正面或負面，每一種情緒的幅度都是我們所需要的。為了生存，我們需要注意細節以解決問題，也需要退一步找到新的解決方法。從這種適應的觀點來看，最重要的應該就是靈活度——依據環境的需要，從一種情緒轉移到另一種情緒，而不是千篇一律的無意識反應；既不是強迫性的懷疑，也不是膚淺的無憂無慮，而是靈活地適應現實情況！

幸福的逆詞組合（Oxymores du bonheur）

逆詞組合，是比喻兩種相反或不兼容的理論結合在一起。法國文學中最有名的逆詞矛盾組合，當屬高乃依[2]的劇本《勒西德》（Le Cid）裡寫的：「這從星星裡落下來的晦暗澄明。」我也曾經要病患做這樣的練習，要求他們告訴我，自己曾經遭遇過的福中之禍。也就是說，一件當下讓他們以為幸運，可是最終其實帶來不少麻煩的事情。例如，千方百計終於贏得令人垂涎的專業職位，可是卻因為工作壓力和過度負擔而大大傷害了家庭生活。然後，按照鮑赫斯・西呂尼克[3]的方式，也請他們告訴我生命中的禍中之福；換句話說，就是某件當初看似災難的事件，之後回想起來卻發現自己從中受益。例如，痛苦的決裂分手，卻讓他們後來能夠遇到相處得更好的配偶。這樣的練

智，並不是那麼容易——首先，因為我們不喜歡承認，生命比它看起來的樣子更不容易解釋；其次，我們也不喜歡在判斷事情好壞之前，暫緩或靜觀自己的看法；再者，我們也很難在一開始就發現此類事件，因為記憶就像心智，會自動且熱忱地將回憶分類放在「好」或「不好」這兩個箱子裡。現在，我們要建立第三個微妙而複雜，並且會「隨著時間而變化」的箱子。這又得要費一番功夫呢！然而，開啟這第三個生命事件的箱子，卻能鍛鍊我們退一步看事情，也是增長智慧的好方法。

1. 編註：喬治・史坦納（George Steiner, 1929- ），出生巴黎的猶太裔學者，當代知名的文學批評家及翻譯理論大師，並以研究猶太大屠殺和西方文化之關係聞名。曾在耶魯、劍橋及哈佛等大學擔任教職，畢生著作等身，探討議題涵蓋哲學、語言、文學經典以及閱讀方法，並啟發了對大眾文化的研究。

2. 編註：高乃依（Pierre Corneille, 1606-1684），十七世紀上半葉法國古典主義悲劇的代表作家，法國古典主義悲劇的奠基人，與莫里哀、拉辛並稱法國古典戲劇三傑。

3. 編註：鮑赫斯・西呂尼克（Boris Cyrulnik, 1937- ），法國心理醫師、行為學家、神經學家和精神病學家，亦是法國暢銷作家，在法國以宣揚心理韌性（résilience）的觀念而聞名，著有《重新學會愛》（Parler d'amour au bord du gouffre）、《逃，生》（Sauve-toi, la vie t'appelle）（以上二書中文版由心靈工坊出版）等書。

寬恕
Pardon

原諒人類，原諒命運。
你無法原諒嗎？
那至少將自己從怨恨裡解脫出來。

P

基督的平安（Paix du Christ）

我喜歡望彌撒時，教友轉向鄰座，一一以「基督的平安」相互祝願的那一刻。無論是親人、鄰居，或陌生人之間，透過眼神和微笑，或握手或擁抱，傳遞給周遭的人一些無條件的愛。我喜歡以這樣的動作來加強體現言語，並且實踐心意。我也認為，經由這樣的儀式，人們更有可能將這樣的心意在教堂以外實踐。

拋錨（Panne）

前幾天，我主持了一場關於正向心理學治療的研習會。會中，我們試圖回想一些這樣的例子——有些時候，我們在生活中陷溺於緊張之中，但是過了幾天或幾個月之後，回想起來事情似乎並沒有那麼嚴重。定期回想一下類似這種情緒起伏騷動的時刻，是非常有用的；其中的暴怒、痛苦、煩躁，在我們生命過程中，最終都成了意義不大的事件。總之，在場的每位學員針對具體的實例做練習。一位同事舉手陳說自己的故事。以下轉述我所記得的內容，希望能夠忠實呈現……

「我在法國南部某處風景優美的地方度假，就在空無一人的路上，車子拋錨了。當時，還沒有行動電話，沒有任何辦法可以向保險公司、拖吊車或修車廠求助。所以，我不得不步行七、八公里到最近的一個村莊。當時我邊走邊罵。奇怪的是，今天當我回頭想起那一刻，浮起的不是焦慮的回憶，而是步行的一個小時裡，沿途明媚的風景。」

我很喜歡這個小故事：當壓力吞沒我們的時候，掩蓋遮蔽了所有的美好。唯有事後再退回去（例如時間倒流），美好才可能重現。即使只能夠在事後意會並且品味這一切，但也已經是一件美事了。然而，如果當下就能夠即時對自己說：「認了吧，老兄，這一切實在很令人惱火，算了。現在你想怎麼做呢？是要花一個小時咆哮，還是邊走邊欣賞風景呢？」這正是我們要的正向心理。不僅僅是減低焦慮（這是心理治療應該要處理的課題），還要不斷培養自己欣賞與快樂的能力，以及學會由負面事件中萃取正面。這就是正向心理學的抱負：給正面情緒更多的空間，以抑止負面情緒的增長。

怎麼了？會場最後面有人要提問題嗎？是要問我？如果是我，碰到同樣的情況，是否也會惱火？當然了！不然，你們以為我為什麼會如此熱衷於正向心理學呢？

「爸爸，如果你死了……」（《Papa, si tu meurs…》）

我沒讀過很多小說，也不常看電影。因為我沒那麼多的時間，也因為生命本身就足以令人感動、令人滿懷熱情，深富教育意義，且震撼人心。生命確實充滿神奇且令人難忘的時刻。例如，當我小女兒六、七歲的時候，有一天晚上我親吻她，她對我說：「爸爸，我太愛你了！如果你死了，我就自殺。」真是超級震撼！我完全陷入自己的情緒理論中：同時被極度的溫柔以及痛苦，深深感動。

極度的溫柔——因為這是多麼強烈的愛的訊息！卻也極度痛苦——在這訊息背後，掩藏著什麼樣的擔憂呢？如果隔天我就被

一輛巴士輾死了，女兒會有怎麼樣的危險呢？

身為一名優秀的心理醫師，我隨即安撫自己：「嗯，你應該高興她是如此地愛你，也應該想想法子讓自己不要死。呃，總之不要太早死……而且，你也很清楚她為什麼會想到死亡──我們剛剛從她外祖父母家回來，她看到了他們的老狗趴在角落裡，行動遲緩，感覺到這隻狗來日不多了。她很喜歡這隻狗，很自然地就會聯想到所有自己心愛的人、死亡、喪親之痛，還有你。如此這般……」我雖然明白這聯想的過程，但還是不免震撼。女兒已經意識到人類的命運，我們所有的人都必須經歷的路程──熱愛生命，然後離開生命；鍾愛然後分離。不可能無動於衷的。存在，就是感動和愛，就是膽戰心驚。因此，在告別之前，讓我們強烈地愛吧。

極樂世界（Paradis）

長期以來，人類一直以為極樂世界存在於地球上。因此，畫家們用盡千種方法來描繪這片樂土的美妙細節──常見的景像是：人們赤裸著身體生活在慈愛慷慨、充滿著鮮花水果的大自然裡，與所有的動物和平共處。後來，人們認為極樂世界不存在於地球上，而假設它在天上。於是，畫家們就不再費盡心血描繪人間樂土，轉而勾勒升上天堂的時刻──有功績的凡人，他們的靈魂飛向大塊雲朵，在那兒有上帝和聖徒的迎接。然後，伏爾泰的一句，「天堂，就是我所在的地方」，又使人跌落了凡土。更貼切地說，跌回自己的腦子裡。總之，我們必須從凡塵開始，即使信徒們認為未來將會有更好的地方迎接他們。

天堂,因此被視為一個全然溫和、簡易的地方。如果我們不如祖先們如此迫切夢想著天堂,也許是因為我們的生活比較平順。對我們的祖先而言,天堂就是和平,那裡有豐富的食物、翠綠的草地、蔚藍的天空,沒有沉重的負擔,身邊伴隨著自己所愛的人。祖先們很少能夠擁有這一切,甚至從來無法同時擁有。然而,我們卻比他們容易得到這些生活條件,這一切在祖先們眼裡似乎只能在天堂擁有。但我們是否自覺呢?每次當我潛心重讀並且沉思詩人克里斯提昂‧博班的這番話時,總是令我震撼:「每一秒鐘,我們不是走進天堂,就是走出天堂。」在生命的每一個時刻裡,我們都徘徊在選擇要快樂或停止快樂的十字路口。或許不是每一秒鐘或每個瞬間都得面對如此情境,但實際上這類情境出現在生命中的頻率,遠比我們以為的多——無論是自己抑或他人強加在我們身上的選擇,無論是在內心痛苦或歡愉的時候。

伊斯特林悖論(Paradoxe d'Easterlin)

1974 年,美國經濟學家伊斯特林提出一個令人不安的現象:經濟增長,特別是 1950- 60 年的經濟成長,並沒有使國人更幸福快樂。遺憾的是,我們知道政治人物總是刻意以經濟成長來判斷政績!伊斯特林的論文出現時,並沒有引起波瀾,然而,隨後的一些研究卻證實了他的論點,逐漸清晰地顯示,國家財富的增加並不會自動增長人民的福址。因此,我們會重新質疑:以國民生產總值作為社會進步指標,是否得當?物質富裕不應該作為成長唯一的指標,其他的評估數據也應該被納入,

例如，考慮福祉的增長。1972 年，不丹建議聯合國，以國民幸福總值作為衡量公共政策優劣的指標。從此，我們就這個主題做了許多討論；但是，無論是在政治上或心理上，進展都十分緩慢！

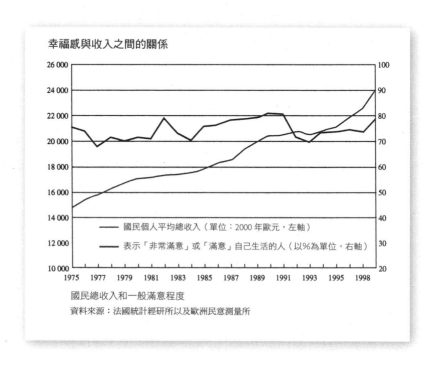

幸福感與收入之間的關係

國民個人平均總收入（單位：2000 年歐元，左軸）

表示「非常滿意」或「滿意」自己生活的人（以%為單位，右軸）

國民總收入和一般滿意程度

資料來源：法國統計經研所以及歐洲民意測量所

原諒（Pardon）

我們喪失了許多快樂的時刻，都是由於自己難以原諒所導致的。這裡要講的，倒不是那些難以饒恕的事，比如被人嚴重毆打，或者某些人極度傷害了我們的親人之類的事件。我想講的，只是我們對日常生活裡那些笨拙的話語、疏忽、錯誤等等小事情的原諒。寬恕，並不意味著將事情一筆勾銷、完全遺忘，

甚至免除懲罰；而是決定不想再被不滿的情緒所俘虜，不希望再讓自己痛苦。執著於抵抗，就是抱住痛苦不放。我們可以決定原諒某人，卻不跟他和解，而只是對自己說：「好，很好，我不想報復，也不想懲罰他。」所有的哲學傳統和宗教都重視寬恕，而佛教也許給予了我們最發人深省的教誨和意象；比如佛陀說過的這句話：「執著仇恨和怨恨，就像抓起熾熱的火炭，想要燒傷他人。在過程中，我們也燒傷了自己。」不要只將寬恕視為否定處罰或報復，而應將寬恕視為解放，讓自己放下不滿。儘管如此，寬恕只有在自由選擇以及謹慎授予的情況下，才會有個人以及社會的美德：這也是正向心理學的極限。

言語，言語……（Paroles, paroles…）

言語，不平凡，一點也不平凡。言語和情感是息息相關的。有時候，言語會不忠於情感，這是口誤。有時候，我們所說的話，尤其是我們說話的方式，演繹了我們的情感。即使我們察覺不到，言語確實反映了我們對世界的看法以及情緒的平衡狀態。

最近，有一項針對二百九十九名心理治療病患所做的卓越研究顯示，他們的表達方式隨著個人的進步而改變。病患們被要求簡短回答以下問題：「試著描述您的生活：您是什麼樣的人？怎麼會成為現在這個樣子？您現在如何？您預期接下來會如何？」有三組受測者回答以上問題，分別是接受心理治療前的病患、接受心理治療一年之後的病患，以及完成心理治療已兩年的病患；他們經由電腦分析軟體進行篩選，所有病患談論自己生活的方式都會被詳細追蹤。研究人員獲得明顯的結論。治

療過程中，隨著病患的進步，用詞也隨之改變。其中的某些變化是在預期中的。例如，患者的情形越是改進，就越少使用負面情緒描述生活，而多以正面情緒表達，這顯示患者正在情緒天平上重拾平衡。同樣的，心理健康的改善也促使病患減少使用過去式或未來式的動詞，取而代之的是現在式的動詞；這證明病患珍惜當下的能力增強了，不再只是預期未來或反芻過去。此外，還有一些意想不到的結果，比如：隨著心理健康的改善，病患減少使用「我」及所有第一人稱代名詞。顯然，病患更懂得不再以自我為中心，學會了忘卻自我的能力，轉而對周圍的一切感興趣。負面的語言模式（如「不能……」等等）也減少了，研究專員們認為，這是因為病患在生命歷程中的錯過、挫折、退縮以及失敗所帶來的負面感受，已經得到緩解，至少病患不再聚焦於日常生活中不可避免的失敗。

這些結果富含教育意義。我們也可以走上進步之路，只要我們竭盡努力遵從以下幾點：一、不要只將焦點放在自己身上，而是盡量開放自己，轉向關注周遭的世界；二、堅持不懈「把握當下」，而且也必須謹記，苦思和憂慮永遠都在力圖讓我們遠離當下；三、盡己所能不斷精進自己，盡量滋長正面情緒。

無處不在（Partout）

我記得有一位憂鬱傾向的患者，朋友勸他去度假，改變一下想法。他回答朋友說：「沒有用的，無論在哪裡，我都有辦法不快樂的！」

巴斯卡（Pascal）

所謂的「巴斯卡賭注」，是哲學家巴斯卡運用形而上思想的迂迴，讓人相信上帝，即：相信上帝沒有任何風險，不信祂也沒有益處。以下是他的原文：「您有兩件事情要輸了，就是真與善。也有兩件事情要投入，就是理智與意志、知識與鴻福。在您本性上要逃避兩件事情：就是錯誤與貧乏。無論選擇其中的哪一項，理智都不會受到更多的傷害，因為不管怎樣都必須選擇。這樣起碼少了一個問題。但是，您的幸福在哪呢？讓我們權衡得失，選擇上帝存在吧。考慮以下兩種情況：如果贏了，您可以獲得全部；如果輸了，什麼也沒損失。那就別再猶豫，趕緊下注打賭上帝存在吧。」

我也用仁慈以及善意打賭（至少每天，我都努力嘗試這樣的打賭，即使實在是不太容易）——我下注打賭溫柔，是不會冒什麼風險的；反之，不這樣做卻會造成生活上的幸福品質匱乏。在這方面，我頗受作家普利摩‧李維[1]的啟發，他下注打賭的是希望，寫道：「我不知道為什麼，自己對人類的未來有信心。這樣的信念，可能不是理性的。然而，絕望卻肯定是不理性的：絕望不能解決任何問題，甚至會創造新的問題。絕望的本質，就是痛苦。」

沒禮貌（Pas poli）

事情發生在一個星期天的早上，我載著一位國外來的朋友，開往巴黎另一端朋友的家。我們借了一輛車，那天傾盆大雨，我們在路上閒聊著生活，真是一段非常愉快的時刻。當車子開到

一條狹窄的街道，也正是我要讓朋友下車的地點。有一輛車堵在路中間，後車箱大開，閃著緊急燈號，顯然有人正在卸行李或包裹。因為不趕時間，我也就把車子停在馬路中間，繼續閒話聊天；我們等了夠長的時間，起碼足足有五分鐘之久。這是星期天早晨，我們後面沒有其他的車，街道一片安靜。又過了很久，車主走出大樓，赫然，問題來了！

這傢伙從我們身旁走過，打量著我們，朝自己的車子走去，發動引擎就這麼離開了。沒有笑容，沒有一聲謝謝，連打招呼都沒有。

沒有。

什麼也沒有！

我當然知道不能期望有什麼回饋——並不是因為我有風度（沒有按喇叭），他就得回饋我（向我道謝）。不過，這事還是讓我十分光火。我告訴朋友：「你看這傢伙！有夠過分！王八蛋！讓我們掛了十分鐘（我氣得把時間加了兩倍）。我們沒有按喇叭，什麼也沒做，就只是保持冷靜，他連聲謝謝都沒對我們說！」朋友點了點頭，他不像我這麼生氣，顯然明智多了；也因為他只是乘客，只想著跟其他朋友碰面，所以並沒有把這件道謝的小問題，當成多麼了不起的事件。總之，我們還有其他事情要做，我重新啟動車子，到達路的盡頭，把朋友放下，擁抱一下，我就走了。

在回家的路上，我又想起這件不愉快的事情。讓我惱怒的並不是等待，而是因為沒有感謝。讓我沮喪的是，我沒有收到任何

小小的表示——感謝，甚或是小小的道歉也好。而且，事實上我覺得這件事已經遠遠超出暗自生悶氣的小小自我：欠缺友好示意的那一刻，對我而言已經阻礙並且威脅到了世界的和諧，也破壞了我跟朋友聊天的和諧。我想必以為，所有的人都能成為朋友，都能意識到自己打擾到別人的時候，或至少有道謝的能力。然而，我卻忘了心理的多樣性，自私無禮的人是存在的。我也忘記了每個命運的奧祕，外觀有時會誤導行為——也許這傢伙剛經歷了艱困的時刻，正遷怒著全世界；也許他父母就是如此教養他要鄙視別人……

於是，我又想起了，所有互相感謝的小動作對和諧相處是如此重要。例如在馬路上沒有紅綠燈的情況下，行人對停下車來讓自己穿越人行道的駕駛表示感謝；行人並沒有義務致謝，然而這樣做可以鼓勵駕駛繼續尊重行人。還有，摩托車騎士感謝那些讓路使自己安然通過的汽車駕駛……霎時，我意識到，這種極其輕微而幾乎看不見的感謝小舉動，顯然是何等的重要。欠缺這些舉動是可能帶來危險的——會使人混淆冷漠無禮與輕忽藐視，本來應該讓人驚訝或唏噓的情況，會變成讓人憤怒或感覺被輕視。我不由得想起了安德烈·孔德·斯朋維勒在《美德短論》（*Petit traité des grandes vertus*）裡的段落：「禮貌，是準備做大事的小動作……好態度，成就好行為。」

我慢慢冷靜下來，看著雨中的道路，想起這位朋友，告訴自己這就是生活。實在不要緊的。如果這件事對我真的如此重要，我應該去跟那傢伙平靜地談一談，但是為時已晚。我知道自己該怎麼做了——繼續親力親為這些人與人之間的小動作，像感

謝、道早安之類的小小事情。代替那些不這麼做的人而做。也許那些粗魯無禮的人（至少以我的標準看來他們是這種人），也能為世界貢獻一些同等重要而我卻沒能力做到的事，甚至是我所意識不到的事。

滴滴答答的雨聲，輕輕地伴隨我。人生，真是非常有趣。希望還有一大段日子等著我去經歷。塵世裡，真是享受。

過去（Passé）

正向心理學，不僅僅是珍惜當下（儘管，這是最重要的），也意味著積極回應過去——常常記起並且再次經歷、想像美好的時光，藉以重溫珍惜。就像重播電影一樣，借助舊日時光再釀快樂的源泉。偶爾，也要記起困難的時候，以便分析理解、賦予意義，從中記取教訓，看看自己在事後明瞭這些困境所帶來的教誨，也看看這些困境並沒有妨礙我們存活下來。或許，這就是回望過去的逆境時，最困難也最有用的事；經常想到，每次自己覺得完全迷失、沉溺的時候，這只不過是一時走入歧路，並沒有遇到真正的危險⋯⋯

忍耐（Patience）

有時候，生活迫使我們必須等待又要忍耐，讓人覺得這一切似乎在浪費時間；然而，我們必須明白，這也是生命的一部分。面對這樣的情況，抗拒、惱怒或者魯莽行事都不是明智的。在一次訪談中，記者提問詩人克里斯提昂‧博班：「如何才能夠耐心等待？」他的回答是：「我以釣魚者水畔候魚的態度來等

待，您能理解嗎？就是，什麼也沒釣到，什麼也沒發生。水面無波，天邊光線漸漸西斜，天氣開始變涼，我仍舊等待著。我知道，即使在這樣毫無所獲的日子裡，也不是徒勞無功。今日，我們所有的人，幾乎都犯著同樣的錯誤，以為活力充沛才是正道。」沒有什麼是徒勞的，因為賦予我們的都是生命時光。我們大可不再存在於此時此刻，就如許多其他的人，無法擁有與我們同樣的幸運。有一天，我們終將不再存在於此時此刻的。

陡坡與友誼（Pente raide et amitié）

如果您被帶到一座小山峰的山腳下準備爬山，您評估山的坡度。您的判斷結果會因單獨登山或有親人陪伴而有所不同；若有親人陪伴，山坡會顯得比較不那麼陡峭。即使只是單純地要求您強烈地想著這位親人（有點誇張地說，就是以所謂的心理意象的技術），對您而言眼前的坡度也會顯得不那麼陡峭了。由此得出了三個結論：一、如果您要爬山，有朋為伴是比較容易的；二、在生活中的每一天，預期要面臨很大的困難時，親人的出現能給您灌注更多勇氣；三、如果他們不在身旁，只需要微笑地想起他們，想著您對他們的關愛以及他們對您的關愛，然後義無反顧地朝目標前進。踏著敏捷的腳步、帶著輕鬆的心情，邁向正等著您節節攀升的高峰吧！

幸福的完美（Perfection du bonheur）

有些日子裡，我認為完美的幸福並不存在。有些時候則相反，好像完美的幸福會常常存在似的；在那些時候，所有濃烈的幸

福在本質和定義上，都是接近完美的，因為這樣的幸福是終極與完整的狀態。也就是說，當下此刻的境界是，安於自己所擁有的一切，不會再有其他任何想望。但是我以為，幸福越是增長、變得龐大、勢不可擋，甚至成為完美時，就越不能夠取決於自己。以我之見，只是因為應證了以下的方程式：

幸福 = 努力 + 運氣

大幸福 = 多一點努力 + 多出非常多的運氣

強烈的幸福 = 要不，您已經成為智者中的智者；否則，您就是終於到天堂了

困惑（Perplexité）

有一天，我主持了一個關於情感的成長工作坊，一名女學員的問題讓我為難：「困惑，是一種情感嗎？如果是的話，它是正面還是負面的呢？」我有些不知道該如何回答她，因為我從來沒有想過這個問題。當場，我自己也十分困惑！

困惑是一種感覺，描述一個人處於不確定與優柔寡斷的情境中，對自己必須去做或去思考的事情，不知道應該採取什麼樣的行為，也不知道應該採取什麼樣適合的態度。一般情況下，大多數人都會將這種感覺視作不舒服並且是負面的。然而，如果我們貼近觀察一下，從技術的角度來看，困惑似乎是一種可以歸類於驚訝的精神狀態，因此，它不帶有既定的愉快或不愉快的色彩——我們面對的，是一些預期以外的事情。在困惑中，我們既不知道該做什麼，也不知道該如何思考。

但是，我們的時代已經不再喜歡困惑。面對所有新鮮的情況時，我們都染患了行為騷動，受到我稱之為「快速反應持續症」的這種當代病徵所侵襲——我們以為必須不斷反應，而且必須快速反應！為了迅速作出反應，就必須迅速判斷，因此就不再能夠容忍任何形式的不確定。我們不喜歡「不知道」，因為我們無法接受不採取行動或不做出反應。殊不知，學會寬容、學會喜歡困惑，就是學習放過暫時無法控制的事情。這只會讓我們更寧靜（因為我們的許多恐懼都是來自於無法容忍不確定性），以及更聰明（迅速反應的能力並非總是優點，有時甚至導致愚蠢行為）。

香菜，互助和鼻屎（Persil, entraide et crottes de nez）

這是一段兩個小女孩在學校裡發生的故事（當然是真的故事）。她們開發了一種友好的互助系統。當其中一個小女孩要擤鼻涕時，馬上抬起下巴朝向天空，轉向另一個小女孩。後者於是彎下腰來，從鼻孔下檢視，然後，或者說「好，可以了」，或者說「右側有問題」、「左側有問題」等等。起初，其他的小朋友和老師們都沒有立即理解這是怎麼回事。後來，大家終於搞清楚了——原來，這舉動是為了偵測鼻屎。說真的，大坨鼻屎卡在鼻孔的邊緣，也實在太丟人！然而，我們這些大人，有誰敢告訴對方這些有礙形象的小失誤呢？我們敢告知對方有鼻屎、有香菜卡在牙縫間，或是褲襠門戶大開嗎？應該不敢吧？嗯，我們還真應該多有一點勇氣呢！

悲觀主義者（Pessimistes）

嬌陽讓他們想到陰雨，清早讓他們想到夜晚，週日讓他們想到週一。多麼讓人煎熬的人生啊！

小老鼠（Petite souris）

每一次，當女兒掉牙，而我忘了在她們枕頭下放個小禮物或小錢幣的時候，心裡就會充滿著說不出的自責情緒。[2] 早上，當她們帶著悲傷沮喪的神情說道：「小老鼠把我給忘了……」猶如我對她們做出了雙重的傷害，讓她們經歷失望，以及幻滅。隨後，又很快地回復原狀，因而得到了慰藉——她們的悲傷消散得比我的快多了，真是值得我學習的好榜樣。還有，第二天當她們看到小老鼠的道歉短信時的喜悅；短信寫著：「對不起，昨天工作太多了，結果沒能過來看妳。現在補送禮物來了，大大地親吻妳。」

恐懼（Peur）

我們所有的恐懼，剝奪了自己的幸福、擋住了自己的視野。害怕失敗、害怕匱乏、害怕不被愛、害怕生病、害怕受苦、害怕死亡。斯多噶學派和行為主義告訴我們，唯一的辦法並不是擺脫恐懼（因為我們腦子裡的許多恐懼是堅不可摧的），而是擺脫恐懼對我們的控制，也就是面對恐懼——停止逃避或不再臣服於恐懼，轉身面對、直視恐懼。然後，看看會發生什麼事；一般情況下，什麼事都不會發生的。總之，外在看起來沒有什麼異樣，因為讓我們受傷害並且沉重打擊我們的，都是在內部……我們面對恐懼時的逃逸，就像是馬兒要逃離自己的影子一

樣。我們永遠無法把恐懼遠遠拋在自己身後的；然而，一旦停止奔逃，就是不再助長恐懼了。

行人（Piéton）

在這個非自然的都市叢林裡，當然是存在著各式各樣的行人。

守規則的人，等小人燈號轉成綠色才過馬路。趕時間而焦躁的人，有時在燈號剛剛變成紅色時過馬路，但是他們會從眼角注意汽車駕駛，做個小手勢以感謝他們沒有輾過自己，並且加快腳步表示知道自己犯規，不想做得太過分。還有那些毫不在乎的人，想過馬路就過馬路，無視剎車減速或大鳴喇叭的汽車；他們很清楚不會就這麼被輾斃，頂多只是被罵一頓。通常，這樣的情形會困擾汽車駕駛，大呼公民道德甚或法規蕩然無存。有時候，這種情形也會困擾我，特別是當我騎著摩托車又遲到的時候，被迫緊急剎車，眼見目空一切的高傲行人看也不看我一眼，慢慢地穿越馬路。這種「弱者獨裁」的態度，有時真讓我惱火。在我看來，今日某些行人濫用權利的態度與昔日某些駕駛強者至上的態度同出一轍，都是「走開，讓我先行」的觀念。另一方面，我告訴自己，沒關係，行人總是比汽車來得重要。繼而，有一天，我心情非常好的時候，甚至對自己說：你比較喜歡哪一種情況呢？是一個行人穿越馬路都得膽戰心驚的城市和社會呢？還是一個認為安穩坐在「鐵皮殺人機器」裡的駕駛強者必須屈從行人弱者的城市和社會呢？

你很快就能做出選擇的，不是嗎？

尿尿（Pipi）

在一場關於幸福的公開辯論會上，一名年輕女子問我，快感與幸福之間的差異。不知道為什麼，我直接就舉出了下面的例子：「當我們很想尿尿的時候，若是能夠這樣做，無疑是很快意的。但這並不一定是幸福。因此可知，快感是更必須、更生理以及更短暫的，但並不妨礙幸福。然而，幸福是需要意識行為的——意識到自己擁有一副好身體，並且有個可以尿尿的地點；於是，這就開始有點幸福的況味了……」

隨即，我趁勢繼續解釋，並且確定一下尿尿的比喻沒有驚嚇到聽眾（恰恰相反！）。會議結束後的簽書會，我與讀者之間聊天交換心得，幾乎每次總會有一段令人難忘的重要時刻，一位女士又跟我談起尿尿的事。「我對您提到尿尿的這回事感觸頗深，您知道為什麼嗎？自從腎功能衰竭以來，我已經做了好多年的血液透析。您是醫生，應該知道什麼是血液透析。直到有一天，我接受了腎臟移植手術，才又開始能夠正常小便。您一定無法想像我有多麼高興！我非常喜歡您舉的例子！」

而我，我是多麼高興她來告訴我這個小故事。我也稍微問了一下她的情況：十餘年來，她與移植的新腎臟共處相安無事。我祝願她在未來的歲月裡，充滿著快樂的小便……

神鬼奇航（Pirates des Caraïbes）

女兒小的時候，每年她們生日時都會有一套儀式：我會與她們每個人單獨一起度過一天。很多時候，她們會要求我帶她們去

迪士尼樂園。因此，我已經去過迪士尼樂園至少十五次了（長大以後，她們開始喜歡參觀其他的地方）。迪士尼樂園的氣氛很特別，所有工作人員顯然必須心情高揚、滿面笑容，至少那些與遊客接觸的工作人員必須如此。對遊客來說，這並不會造成不快，畢竟他們只不過是過客，並且很高興有這樣一個充滿歡笑的地方。然而，對於在那裡長期工作的人員來說，就有點複雜了，因為他們別無選擇，只能盡量展露自己一口潔白的牙齒。除了一個特定的遊樂區，工作人員有權欺負遊客——那就是「神鬼奇航」，遊客坐上遊船參觀煞有介事的加勒比海，伴隨著專事打鬥飲酒的海盜船員，還有幽靈船、暴風雨和寶藏。經過漫長等待的遊客，由一群海盜引領登上小船。為了逼真（大家都知道，海盜都是些粗魯又沒教養的人），海盜大聲喝斥遊客，向遊客做鬼臉，並且揮刀舞劍地威嚇遊客。他們特別對成人以及成群結隊的青少年這樣做，當然小心避免驚嚇到小孩子。我們可以感覺到，這讓他們放鬆、讓他們高興，對他們來說挺好的！這應該是他們厭倦了不停地微笑，難得有權發洩一下的工作吧！我不知道在米老鼠樂園裡是否仍舊如此，還是連海盜也已經變得笑容可掬、安靜又有禮貌了。

抱怨（Plaintes）

我們的鄰居，炯恩，一位八十五歲、從來不抱怨的鰥夫。總之，他從來不會提到自己的抱怨，從來不會以埋怨做擋箭牌。當我們問起他的生活或健康時，炯恩坦承自己也有悲傷和困苦的時候，但是他不會沒完沒了地說個不停，總是優雅又守禮

節。接觸炯恩，以及一些跟他一樣的榜樣，我決心不再抱怨，不要因此阻絕了與他人的對談。埋怨時，我們到底尋求什麼呢？總之，在反覆不斷的埋怨裡，我們到底尋求什麼呢？是補救嗎？然而，即使是補救（也未必真能如此，尤其是抱怨已成習慣時），也無法補償因為過於頻繁呻吟所造成的幸福損失與匱乏。所以，當心裡出現想要抱怨的念頭時，應該用什麼來替代呢？如何防止自己總是想要抱怨呢？除了談談別的事情，沒有其他解決的方法可行。或者，試著開始關注那些在我們面前的人，而不是專注在自己以及自己的苦難上。

快感（Plaisir）

快感，也是值得稱道的幸福泉源。然而，一般而言，快感僅限於身體的需要（例如食物、健康保健以及性慾等等），或智力（例如理解、發現等等）的滿意度。所有的快感都是有益的，但並非都是幸福（因為缺乏意識）。有快感的生活，並不等於幸福的生活（因為缺乏意義）。

老生常談（Platitudes）

幸福的建言，往往都是一堆陳腔濫調；很少會因為讀了一篇關於幸福的論文，而有什麼驚天動地的發現。基本上，我們差不多都知道什麼能使自己幸福，問題是我們無法實踐幸福。在這層意義上，我們都應該接受叔本華（Schopenhauer）的嚴厲批判：「總體來說，確實如此，每個時代的聖賢一直說著同樣的話。而愚蠢的人，也就是說，每個時代裡絕大多數的人，始終

都做著同樣與認知相反的事，並且永遠都會如此。」我不記得是哪一位哲學家也談到了「宏偉的陳詞濫調」，他認為：所有來自智慧以及靈性的傳統建言，看起來確實都像陳詞濫調。可是，問題不在於認知，而在於實踐——要自問的不是「我是否懂了」，而是「我是否做了」。

幸福的滿足（Plénitude du bonheur）

滿足，就是活在「那些我們感到全然幸福的罕見片刻」裡。這段話載自儒勒・何納的《日記》在 1897 年九月六日所寫的內容。因此，滿足就是那些無論頭腦與身體、自我與他人、已知與未知，都能幸福快樂的時刻。由萬物而起，無所不在。令人難忘的幸福滿足感。

以後（Plus tard）

「我以後再關注自己的幸福——在工作完畢以後，在孩子長大成人以後，在付清公寓貸款以後，在升遷以後，在退休以後。」哎喲喲，哎哎喲……

（遇見）詩人（Poète [rencontre]）

一位女性朋友答應引薦我與自己崇敬的詩人克里斯提昂・博班見面。我樂得輕飄飄，像踩在雲端上似的，感動又快樂，說不出一句話來，卻不以為苦。短短的會面，交換幾句不關緊要的話，對我來說已經足夠了。幾乎不會占用他什麼時間，也不會花他什麼精力。我寧願讀他的書，而不想給他帶來壓力。博

班以真正的眼神看著與自己對話的人。在生活中，我遇到過許多所謂知名的作家以及人士，我現在知道怎麼觀察他們的眼睛了。我知道，誰假裝注視聆聽，其實只是等待著流程或苦差事結束；而誰又是真正聆聽注視，哪怕只持續了幾秒鐘。博班，就是真正地在注視和聆聽。這可能就是世俗讓他疲憊而需要離群索居的原因。那些不看又不聽的人，是不會被淺薄所累到的。

當天晚上，我開始讀那位女性朋友送給我的博班最新著作《快樂者》（L'Homme-Joie）。作者給我題了字，我十分高興。我不告訴你們他寫了些什麼，免得糟蹋了，我也不想知道這是否獨一無二。這些都不重要。因為，無論如何對我來說都是獨一無二的，就好像寫在羊皮紙上，還編了號碼的精美版本。我輕輕劃開書頁，釋出文字，彷彿古人覽書時，用著一柄很老的工匠刀，而就在閱讀之前，我才剛去磨礪過這把刀。是的，我知道，這是回顧過去的樂趣。我喜愛過去，因為過去從不曾壓迫我，而是滋養著我。書中第一段故事，有如此令人難以置信的絕美，我立即停止閱讀。生命中，第一次如此中斷閱讀，是在1984 年閱讀米蘭‧昆德拉（Milan Kundera）《生命中不能承受之輕》的時候。停止閱讀，第二天再重拾起來閱讀。等待中，再三閱讀品味，而不是在快意與貪婪的情緒駕御下，繼續狼吞虎嚥整本書。而是完整地保留下來，探索作家在每一頁深深撼動我們的歡愉。這本書裡，有十五個故事，我要每天品嘗一則——這樣，我就有了兩個絕妙的星期。

（行動中的）詩人（Poète [en action]）

我要繼續敘述同一位詩人。這一次是在巴黎，在他的讀者見面會上。當我要去聆聽自己喜愛的作家、詩人或小說家時，總是有一點害怕。

我害怕是因為，通常他們不擅長談論自己的作品。他們擅長的是寫出作品，並非一定要去解釋自己的作品。而且，有時候，作家是非常不自在、困惑、迷茫、平庸又索然無趣的。只用一個詞形容的話，就是令人大失所望。我們鍾愛他們寫的書，卻發現寫書的人其實很平庸。至少，在我們面前這一刻是如此；至少，當他試圖披上演說家或教師外衣的時候是如此。我們曾經將他理想化；我們曾經想像，他的寫作才華也會移植到演說的場合，融入在他的風度以及談吐上。我們不應該感到失望的，因為作品才是唯一考量的標準。但是，我們總是希望完美無缺，甚至移情到其他的人身上。好吧，總之，我很擔心朋友博班——他是否也能像自己的著作那樣才情洋溢、感動人心又千變萬化？開始演講之前，我去了一趟後台，和他聊天了一會兒。他氣定神閒，又帶點激動，不知道將如何填滿與讀者相見的這一個小時。然而，我們之間的玩笑話又讓他開懷大笑。他的笑聲宏亮四溢，是那種曾經歷練過苦難的笑聲。他一開始演講，我的擔憂早就飛到九霄雲外去了。

他面帶微笑，散發著歡樂活潑的氣息，表示很高興參與讀友會。真是魅力十足。克里斯提昂・博班跟我們講詩，特別是向我們展現詩意的話語。在我們面前，他的大腦與嘴唇當場演繹

出來的就是詩。我們只能張口結舌、目瞪耳開地恭聽。當唸到一首還不臻完美，但已經很有詩歌樣子的詩篇，他會重複好幾次，只因為不滿意一個字或轉折的地方。我從來沒有這麼近距離清楚地看過，作者當場嘗試以詩意的語言敘述世界。真是讓我欣喜癡迷。他具備的基礎，就是他對生活的看法：簡單、堅定又公平。那一夜，我被文字和圖像的力量所震撼。博班堅信文字的力量與崇高。對他來說，詩歌不是日常生活的小紋飾，不是弱不禁風的小東西，而是不可缺少的重要力量，就如《聖經·約翰福音》裡的聖言一樣。我的想法跟他一樣，都認為我們選擇組合的字眼，能夠具有穿透的力量；能夠滲透我們的保護殼，融化自己所堅信的一切，直接觸動內心，猛推著我們、感動我們，讓我們七顛八倒，被迫重新審視既有的一切。突然間，就在博班說話的時候，他身後展示架上有一本我寫的書翻倒落地，封面向下。真是轟然致敬、歡愉拜倒。

所有的讀者，都帶著輕鬆溫熱的心，離開了會場。

魚（Poisson）

「快樂得，如魚離水。」這句令人費解的話，出自於貝納諾斯[3]。就像一個心理投射測驗：我們所認知的，反映出我們是什麼樣的人！我們會比較喜歡熟悉世界裡、看似安全的幸福，還是來自另外一個自己一無所知的世界、看似危險的幸福呢？

警察（Police）

有一段期間，在騎摩托車前往聖安娜醫院的路上，為了節省一

點時間，我會借用某條馬路邊大約十公尺長禁止逆向行駛的人行道，以避免繞過一大堆建築物，以及兩個紅綠燈號誌。當然，我非常注意不要撞到或嚇到路人，不過這條街道從來沒有什麼人。然而，摩托車禁止行駛在人行道上，也是有道理的。問題是，緊挨著我工作的部門，有個警察專屬的醫務室；顧名思義，就是會有很多警察進進出出……有一天，我沒有注意到一輛偽裝的警車迎面駛過來，當時我騎在人行道上慢慢地上坡。兩名警察停下來對我招手，他們向我要證件，並且要我解釋一下情況。我有點可憐兮兮地解釋著：我是當職醫師，剛好那天早上遲到了，所以才破例這麼做，我知道這是違規，我也很抱歉……我盡力說明理由，實在不想因為這時速五公里的十公尺人行道上坡而被罰款。警察面帶微笑，很客氣地聽我陳訴（他應該已經逮到一堆像我這樣的人了！）。當我說完話，他沉默地看著我的眼睛，然後將證件還給我，簡單地說：「好了，走吧。可是，身為醫生，您應該做個榜樣……」然後略帶狡點地向我致意：「再見，醫生！」我則帶著罪惡感，交織著輕鬆的情緒，還加上感恩之情。總之，對我來說非常奏效——從此，我再也沒有行駛於人行道上了。而且，我不認為罰款或嚴詞警告會有這麼好的效果，因為我會抗議，而且會覺得事不關己，還會對警察抱怨，而不是反省自己的過錯。

這就是所謂的教育和預防；確實如此，而且相當奏效。脫禮帽向這位不知名的警官致敬……更確切地說，是脫安全帽向他致敬！

政治和心理（Politique et psychologique）

有時候，我們會以政治食言的風險來批評幸福的追求。以為幸福就是對處境的妥協；然而，幸福其實會改變處境。這就像是存在於政治和心理之間的衝突——好像觀照自己，就等於對周遭世界失去興趣。這兩者難道不能兼容嗎？對我來說，這就好像是在否定呼氣和吸氣並存一樣！

事實上，心理行動不會妨礙政治行動。生命中有些時候必須反抗、行動、迎擊；有些時候則必須放手、接受，也就是說，純粹地接待自己的情緒。這不是放棄、不是任由擺布，也不是屈從。當我們理解放下的真義時，就會知道這是兩個步驟的程序——接受並且觀察現實，然後採取行動去改變現實。這樣做，可以避免陷入原始情緒的反應或衝動。這是淨化的第一步，我們在盡可能廣泛的心理空間裡探測、檢視情緒，以試圖決定可行的行動，致力採取那些接近自己的價值觀以及期望的行動。這樣做，是為了應用我們的理智與情感來應對發生的事情，而不是在情緒緊急的情況下反應。我們這個時代的專橫，就是希望每個人都極其快速地反應，並且立即作出重要的決定，這有點像賣家企圖煽惑我們的說詞：「如果您現在不買，今晚或明天就沒有了！」我們的世界在試圖誘騙我們，讓我們以為隨時隨地都處於緊急狀態。

幸福與祥和，就是要拒絕這些虛假的緊急狀況。這不是逃避面對現實，而是運用智慧和洞察的工具。我相信，如果人類不關照自己內在的平衡，擱置且荒廢內心，那麼他們不僅僅會遭受

更多痛苦，還會變得更衝動、更容易受人擺布。耕耘內心，使我們更能夠關注世界。這就是所謂的「公民內化」——照看好自己的內心，能夠使我們成為更和諧、更美好的人，也會成為更懂得尊重、更能傾聽別人，而且比較不會表現出不公正的人。讓我們期許以更安靜卻更堅韌的方式做承諾，少一些教條、更多的自由。而且，平靜也能讓我們與爭鬥保持距離。我們不能只是藉著衝動、憤怒以及怨恨行事。那些偉大的領導者如曼德拉、甘地（Gandhi）、馬丁·路德·金，他們都試圖從衝動、憤怒以及怨恨裡脫身而出；他們也都明白，衝動會導致暴力、侵略以及痛苦。內在平衡，將完整保留我們憤怒和反抗的能力——然而，是以最有效以及最恰當的方式表達。

積極正向（Positiver）

「必須積極正向」，是會讓我發火的句子。事實並非如此，有時候是千萬不要積極正向的。當別人對我們說這句話時，通常都是我們不希望積極正向，或者還沒有準備好積極正向的時候。

正向心理學不是為了不要讓痛苦情緒突然到來；因為痛苦的情緒對我們是有用的。正向心理學的作用，在於幫助我們更快（無須在痛苦情緒裡面淌渾水）、更聰明地（從痛苦中吸取教訓）走出痛苦。

偏見和運動休旅車（Préjugés et 4x4）

我有偏見，且充滿著偏見，就像所有的人一樣。好吧……不過，

我還是希望可以少一些偏見。就以運動休旅車為例，我承認在自己的評價中，運動休旅車駕駛一開始就被扣了幾分；如果他們人很好的話，我還是可以改變對他們的看法。但是，我給他們的評分還是比小汽車駕駛們的起點來得低。好吧，如果我告訴你們這些，你們就會想到，是不是因為我又有什麼故事要告訴你們了。請聽分曉……

有一天，我剛在法國南部主持完一個同行之間的座談會，朋友開著一輛美麗龐然的運動休旅車到車站來接我，那車閃閃發光又碩大。喔……我不知道是如何開始的，我們就討論起了休旅車駕駛這個主題。我向他坦言我的先入為主，對休旅車駕駛評價是負面的。他回答說：「我知道，我知道，我偶爾會看你的部落格……」（我曾經在部落格裡寫過一些批評運動休旅車駕駛的文章。）而他也向我敘述自己為什麼會希望擁有運動休旅車。小時候，他夢想著自己是巴黎－達卡（Paris-Dakar）賽車競爭中的選手。所以，長大成為醫生以後，有一天想要換車時，他犯了致命的錯誤──隨便去了一趟運動休旅車經銷商那裡打聽一下情況。完蛋，就這麼上鉤了。出來時，就開著這麼一輛超大的武裝配備。他告訴我，自己經常招引怒目相視，被其他惱火的駕駛斥喝。人們可以寬容小車所犯的過錯，卻無法容忍運動休旅車做同樣的事情，例如堵塞著街道幾分鐘卸行李，或在人行道上暫停等等；隨即就會招致一堆攻擊性的看法甚至話語，諸如：「以為開大車，就能為所欲為了！」他訴說著，自己如何在突然之間被打入過街老鼠之列。他更是盡全力試圖扭轉，例如減速開車、禮讓行人、毫無怨言讓有優先通行權的車

子先行……他希望別人能夠原諒他駕駛著一輛大玩具。

我微笑地聽他訴說。嗯，這是真的，我該拒絕這所有偏見的；我會嘗試不要太快評斷這些休旅車駕駛。當他們做了讓人發火的事情時，我會問問自己：「如果他們開的是小車，你的說法還會一樣嗎？」

偏見（復發）（Préjugés [rechute]）

昨天上午，在一條安靜的街上，我穿過斑馬線，視線內沒有任何車輛（我承認，我沒有看紅綠燈）。突然，砰！一輛運動休旅車從下一個路口有點快地竄了出來，我急忙止住。女駕駛十分不高興地向我按喇叭，並且帶點威權地向我指著紅色的行人穿越號誌。沒有辱罵，也沒有攻擊的舉動。然而，還是讓我惱火。是的，我的第一反應就是惱火：「欸！妳不會開慢一點嗎？況且，我是在妳竄出來之前，就走在行人穿越道上的！即使是紅燈！我總不會是故意跳到車輪前面，找妳麻煩的吧！」

然後，我記起了自己要對運動休旅車改變看法的期許（請參看上一個詞彙）。最重要的是，我告訴自己，無論如何錯還是在我。而且，共同生活在城市裡，若每個人都遵守規則，日子還是會比較容易的。這位女士是對的，即使她開的是一輛太大又過於虛榮的車子。哦，不應該這麼說的，對不起，這句話有點畫蛇添足……對不起，這位女士，您是對的，我不應該闖紅燈的。在這種情況下被按喇叭，是我的過失。我應該負責。但是，如果您是滿面帶笑地做出那個指向紅燈號誌的小手勢，那就會更帥了。對，如果是這樣，這個細微的「友好糾正」，對我來

說會更受用的。就像基督徒常說的，如果您要懲罰我，懇請面帶微笑，而不是緊蹙眉頭按著喇叭。

我要求太多了嗎？或許吧。但是，如果我們所有人都能夠這麼做，生活將會更愉快、更令人讚嘆，也更有意義一些，不是嗎？所以，我告訴自己，倘若事情再次發生，我將從自己開始做起，對那位女士輕輕點頭示意。我會嘗試的。此外，那時候，說不定她已經換汽車了呢……

初吻（Premier baiser）

前幾天跟一對老朋友夫婦閒聊時，先生告訴我們最近碰到的一件尷尬事。有天晚上，他比平時早了許多回家，就在社區大門邊瞥見自己十五歲的女兒，正在一個男孩的懷裡。他描述自己在那一刻的感受：「我發現自己非常的尷尬，真是難以形容。首先，我是極度地不好意思，看到她第一次親吻男孩子。更尷尬的是，她竟然看到我正在看她。於是，我移開視線，低下頭來，大步向前走了十分鐘不回轉。然後，我停下來緩和一下情緒，感覺到內心五味雜陳難以名狀：驚訝是當然的，還有尷尬，看到那一幕甚至很不舒服，即使只是匆匆一瞥。或許，有一瞬間意識到時光飛逝的懷舊，而且也有些傷感地意會到，自己終究被取代了。在女兒的生命中，有了其他很重要的男人……」

總之，這是我所喜歡的情緒，一個非常巨大又非常耐人尋味的失落——充滿著複雜、微妙，從自己過去經歷的各個角落中，擷取出來的各式記憶。他的妻子則補充道：「而讓我驚訝的是，在你告訴我這件事的當時，你很不高興。至於我，撇開尷尬和

懷舊的這些情緒不說，我同時也感受到幸福，看到女兒發現了愛情！」

我還沒有遇過這樣的情形，但這終究會到來的，很正常，也很好。然而，即使我的想法跟那位媽媽一樣，我的反應卻肯定像那位爸爸──其實，我寧願被告知，而不是當面看到！無論如何，命運將為我決定……

規定或禁止（Prescrire ou proscrire）

為了人類的進步，不僅要打擊自己的缺點，還要發展自己的優點。對於禁止（「不可以做的事情」）或鼓勵（「應該要做的事情」）這兩種美德所進行的研究顯示，限制的做法是有成效的，也就是說，孩子能夠採納家長或環境所提供的價值觀；但是，卻不能使他們有足夠的定力抗拒誘惑。例如，與其鼓勵孩子不要自私（「因為這是錯的」），倒不如將孩子放在一個無私行為的環境中（例如行善），這將更有成效，而且耗費較少的心理能量──因為對一個人來說，「做」比「不做」來得容易。

當下（Présent）

巴斯卡告訴我們：「讓每個人審視自己的想法，就會發現那都是縈繞著過去或未來。我們幾乎完全不想當下，即使想到，也不過是為了借助現在的光明來照亮未來。當下從來都不是我們最終的目的。過去和現在是我們的手段，只有未來是我們的目的。況且，我們永遠都不是活在當下；而是，希望能活著，永

遠期望能夠快樂。因此，不可避免的，我們永遠都無法達到這樣的境界。」儒勒·何納在《日記》裡補充說：「我無求於過去，也不再指望未來。有當下就夠了。我是一個快樂的人，因為我已經放棄追求幸福了。」好了，讀過以上這些之後，我無需再為當下加註什麼了，否則就太放肆了。

預防（Prévention）

在精神病學和心理治療的復發預防，正向心理學有個好處——幫助脆弱的人更珍惜享受日常生活，就等於是幫助他們面對以後遭遇到的困難。然而，正向心理學不是一個治療的工具，至少到目前為止沒有任何這方面的證據。唯一被證實的是，正向心理學在輕度憂鬱傾向的病患身上是有助益的。因此可知，正向心理學特別適用於那些病情暫時減輕的人；也就是說，那些不再生病，但有復發風險的人。

祈禱（Prière）

我們比較常在痛苦的時候祈禱，而不常在快樂的時候祈禱。蕭沆認為我們錯了，以下是他在《出生的缺點》（*De l'inconvénient d'être né*）一書中所寫的：「公元二世紀諾斯替教派（Gnostique）[4]的一本著作中提到：『傷心人的祈禱，永遠無法上達到上帝那裡……』由於我們只在沮喪的時候祈禱，可想而知，所有的祈禱永遠都不會到達目的地。」有一天，我對一個虔誠的基督徒朋友埃堤彥提到這句話，他非常罕見的表現出有點生氣；他堅定地告訴我，這句話十分愚蠢，因為所有

的祈禱都能夠上達到上帝耳朵裡！儘管如此，蕭沆的話似乎也是有用的，剛好能夠讓我們補足本節的第一句話：我們經常在痛苦中祈禱（因為有所求），而非在幸福中祈禱（為了感謝）。不要忘了感謝，不要忘了讚美的祈禱、感恩的祈禱，以及其他形式的祈禱。祈禱，是向上帝感謝的舉動（如果我們信仰神的話），可以幫助我們意識到自己生活中順遂的地方，讓我們心存感激之情。祈禱，能夠療癒我們。

利涅王子（Prince de Ligne）[5]

利涅的查爾斯－約瑟夫王子，是十七世紀歐洲貴族國際化，以及武將和朝臣的完美代表，也是一位喜愛談論幸福的作家。他給世人留下了以下六個美好的提問：

「每天醒來時，要對自己說：一、今天我能讓人開心嗎？二、我要怎麼樣才能玩得開心呢？三、晚餐，我要吃什麼呢？四、我會遇見一位令人愉悅又有趣的人嗎？五、在某位我喜歡的女士面前，我是否也能夠表現得令人愉悅又有趣呢？六、出門前，我是否會讀一些，或寫一些新鮮、中肯、有益又令人愉悅的真理？——我是否能夠完成以上這六項要點呢？」他提出的方法，是能夠長期實踐的：「每週的其中兩天，總結一下自己的幸福，審視自己的存在。例如：我非常好……我有錢、我地位重要、受重視、受喜愛、受欣賞……若是沒有這樣的回顧，很容易對自己的幸福狀況麻木無感。」

這看似一連串好運的生活，可能會讓我們莞爾一笑。然而，這一切也能感動我們。利涅王子並不滿足於享受這些好運，而是

盡力想知道如何做最好的利用。他的動機其實跟我們很接近：
「看著激烈的戰爭，恐懼沒有辦法在死前得到足夠的快樂；我
敦促自己要好好地生活。」

春天（Printemps）

春天是眾所皆知的幸福：生命、花朵、鳥鳴重回大地，陽光再
次溫暖普照。對於那些年紀大的人來說，響起了消失又復活的
遙遠回聲；或許有一天，他們也能像這棵樹一樣，從長眠中甦
醒過來，再次開滿繁花。或者像這些不知名的青草，從祖先分
解又重構腐殖的土裡，突然萌生、欣欣向榮。

困難（Problèmes）

困難，是一個現實的情況；即使是幸運兒，也會有困難的時候。
然而，另一個現實是：我們幾乎總是加重困難，總是在擴大、
延長困難對我們生活的實際影響力，以及影響的時間長度。還
記得蕭沆那句有點殘酷的話語：「我們都是愛戲謔的人，在自
己的困難裡死以逃生。」或者，這句我忘了是誰說過的話：「在
生命裡，我已經逃過了上百次的災難；我反而擔心，災難其實
從未來臨！」

精進（Progresser）

精進，是隱密又堅實的幸福泉源，可以抵消生命的老化；也是
讓我們可以好好老去的最佳方式。一直沉浸在學習中，感覺永
遠像初生之犢，像個學習者，永遠想望所有尚待發現的事情，

持續不斷地豐富、飽滿自己。

精神分析學家（Psychanalystes）

當我還是住院實習醫師，還在研究精神病理學的時候，我記得，精神分析學家對幸福是完全不感興趣的，他們感興趣的是洞悉力。對我而言，精神分析學家似乎不如一般人來得幸福。然而，他們卻未必更具有洞悉力，甚至一點也不具備更好的洞悉力——因為，與幸福分離，並不足以保證能接近智慧。

多元心理（Psychodiversité）

就某種方面來說，幸好人類之間存在著所謂的「多元心理」，正如大自然中動植物世界裡的生物多樣性，是我們物種的豐富資產。「多元心理」在面對許多不同情況的時候，能夠提供各種不同的行為；倘若只具備單一個性，在面對這些不同情況的時候，就只能徒呼無奈了。在人群中，每個人都可以發揮自己的作用。當維京人企圖橫渡大西洋到美國的時候，船上一定有焦慮的人，總會預想一些困難，例如是否有足夠的武器和食品等等；有強迫症的人，總是認真檢查船隻的狀況以及相對於恆星的位置；也有強悍無畏的人，鼓勵同船者克服自己的猶豫，勇往直前。在一個公司裡，偏執個性的人掌管法律和監管部門，有戲劇細胞的人擔任商業服務，有自戀特質的人在總裁辦公室工作，緊張焦慮的人待在生產部門，悲觀的人在金融服務單位。以上這些不同的人格，可以組成一個有效率的團隊。所以，我總是盡量避免被人生旅途裡遇見的討厭鬼惹毛自己，因

為：一、我知道至少在某些時候，自己也會是個討厭鬼；二、在某些情況下，討厭鬼的缺點也可能成為優點。

正向心理學（Psychologie positive）

2000 年初期的模式轉變，使正向心理學進入心理學領域，即使在今日也很難衡量這個轉變所代表的重要性。在此之前，臨床心理學以及心理治療的主要研究，都集中在障礙與失常。但是，在 1998 年，權威的美國心理協會新當選的會長馬丁・塞里格曼（Martin Seligman）宣布：「我們不僅要療癒病人。我們的使命是更廣泛的：我們必須設法改善所有個人的生活。」正向心理學運動就此正式誕生。正向心理學不再只是為了幫助病患減少不幸、減輕焦慮鬱悶，更要幫助他們在克服困難之後，珍惜生命，終其一生不再重蹈痛苦之中；我們幫助病患學習培育以及發展心理健康，以作為預防復發的工具。當然，這樣敏銳的洞悉力，很早以前就有人發表過了。伏爾泰就曾說出這句名言：「我決定要快樂，因為這對健康有益。」但是，他隨即也提醒了任務的艱難：「我們所有的人都在追求幸福；然而，卻不知道幸福在哪裡，就像醉漢尋找自己的房子，只隱約知道它的存在……」有了這些支持的證據，正向心理學被提出，以幫助人類尋找幸福為目的。肇始以來，專門討論「主觀安適」（研究人員口中對「幸福」的謹慎命名）的著作以及科學出版物，數量已經頗為可觀了，而且我們以為這不過還在開始階段。因此，出現了劃時代的真正改變——追求幸福，在傳統上是屬於哲學的老生常談；如今通過現代科學研究提供眾多

方法，就如同踩足油門，加速前進……

心理神經免疫學（Psycho-neuro-immunologie）

前幾天，我生病了，是很嚴重的鼻竇炎，非常痛苦；頭痛、發
燒又疲勞。我打電話給當天晚上有約的朋友，告知我們無法
去他家了。我很傷心，也著實猶豫了一下，因為我知道他還邀
請了很多我喜歡的人。朋友有些失望，但還是說了些體貼安慰
的話。掛了電話之後，我對自己說：不行，這也太可惜了吧！
已經好久沒看見他了，無論如何，我真的很想去。以當時發高
燒的情況來看，這實在不太可行。但是，我以所有心理神經免
疫學的念力來激勵自己。這是一項全新又吸引人的學科，研究
的是大腦和免疫功能之間的關係——原則是，我們的心理現象
會影響我們的神經系統，而神經系統則影響著我們的免疫力。
因此，壓力會削弱我們的免疫系統，正向情緒則會強化免疫系
統。長期以來，大家就一直思考著這個主題，然而，如今則證
實了這個想法。所以我對自己說：冷天出門看朋友，看所有你
喜歡的人，會有點加重你的病情；然而，如果這是你自己選擇
了出門訪友，而不是被迫出門，這樣就能夠讓你開心，也算是
種平衡。說實話，我的心理神經免疫學計畫，結果不怎麼行得
通，甚至一點都行不通。因為，接下來的那幾天我病得比之前
嚴重三倍。由此說明，科學研究結果轉證到日常生活中時，從
來就是不確定的。無論如何，我並不後悔。我真的很高興能夠
見到老朋友。總之，重要的是，希望一年之後當我再回想起那
天晚上，想到的不會是鼻竇炎。至於我的鼻竇炎，我們再看看

到底會如何演進……

廣告（Publicités）

我們的世界是多麼奇怪啊！前幾天，我無意間看到一個頂級信用卡的廣告，卡主可以擁有許多福利，其中一項是：「缺雪情況下，獨家保證」賠償所有的用戶，指的是「連續兩天缺雪，或者由於天氣惡劣，造成至少百分之五十的升降機和滑雪道關閉至少五個小時」。我並不反對保險，同時我也理解大冷冬舟車勞頓到了很遠的山區，結果竟然不能滑雪，實在令人抱怨。但是，賠償到這樣的地步，我實在百思不得其解。難道，我們沒有比失落感更重要、更需要保險的事情了嗎？這種行為，到底是要驅使我們做什麼呢？有一天我們倘若能夠控制天候，隨意想下雪就下雪時，我們是否真的會只為了自己高興而操控天氣呢？這類預測式保險的出現，實在既不正常，也讓人不放心。還是，我已經變成了一個嘮叨又只會抱怨時代的老頭子了？這也是有可能的。總之，這讓我想起了六八年五月學運[6]的口號：「享樂無阻。」我們這個超級消費社會再回收利用這個口號：「參加保險，享受無阻。」想必在不久的將來，我們很快就會看到這樣的標語：幸福保險，保證幸福……不是的，我搞錯了，其實這些都已經有了！

「媽的，該死，該死！」（《Putain, putain, putain!》）

前幾天，我在高鐵上目睹了有趣的一幕。火車離開巴黎半個小時後，我聽到間隔幾排之遠的地方，每隔一段時間就會傳來咒

罵：「媽的！不會吧，怎麼可能！該死，該死，該死！」約莫如此，斷斷續續，持續了好一陣子。那是一位穿著時髦的年輕主管，獨自坐在電腦螢幕前暴怒著。車廂裡投來的目光或是好奇（「他是怎麼了？」），或是擔心（「難道他打算在我們面前直接上演精神崩潰的戲碼嗎？」），或是惱怒（「他快要閉上這張爛嘴了嗎？」）。然後，這傢伙自己平靜下來了。過了一會兒，他起身去餐飲車廂買了一瓶啤酒。再回到座位，喝完啤酒，就睡著了。

我不知道他碰到了什麼電腦上的麻煩，也不知道他的生活是如何地超級緊張，讓他在眾人面前有如此行徑。有時候，我也會惱怒，尤其是當電腦對我不留情的時候。然而，倘若有其他人在場，我會閉嘴，不敢作聲，也不敢高聲抱怨出來。要不，也是偷偷地做。

而他，卻是我行我素，有強烈的自我肯定；不過，管理壓力的能力，或許少了一點……

1. 編註：普利摩・李維（Primo Levi, 1919-1987），猶太裔義大利化學家、小說家。他是納粹大屠殺的倖存者，曾被捕並關押奧斯威辛集中營十一個月，受盡折磨，直到蘇聯紅軍在 1945 年解放這座集中營，才重獲自由。其處女作《如果這是一個人》（Se questo è un uomo）即是紀錄他在集中營中的生活，另著有《滅頂與生還》（I sommersi e i salvati）等書。1987 年自殺身亡。

2. 譯註：西方流行的民間傳說中，當小孩掉乳牙時，小老鼠會在他們睡夢中取走乳牙，留下一個錢幣或小禮物在枕頭下。因此，演變成為一種習俗。

3. 編註：貝納諾斯（Georges Bernanos, 1888-1948），法國作家、小說家，作品多探討善惡的屬靈爭戰，代表作《鄉村神父的日記》（Journal d'un curé de campagne）、《惡魔天空下》（Sous le soleil de Satan）。

4. 編註：諾斯替宗教一般認為起源於公元一世紀，比正統基督宗教的形成略早，盛行於二至三世紀，至六世紀幾乎消亡。「諾斯」（Gnosis）一詞的希臘語意為「屬靈的知識」，意譯為「靈知」，透過這種特別的知識和直覺，可脫離無知及現世的遮蔽，超越物質和肉體的囚禁，使靈魂得救。

5. 編註：查爾斯－約瑟夫王子（Charles-Joseph, Prince de Ligne, 1735-1814），奧地利陸軍元帥、作家。生於比利時布魯塞爾，幼年即進入皇家軍隊，在「七年戰爭」中（1756-1763）為奧地利服役，卓有功績；後成為神聖羅馬帝國皇帝約瑟夫二世的親信顧問。1780 和 1786 年受派出使俄國。1809 年晉升元帥，並任法庭名譽指揮。

6. 編註：1968 年春天在法國發生的學生運動，由開始時巴黎的三萬人罷課，演變至全國九百萬人大罷工。此次學運對法國現代發展影響深遠，甚至被視為是促成法國社會進行大幅度且深層的結構性變革之主要關鍵。學運更從法國蔓延到世界各地，即使是歐洲往後的學運，亦深受它的路線影響。

日常
Quotidien

每天都是恩典：都是幸福的日常麵包。
我已知道這一點，現在也相信了。
我是否能夠幸福地死去呢？

傳道書（Qohélet）

大家比較熟知的《傳道書》（Qohélet），是以 Ecclésiaste 為名的；這是《聖經》中最令人不安的篇章之一。昔日，人們曾經認為所羅門王是這一長串獨白的作者，其中也包括了眾所周知的著名句子：「虛空的虛空，一切都是虛空，都是捕風。」《傳道書》的矛盾與神祕，就在於交替著長串的憂鬱以及虛無主義（「已有的事，後必再有，已行的事，後必再行，日光之下並無新事！」），加上另外一些令人欣慰的段落（像是「行你心所願行的，看你眼所愛看的」）。

這兩段出自於同一個人所說的話，總結起來就是：「你在日光之下虛空的年日，當同你所愛的妻，快活度日。」儘管《傳道書》是悲觀的，仍然載負著智慧，不斷給予我們提醒；《傳道書》的智慧也鼓勵我們繼續珍惜生命，即使生命不具任何意義——「因為在你所必去的陰間，沒有工作，沒有謀算，沒有知識，也沒有智慧。」哲學家安德烈‧孔德－斯朋維勒在一段評論中，特別提到 hével 一詞，希伯來文的詞源是「水汽、蒸汽」，翻譯成「虛榮心」的意思。水汽或蒸汽，並非什麼都沒有，只是「幾乎」沒有！因此，《傳道書》想要透露的訊息可能是：「我見日光之下所作的一切事，都是虛空，都是捕風。」然而，生命就是這樣啊：幾乎什麼都沒有，但總還是有點什麼……

什麼時候才能是真正的自己？
（Quand suis-je vraiment moi-même?）

是在幸福的時刻裡嗎？覺得自己很幸福的時候嗎？是藉由幸

福，才能啟發自己的渴望與自我認知嗎？

抑或，不幸才會是啟發我的動力？難道是在我不斷反覆思忖、發脾氣或者驚慌害怕的時候，才感覺更接近自己嗎？

我們可以選擇不回答這類問題，並且告訴自己：其實，幸福與不幸都是存在於我們身上的多樣面孔的展現。這樣說也是沒有錯的。

然而，這只是推延問題罷了，因為緊接下來的問題會是：我偏愛這些面孔裡的哪一個呢？我想用其中的那一個面孔來度過餘生呢？

「今天，你為別人做了什麼呢？」
（《Qu'as-tu fait pour autrui aujourd'hui?》）

前幾天，一位女性朋友寄給我這句馬丁・路德・金的話（他是我最喜歡的人物之一，他的照片就掛在我書房的牆上）：「一生中，最該持續不斷且最緊迫的問題是：你為別人做了什麼？」那一天，當我讀到這封信時，這句話深深地觸動了我、召喚著我；並且挑起了我很喜歡的那種攪擾，也就是由知識轉進行動的過程。閱讀著這句話，我不會自問：「我了解這個道理嗎？」而是問：「我實踐這句話了嗎？」馬丁・路德・金的這些話，並不只在智識上緊緊攫住了我（「哦，是啊，這很有道理，也很重要」），而是整天不離不棄地跟著我──「你呢？今天你為別人做了什麼？」在那幾天裡，我經常自問著這個問題進入睡夢中。對我來說，結果非常有趣。

起初，我覺得這很容易，畢竟每一天生命都賦予我們為別人做許多事情的機會，我們有一千零一種安慰、幫助以及體貼的話語和舉動。然而，我算是特例，因為有幸作為一名醫師；在醫院裡，我天天履行著勸慰、傾聽、安撫以及照顧病患的工作。有些日子裡，這些工作使我疲累，也有些負擔；但是，總體而言，這個專業讓我能夠幫助別人。對我來說這實在是一項恩典。另外，我也很幸運地成為作家，讓我能夠藉由自己的著作幫助他人。還有，我也很幸運擁有家庭和朋友，並且能夠隨時支援他們。因此，這一切都太容易了……

一旦擺開自己作為醫師和作家的身分給予他人的幫助，以及心甘情願給予親人和熟人的幫助；我發現，一旦必須刻意超越自己習慣的關係圈子時，助人這回事也就變得比較複雜了，很難在日常生活中力行，也很難對自己說：「今天你為別人做了什麼？對一個完全不認識的人做了什麼？不是為了親人、鄰居、同事、病人或讀者，而是為了一個完全陌生的人？」就這樣，動搖了我對自己的肯定，也降低了對自己的堅信。

為了自我安慰，我跟自己說，起碼已經做到這些了。我經常做的事情已經很不錯了——盡力樂意助人，幫助周圍的人、認識的人，或者與我擦身而過的人。然而，有些人則貢獻於全體人類，成就有益的事情。霎時間，我對這些不顧艱險以救援為己任的人，無論是志工或聖者，無論知名或匿名者，都肅然起敬。結果，當晚我反省「你今天為別人做了什麼？」的時候，就變得不再那麼舒適，反倒不安起來了。取而代之，我問的是：今天我是否超越了自己的習慣，走出自己熟悉的圈子呢？在未來

的日子裡，我是否能夠做得更好呢？

我完全不知道會怎麼樣，我不是聖人，我只是個凡人——有些日子裡，會有點累的凡人。

但是，我希望自己可以有能力並且堅持下去……

四條生活準則（Quatre règles de vie）

我是個非常欣賞智慧準則的人：一般上，我喜歡準則，也心有同感。批評智慧準則之前，我的第一個動作是先好好地欣賞一番。毫無疑問，這是因為我自知在智慧方面仍是新手（也自知會一直這樣持續下去）。總之，前些天一位女性朋友在網路上給我寄來一張圖片，就像你們一定都收過的那種：一些印度智者美麗的照片，加上動人的話語。這次，則是建議我實行以下四條智慧準則：

▶「每個你遇到的人，都是適切的人。」沒有人是無意間走進你生命之中的……

▶「不管發生什麼事情，都是唯一會發生的事情。」所有發生在你身上的事情，都是好的，即使是在挑戰你的自我、邏輯或意志。

▶「每一刻，都是好時刻。」發生在你身上的事情，不會太早或太晚；即使攪擾到你，也是它應該發生的時刻。接受發生在你面前的事情。

▶「結束就結束了。」不要對任何事情後悔，放下過去（不是

忘卻過去，而是放手），並且勇往直前。

奇怪的是，這些話看似如此想當然爾，如此有力，或許存在謬誤，或根本無法實踐；但竟然能夠觸動我，讓我反思自己的生命。每一回，當我遵從這些準則反應的時候，還是能夠讓我避免許多磨難，避免浪費時間。所以，面對這些行之已久、陳義宏偉的生存建言時，我從來不會像某些人那樣小看這類老生常談。陳詞濫調是不存在的，只是我們的生命力和好奇心睏倦無感了。因為我們自命不凡或厭倦了，甚或有時只是因為自己心情不好，或只是疲累了。

寂靜主義（Quiétisme）

十七世紀的歐洲，曾經有過一個驚人的教派，名為「寂靜主義」[1]。這個教派受到神祕的靈啟，以一種完全自願、平和、堅信的放任方式來親近上帝。最重要的是，將自己沉浸在禱告與沉思祈禱中，儀式和行為則是次要。然而，羅馬天主教廷並不欣賞，甚至大肆韃伐這種置教條與教會體制不顧，直接與上帝溝通的罪惡自然神論。寂靜主義，是在對上帝毫無保留、無為以及信任的形式裡，尋求真理。結果，這支教派成為嚴屬批評的對象，甚至消失殆盡。當今一些幸福的願景，像是任意放逐於天意與生命之中，其實與寂靜主義主張的無為很相近。這樣的想法所導致的爭議（諸如「幸福就是不理會生活中必要的奮鬥」），也很類似於清靜無為當時引起的爭議（博須埃[2]的韃伐受到費內隆〔Fénelon〕的捍衛）[3]。然而，放鬆和信任，有時候代表著最明智又適切的態度——當逆境展現在面前，我

們也已經盡力而為了，與其激進，倒不如寂靜無為來得最好。

「誰能指示我們看見幸福？」
(《Qui nous fera voir le bonheur?》)

「誰能指示我們看見幸福？」[4] 這句內心深處的吶喊，出自於《聖經·詩篇》第四章。順理成章的，答案就是上帝。我很樂意再添加一個答案——我們。這應該不算是褻瀆，因為上帝是依照自己的形象創造了我們。

日常生活（Quotidien）

日常生活，是幸福的主要來源。這些礦層相當豐富，開發起來也容易——只需要打開雙眼，學著留心就夠了。

1. 編註：「寂靜主義」來自拉丁文的形容詞 quietus（寂靜）。「寂靜主義」一詞開始為人所知，和西班牙神父米格爾·莫利諾斯（Miguel Molinos, 1628-1696）受到教廷處分有關：十七世紀下半葉，米格爾·莫利諾斯神父大力鼓吹一種無為超拔的境界，其神修理論經過羅馬長久審慎的研判，於 1687 年斷定為不道德的謬論。

2. 編註：博須埃（Jacques-Bénigne Bossuet, 1627-1704），法國主教、神學家，以講道及演說聞名，擁有「莫城之鷹」（L'Aigle de Meaux）的別名。他是路易十四的宮廷神師，宣揚君權神授與國王的絕對統治權力，被認為是法國史上最偉大的演說家。

3. 編註：法國一位富有的寡婦讓娜·居永（Jeanne Guyon, 1648-1717）因認識了米格爾·莫利諾斯神父的「寂靜」神修理論，深受感動，為文大肆宣傳。一向不喜歡神祕主義的博須埃主教對居永夫人展開攻伐；其學生費內隆主教非常欣賞居永夫人的神修思想理論，出面為居永夫人辯護。1699 年費內隆受到教會譴責，且被迫歸正。

4. 譯註：中文《聖經》裡的譯文為「誰能指示我們什麼好處？」

呼吸
Respirer

無論發生什麼事，保持呼吸。
當你讚賞，當你哭泣的時候，
當一切俱足，當一無所有的時候。
僅僅因為，你還活著。

R

發牢騷，不再發牢騷（Râler et ne plus râler）

在朋友家度過了一個美好的夜晚，佳餚美酒，大家盡興高談闊論。應朋友的要求，我們很早就到他們家了，以便能在午夜之前離開，第二天才不會精神不濟。然而，聊天一直持續、再持續，沒完沒了的；我開始打瞌睡了，也注意到朋友的眼皮沉重地自動垂下來。儘管我們越來越不能掩飾疲勞的小信號，太太們卻還是精神飽滿，繼續談論著生活裡所有重要的主題。最後，我們遠遠比原先預期的時間晚了許久才離開。我早就想上床呼呼大睡了。啊，終於，如願所償……多高興啊，鑽進溫暖的被窩裡面！突然間，我想起了……

我想起了，好幾年前，當這種情況發生在自己身上時（就是，想早點上床卻要等到清晨一點鐘才能睡覺的時候），我都會暗自發牢騷——惱火著被留到深夜方能離開聚會，一想到第二天早晨還要早起就心煩，有點擔心沒有足夠的時間恢復體力。可是這一次，我看到自己的大腦幾乎不再抱怨、幾乎不惱火了。腦子不再浪費時間和精力去後悔晚上聚會拖得太久，也不再煩心第二天可能會疲勞。腦子輕輕鬆鬆地就脫離了發牢騷的誘惑，逕自專注於最重要的本質，專注於當下——此時，疲累得只想倒頭大睡，能夠鑽進被窩裡是多麼美好的事啊！我的大腦直接專住在當下，因為它知道其他的都沒用。總之在這個時候，反覆思考是沒有用的。這一刻，只是為了好好享受，而不是糟蹋浪費。

於是，我明白了，年復一年，在不知不覺中，所有冥想課程以

及正念時刻，已經開始悄然改變了我的大腦（也就是治療師口中常常提到的「神經可塑性」）。大腦非常有效地運作以調節情緒，有時自動執行，有時在我的要求下運行。有賴於所有微不足道、多年持續不斷的努力，即便在當時看不出有什麼效益，但就是這些無足輕重的努力，使我們成為更好的人──變成少發牢騷，不再那麼有攻擊性；變得更懂得珍惜、更快樂；變得更有耐心傾聽，不添加憤怒或自負。油然升起了宇宙無垠巨大的感恩之情，向所有時代、所有文化的所有禪修者致意，感謝他們千年來耐心地將冥想發展起來。若只憑恃我一個人，是絕對無法辦到的……

雪地裡的雪鞋（Raquettes dans la neige）[1]

有一天在山上，我穿著雪鞋獨自走在森林裡。我緩慢又艱辛地前進著，因為剛剛才落下了很多的新雪。天氣非常好，映襯著冬天特有寒冷又耀眼的光芒。不時，我會突然陷入疏鬆的雪塊裡，深埋到膝蓋的部位。然後，我再繼續困難地前進。再遠一點，我又再次踩進深深的雪中，然後再費力地拔起自己的雙腿。通常，在這樣筋疲力竭的情況下，我會停下來欣賞森林的美麗、天空的純淨，靜聽沉默之音，像是樹枝上突然飄落下雪花的聲音，或是鳥鳴聲……我不知道自己為什麼會在這裡，在這深深的積雪裡，奮力向前移動著。然後，答案揭曉了──因為，你周圍的一切是多麼地美。遠比滑雪勝地的坡道更美麗，遠比其他的地方更美麗。也因為，這就是我們生命的寫照──我們奮力、我們咒罵，磕磕絆絆跌跌落落地前進。就在我們停

下來放眼四望的時候，我們瞭解，自己擁有著多麼不可思議的幸運，能夠身處當下。

（差一點）錯過火車（Rater [presque] son train）

有一次，我參加了一場很精采的研討會，會議持續了一個白天和晚上。在這場會議中，我們學到了很多，也經歷了許多感人的片刻。我必須搭第二天一大早七點三十五分的火車回巴黎，主辦這次會議的朋友（當然是與其他幾個人一起主辦的）堅持要載我去車站。我一再拒絕，並且告訴他，主辦會議全程已經非常疲憊了，我大可以叫計程車。他一再堅持要我接受，並且告訴我：這樣子，我們還可以再多聊一點。於是，我們就約了第二天清早七點十分，在我下榻的旅館前見面。

第二天早上七點十五分，他還沒到。我打電話給他，是答錄機。七點二十，焦慮升高，我開始在街頭踱來走去，想要攔一部計程車（因為已經來不及從旅館打電話叫車了）。七點二十五分，朋友終於趕到，萬分尷尬，解釋說這是他第一次沒有聽到鬧鐘響。

看到他來了，雖然讓我鬆了一口氣，但我還是全身緊繃，因為我開始預見要錯過火車了。我們火速穿過市街，我親眼目睹到這一幕謹慎闖越紅燈的嚇人奇觀（我知道，這麼說很奇怪……），也就是每一次紅燈亮起時，他就慢慢地向前開，確定沒有來車再開過去。我們之間沒有交談。因為，他要專心開車，也因為他很尷尬。我則是看在眼裡怕讓他分心，也因為自己的能量都被其他的事情吸去了。

一路上，我都在竭盡所能地讓自己冷靜下來——極力抗拒一陣陣潮湧上來對他不滿的怒氣（既荒謬又無用地想要怨懟他：「已經告訴過你，你累了，我可以叫計程車的。」）；還要平撫自己緊張的情緒（「快趕不上火車了……」）與自責（「不就是趕不上火車嘛，別把自己弄成這個樣子；況且，他又不是故意的……」）。總之，車內瀰漫著一片濃密又緊張的沉默。熱絡的交談只能等下一次了。七時三十三分，我們抵達火車站前，接著就在過道上狂奔，尋找搭車月台（在匆忙緊張時，更顯艱難）、跳上高鐵列車（剛好，高鐵遲到五分鐘）。我們終於在車門關上前的分秒之間，開始說話了；他忙不迭地直道歉，我則想讓他少些自責：「別擔心，這會是我們難忘的回憶。幾年後再講起來，會被當成一件爆笑的故事：『你還記得嘛，當年我們竟然花不到十分鐘，穿越了布魯塞爾市區！』」

在火車上，我又想起剛才經過的事情。真是徒勞了自己的定期打坐，也空有應對壓力的知識，因為這些努力並沒有讓我能夠不焦慮、不惱怒，也沒能讓我不對朋友生氣，甚至還給他臉色看，讓他忍受我的沉默。我唯一能做的，就只是與憤怒和壓力保持距離，避免自己被這些情緒完全凌駕而對朋友做出不必要的指責。

結果，我就沒有多餘的能量來面對其他的事情了——比方說，我可以感謝朋友冒著駕照被扣點的風險，也可以感謝他一路上的努力，而不是只有在最後到達車站的時候才感謝他。然而，這些對我來說都太困難了。有一天我是否能夠做到呢？我完全不知道，我只知道在達到這種境界之前，自己還必須多多努力

好長一段功課。因而，也無須勉強、顯示謙虛（試圖表現得比實際上來得堅強）；生命會提醒我們，自己的限度在哪裡。

歡喜（Ravi）

在普羅旺斯所有的耶誕馬槽模型裡，都會有歡喜魯（*Lou ravi*）在場。這個「歡喜」的小人物，衣衫襤褸，雙臂伸向天空，驚嘆聖嬰耶穌的誕生。因此，他也成了人們嘲諷的對象：當別人說你是「馬槽裡歡喜的人」，通常意味著，大家認為你的熱情和衝動都太刻板而不可靠。但是，也別忘了「歡喜」的動詞，起始是意味著「強奪」。因此，心理上的歡喜，就是被幸福劫持，是一種不可抗拒的歡樂激情。我還真希望，自己能夠更常快樂！

幸福的祕訣（Recettes de bonheur）

社會觀念一般是鄙視幸福的祕訣和招數的。那些讓人過得好的建議，可以非常簡單，對此我似乎從來沒有懷疑過。其簡單的特性，並不意味著化約。讓人容易理解與實踐的事情，都是簡單的。因為，幸福祕訣的挑戰，並不在於簡單與否，而是在於，必須經常實踐。

復發（Rechutes）

這一點很重要——如果您不是天賦異稟的幸福能手，如果您曾經盡心努力過，並且歷經這些努力之後有所進步，您還是會舊疾復發的。

心理諮商師很清楚這一點，這很正常，所有人都必須經過這樣的歷程。心理變化的過程本來就不是遵循著一條直線，而是遵循著一條正弦曲線朝上進行的。每當曲線反折接近低點的時候，我們都不禁自問這到底是怎麼一回事？是否表示所有的努力都沒有用，永遠注定要回到原點？就如薛西弗斯（Sisyphe）注定要一直推著那塊大岩石呢？或者只是意味著，我們的改變牽涉到自己情緒的自動操作；而情緒的自動操作在遇見困難增多或暫時疲勞的時候，就會捲土重來呢？

還記得所有改變的步驟嗎？首先是想法（即，告訴自己應該做的事），其次是態度（即，努力而為），然後是情緒（會變得不那麼暴烈）。最後一個階段是最漫長的，而且也不會得到完整的成果。一生中，我們有可能會持續感覺到陣陣的恐懼、痛苦、自殺的念頭以及暴力的衝動。我們要克服的，不是這些現象的存在，而是它們的影響力。蕭沆也曾經提到：「我已經克

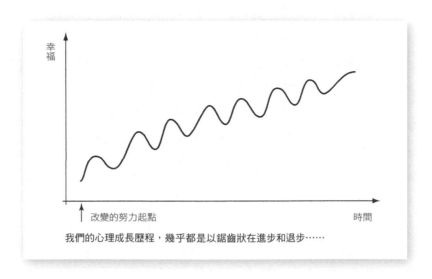

我們的心理成長歷程，幾乎都是以鋸齒狀在進步和退步……

服了自殺的渴望，而不是自殺的念頭。」

對於痛苦情緒的掌控能力，不要太狂妄自滿，也不要有太多不合理的期待；因為，痛苦的情緒總是會重新出現的。然而，如果我們能夠不妥協於痛苦情緒的反攻，它終會變得不再那麼沉重……

沉思（Recueillement）

最後一次獨自到父親墳上悼念時，我仔細觀察了自己腦子裡的思緒。獨自一人時，悼念的方式是不同的；人多的時候，會有比較多的行動（像是給花澆水、清潔墳墓等等），話說的也比較多。然而，當我們獨自一個人的時候，就很不同了，我們面對的是自己的內心世界。我們有時間靜觀自己行事、聆聽自己思考，還有觀察自己感受。那天，我首先意識到內心棲息著來來去去混亂模糊的想法和印象。童年的回憶，還有對父親晚年的回憶。我完全沒有任何執著，只是任由這些回憶隨意出現和消失。同時只專注於當下，看著墳墓，任憑干擾的想法流過，聽著身邊的生命之音在流動。然後，我想跟父親說話，向他致意，向他傳送塵世的訊息；也想要重新掌控一下這些混亂的心緒。前幾次來上墳時，我似乎並沒有真的與父親「說話」。因此，至少這一次，應該不要再讓自己腦海裡思念父親的情緒隨意流動，而是讓自己稍微能夠整理一下這一切。

於是，我想要感恩，感謝父親曾經帶給我的一切──努力的熱忱、關心他人、熱愛閱讀以及戒慎怨懟。感謝父親努力工作，才讓我們兄弟二人得以完成學業，而他自己卻從來沒有機會接

受同樣的教育。我讓這種感恩的情懷充滿全身，感覺到胸口溫暖了起來，我試著深深呼吸，讓這種感覺傳送蔓延遍佈全身。我試著與父親停留連線在感恩的「頻道」上幾分鐘。我看到，美好的回憶慢慢掃除了那些不好的回憶，並且在情感記憶裡的最前線占有一席之地。在那一刻，我覺得，這就是最好的態度了。當下也有種奇異的感覺，感覺到自己似乎也傳遞了一些什麼給父親。這樣的傳遞也讓我飽滿豐盈。我深深地體會到人們常說的：施捨也豐富滋養著給予的人。

然後，慢慢的，我又回到了墓地。重新審視著墓碑上，祖父、祖母的名字，心緒不禁又飛揚流蕩起來。

走在墓道之間，看著每一座石碑，慢慢地離開。感覺自己與所有的亡者息息相連，有種人類生生不息的寬慰情懷。

保持距離（Recul）

儒勒‧何納在 1902 年一月二十日的《日記》裡寫到：「當一個人說『我很幸福』的時候，他想說的僅僅是『我有煩惱，只是它傷害不到我』。」不想有煩惱？不可能的。不想被煩惱擊中？從來就不是容易的，但是要盡可能做到。

遺憾（Regrets）

記得在一次冥想實習課中，教練要我們做一件只有冥想導師才能夠做到的異事。他要我們圍成圓圈，然後要求我們向前邁出一步。沉默了幾秒鐘之後，告訴我們：「現在，試著不曾做過

剛才的那一步。」我從來沒有聽過，更沒有經歷過這樣的事情（這就是語言教學與體驗教學之間的差異），對毫無意義的虛空生出驚人的奇奧，讓人體驗到遺憾。

字典把遺憾定義為一種「痛苦意識的狀態，連結到過去，鑑於愉快的時光必然會消失」，例如遺憾自己的童年、假期或者青澀的愛情……笛卡爾也在《論靈魂之熱情》（*Traité des passions de l'âme*）一書中描述：「美好的過去，所引起的遺憾，是一種憂傷。」幸福與悲傷之間的關係，真是不勝枚舉。這兩者常常必須妥協於遺憾；因而，不管我們願不願意，都會被推向不斷地反芻過去。拉·布呂耶爾[2]在《品格論》（*Caractères*）中，以一種悲觀主義確認，人類由於運用不當，造成己身的遺憾：「人們經歷了時不我予的遺憾，並不能確保他們能夠善加利用剩下來的時光。」

在這領域裡，大多數研究都強調，遺憾是不可避免的。遺憾，可以由行動所引起，同樣的，也可能是因為欠缺行動而引起；也就是說，做了一些不應該做的事情，或者反之亦然，沒有去做應該要做的事情。然而，倘若一定要選擇的話，寧可要採取行動之後的遺憾！許多研究證明，事實上，一個人對曾經做過的事情後悔（至少當我們失敗的時候），通常比沒有去做這件事情而後悔的時間來得比較短。進化論心理學家也認為，遺憾的功能正是讓我們可以從失敗中汲取教訓，鼓勵我們在下一次進行不確定的行動之前，要更加謹慎。但是，長遠來看，沒有行動而衍生的遺憾還是最沉重的——生命中，最常讓我們遺憾的就是那些沒有去做的事情，像是「我真應該繼續求學的」、

「我真應該多花一些時間跟孩子相處的」、「我應該在父親去世之前多跟他說些話」。

（最大的）遺憾（Regrets [les plus grands]）

放眼所有文學作品，許多主題都是關於人到晚年才宣洩出來的最大遺憾。感覺到死亡將至，最容易後悔的似乎是：沒有忠於對自己的期許，只一味討好別人勝過讓自己滿意；工作太辛勞；沒有表達自己的感情；沒有與朋友保持聯繫；沒有嘗試讓自己更幸福。正如以上幾項，「沒有」一詞高占了四分之五——永遠都是因為缺乏行動而引起遺憾……如果，我們能夠試著在死亡來臨之前正視這一點呢？

遺憾與詩歌（Regrets et poésie）

我似乎同時需要詩歌以及科學，才能夠激發自己改變，才能夠靠著規律以及堅毅，來實現這本書裡談到的所有正向心理學的努力。科學，是為了說服我的大腦（如果沒有這個步驟，我是不會行動的）；詩歌，則是用來激勵我，注入起跑的動力，並且在動力削弱的時候，幫助我再接再厲。我曾經是個不斷抱恨的人，詩歌在反遺憾的爭戰裡，對我幫助頗大。例如，阿波利奈爾〈健康頌〉（À la Santé）裡的詩句：

時間慢慢流逝
就像葬禮緩緩走過
你將為了
匆匆離去的此刻哭泣

正如你將哀泣

所有飛逝而過的時光

每當意識到自己正陷入無端抱怨的時候，我就會覆誦：「你將為了，匆匆離去的此刻哭泣。」這詩句對我有如真言一樣，常常頗有效果。無論是詩句優美的音樂性，抑或是詩人的形象，在在扶持著我。我想像著，紀勇·阿波利聶在 1900 年的巴黎，既樂又苦，最後去世於 1918 年的西班牙流行感冒潮裡。我想起今日已經死去的他，想起他的話語。對我來說，一樣的建議，絕對比出自一個還活著的人所說的平庸言語（像是「別再這樣唉聲嘆氣了，老兄！」）來得有分量。人類，實在是奇怪的小動物。

宗教（Religion）

大多數研究指出，無論信仰何種宗教（總之，現存的論據都是依據基督宗教、伊斯蘭教、佛教及猶太教這四種宗教為基準），都是有利於心理健康的。針對這點，有以下幾種解釋——一群信徒之間的來往，可以成就社會及友誼的關係；祈禱，有平和與安撫的作用；宗教賦予生命意義；指望死後有來生；避免過分放縱的生活方式。然而，這一切只有在「中庸」的情況下才能運作。若是陷入狂熱主義，宗教的益處就會在規範與思想的嚴峻以及約束的重壓之下消失殆盡。此外，日常生活條件越艱困，宗教信仰的助益似乎就越強大，信徒群體也會更龐大，無論是就數量（教徒人數增加）或質量（信徒更虔誠）而言。反之，生活越舒適，這樣的投入就越不重要；這是否因為涉及與

物質主義的競爭呢？或者因為安撫的需要減少了呢？馬克思視宗教為人民的鴉片，藉以形容宗教的安撫作用，以及在政治上的麻醉效應；若在今日，我們會說是那是「人民的百憂解」。馬克思又補充說：「宗教，只不過是虛幻的太陽；只要人們不圍著自身旋轉時，太陽就會圍繞著人們旋轉。」而我不確定，太過於繞著自己旋轉，是否對我們有利……

馬可・奧里略的謝詞（Remerciements de Marc Aurèle）

在奎德國（Quades）卡牛阿河（Granua）畔的軍營裡，有一天晚上，馬可・奧里略大帝坐在自己的書桌前，撰寫《沉思錄》。由別人提供給他的一長串名單，洋洋灑灑地開始了動人的謝詞：

「我從祖父偉魯斯（Verus）身上，學到了仁慈以及樂於助人……母親培養我虔誠……拉斯蒂克斯（Rusticus）讓我明白，需要糾正自我道德並且加以細心守護……塞克圖斯（Sextus）以身教讓我性情溫和，做個好父親照料家庭，具備單純的穩重並且毫不做作，遵循大自然的法則生活，盡力揣測迎合朋友的心願……語法學家亞歷山大（Alexandre）教我在爭議時，不出惡言……我還要感謝上帝，賜予我這些優秀的祖先……」

這份名單，真是扣人心弦，一點也不枯燥索然；因為其中透露出真誠，描繪著一個人憂心忡忡，想要成為善良又公正的人。這段文也勾勒了所有人在任何時間、任何地點，總是努力精進地希望將自己導向更人性化的境界。真是一個既具尊嚴又謙遜的訓練，在我所知道的文學史上，還無人能出其右。

重新質疑（Remises en question）

許多心理上的煩惱，來自於我們沒有真的去實踐那些自己知道有助於心靈的事情，例如重新質疑。很少有人會否認重新質疑是件好事——如果我發現自己搞錯了，或者犯錯了，那麼重新質疑某些推理、習慣以及確信，如何導致這個錯誤，這是很有用甚至不可或缺的途徑。然而，我們會如此做嗎？會真真切切地去做嗎？

難道我們的重新質疑，只是在腦子裡記下自己搞錯了，知道原因出在自己身上，然後就轉頭去做其他的事情了？在這種情況下，重新質疑不會發揮什麼太大的效用；下次一有機會，我們又會落入同樣的錯誤、同樣的習慣以及同樣的堅信不疑之中。我們必須強力而為，真誠且花時間來深思自己的錯誤。浸漬其中，不是為了反覆咀嚼讓自己受苦，而是為了不要忘記這些錯誤，真正讓它們在腦海裡占有一席之地。不是為了鞭笞自己，而是為了讓自己進步。藉由清除這些自己不斷重複的錯誤，給幸福提供多一些機會。

結識（Rencontres）

許多研究顯示，認識新的人，並且與他們互動，在情感福祉方面有眾多的好處。其中一個可能的機制是，我們比較容易對自己不認識或認識不深的人微笑，這樣的笑容回饋給我們的，會讓我們獲益良多。這種社會關係的好處是合乎邏輯的，但最耐人尋味的是，很多時候我們會預先低估了這些好處。然而，所有的資料都證實，當我們身心狀況不好的時候，與他人晤面，

至少會輕微或者短暫地讓我們抽離陰沉的輾轉反思。我們永遠想要預知行動所帶來的收益，而在不順遂的時候，我們總會拒絕先試著行動，因為，我們以為自己知道這些都是行不通的。我們以謬誤的肯定，犧牲了真正的嘗試。就幸福的角度來看，這永遠都不是行事的良策。

謝恩（Rendre grâce）

我們的祖先比我們更樂於感恩——對他們來說，有東西吃，生活在和平中，有健康的身體，甚至僅僅活著，這一切就已經很幸運了；或者應該說，已經是得到神明保佑了。例如，基督徒每次用餐前，有一個稱為「飯前經」（Bénédicité）的簡短禱告，這詞來自於拉丁文，是「祝福」的意思。今天，我們的生活不再像以前那麼艱難，然而，也是可以歡喜讚嘆自己活著的幸運，表示一下自己俗世的感恩——暫停下來，呼吸一下，試著感知、微笑；感謝那些自己想要感謝的人，讓我們有機緣身在這裡。

放棄（Renoncer）

放棄，是幸福必要的步驟。然而，重要的是放棄虛像，而非放棄實質。放棄想要經歷與體驗所有的幸福，以及所有可能的幸福來源；並且，接受我們永遠不會有時間做所有自己想要做的事情，像是旅遊、休閒、聚會等等。但是，千萬不要以悲傷或其他事情為藉口，而放棄了細細品味每一段經過的幸福。

睡前小憩（Repos avant sommeil）

星期一晚上，聖安娜醫院的冥想小組練習時，我們談論著剛剛做完的練習，幾位學員、病患或治療師都感覺到，做這項練習時自己快要睡著了。於是，參加本次活動的院內實習醫師麥克，就跟我們講述了一個相關的故事。他說，有一天晚上上床睡覺前，弟弟攤在客廳的一張椅子上，開始打起瞌睡。麥克走過去問他：

「你為什麼不去床上睡呢？」

「我沒在睡覺，只是休息。」

「休息？」

「是啊，睡前休息！」

不容反駁的邏輯，休息和睡眠是不一樣的。睡前休息，也不是壞事。如果休息就是安靜下來、放輕鬆、沉醉在正念的片刻裡，只專注於感覺呼吸、存在以及當下。介於清醒和睡眠之間的第三狀態，一種沒有特定目標的精神存在狀態。如果，真想給它一個目的的話，我們可以選擇，刻意喚起一天裡所經歷的小確幸，只為了讓自己能夠離開憂慮，進入夢鄉。

韌性（Résilience）

重要的，並不僅僅是在試煉中存活下來，而是之後要讓自己重新快樂起來。首先，努力重新賦予自己幸福的權力，然後，重新得到幸福的況味。

決定（Résolutions）

作家埃里克・舍維拉爾在他名為《自我杜撰》（*Autofictif*）的部落格裡，針對下決心一事做了以下這段嘲弄：「下決定的完美時刻到了。我不再打大猩猩，也不再嚼石子了。我要試著用自己的雙腳走路。這會很困難，但是，如果有時候，我們不強加上這些在磨難中增強意志力的挑戰，我們會成為什麼樣的人呢？」不過，我還是喜歡每年年初的新年新希望；這些新的願望至少也是有存在的必要，能讓我們更接近行動。一些相關的研究顯示，有決定總比完全沒有來得好（像是「我不作任何努力、思考或行動，來修改或抑制自己的缺陷」），這就是為什麼我不會嘲笑「做決定」這件事情，我的思考方式比較像儒勒・何納所說的：「我給您帶來了我的祝福。——謝謝。我會盡力實現的。」

呼吸（Respiration）

我們的呼吸，總是悄悄地伴隨著自己所有的情緒，遵循著每個當下的活動或感受而加速或減慢。但是，呼吸不僅是我們心動和承諾的見證，也是安撫的源泉以及幸福的工具。

遇見美麗、和平、溫馨的時候，意識自己的氣息，並且帶著意識深深地呼吸，這是為了更能夠好好品味這一切，將它迎進自己的內在，而不是只用智力記錄下來（「嘿，真美麗，真感人……」）。意識自己的氣息，深深地呼吸吞吐氣息，是為了不要畏怯那些會傷害我們的事情。當沒有發生什麼特別事情的時候，意識自己的氣息，並且深深地呼吸，只是為了更加記住自

己活著，而這是件多麼難以置信的幸運啊。

因此，將呼吸調整在緩慢且安靜的節奏，是有很多好處的。然而，該怎麼實踐呢？我們經常會建議一個稱為「三六五」的方法——每天三次，每分鐘做六個緩慢的呼吸循環（每次吸氣和呼氣持續五秒鐘左右），如此持續五分鐘；一年實行三百六十五天，也就是說，天天都得做。

呼吸，愛心與善意（Respiration, amour et bienveillance）

若經常練習專注於善意關照他人的冥想，會非常明顯地增加福祉。特別是，增加對人類的親密感與博愛之情，不僅僅只限於自己的親人。在這些練習中，我們體驗呼吸以及善意（無論是接受或給予）之間的關係。這就是德蕾莎修女在一篇訪談中所宣揚的：「很簡單：就是，吸進愛，呼出愛！」

找回（Retrouver）

有些幸福，聯繫著意外以及不確定。也有些幸福比較溫柔，在於尋回曾經熟悉、曾經使我們感動，甚至震撼的事情，像是定期重返自己喜愛的地方、定期與遠方的朋友重聚等等。我們並非只需要新鮮事；有時候，只要我們能夠意識到，一些平凡的痕跡仍然固守在那裡，就足以讓我們快樂起來。

鬧鐘（Réveil）

鬧鐘響起，是讓我們走出睡眠，面對或享受生活的敏感時刻。有時候，我們並不覺得有什麼特別的情緒狀態。有時候，眼睛

都還沒完全睜開，焦慮已經躍竄到喉頭。有時候，是快樂等在那裡。總之，在所有的情況下，起床前給自己一點點時間，總是好的——給自己一點時間來歡喜自己還活著（就在我們睡覺的時候，已經有很多人死去了）；如果我們心情沉重了，也給自己一點時間，在痛苦的四周拓廣心靈，不要帶著緊縮的胸腔開始這一天。另一項睡醒時的建議活動是：不要有螢幕，也不要有任何資訊，而是慢慢地進行體操動作，或小坐冥想幾分鐘，專注於當下以及身體狀態的意識。

夢想（Rêver）

有一天，妻子傳給我一個渡假勝地的網站。我有些張皇失措地回答她：「可是……我們沒辦法！在這段時間是很貴的，我們既沒有足夠的經費，也完全沒有假期啊！」她回答說：「對啊，可是，沒關係嘛。只是夢想一下，我就很高興了！」真是好笑，當時，我真被嚇到了。我們以為自己了解配偶，卻總是會有像這樣的片刻，發現她不為我所知的另一面。我不會讓自己去做那些看似不可能的夢想，因為我不感興趣，也許也是因為我不希望給自己苦澀的感覺。我之所以不想讓自己置身於夢想之中，有時是為了避免失望。然而，幸福天賦比我高出許多的妻子，就不怕沉溺於夢境之中，甚至還讓自己繼續走下去，並且在真實的生活裡依舊永遠幸福。

革命（Révolutions）

1793 年六月二十四日所制定的憲法第一條是：「社會的目的，

在創造共同的幸福。」品味幸福，是沒有必要鬧革命的。通常是憤怒讓人破壞一切；憤怒的人有能量改變一切，溫和的人是沒有這種能量的。然而，重構一個更美好的世界時，溫和的人是有用的（儘管那些憤怒者並非總是願意把位子讓給溫和者）。

讓人安心的財富（Richesse tranquillisante）

我完全理解，大多數人都希望成為有錢人。我一點也不認為這是貪婪的表現或權力的慾望，這只是期望不再擔心物質生活的困境；畢竟金錢是有力又有效的安定劑，也是憂慮時的緩衝器。像是，車子故障了？沒問題，我們可以支付修理費。房子起火了？不用擔心，可以再買一棟更大更漂亮的來安慰自己。金錢當然也有局限與缺點：它會讓人依賴，也會成癮。成癮，就是習慣於某個物件，並且必須增加劑量才能獲得同樣的效果。像是，覺得生活無聊？那就花錢來趟不錯的旅遊或買些漂亮的東西。還是覺得無聊？那就再買新的東西，越買越多，越來越貴。而所謂的依賴，就是不能停止，否則就會處於欠缺的狀態——習慣用金錢來埋葬憂慮，一旦不再有能力照樣處理的時候（比如財力減少了，或者面臨一些無法以金錢來解決的問題），就會發現自己是如此脆弱，甚至比任何人都更無奈。

金錢，也是最好的抗憂劑；然而，有時在面對現實與逆境迴轉反擊我們的時候，金錢是會削弱我們的。金錢，方便一切，卻什麼也無法保證。幸虧如此！

笑（Rire）

拉伯雷[3]曾經刻意嘲笑那些從來不笑的人。我很愛笑，也特別喜歡逗別人笑；然而，每每在面對關於一些學習笑的課程或大笑瑜伽等等的圖片或報導時，我總是覺得很不自在。雖然，我對這些努力頗有好感，也認為應該是十分有益的，但我就是會覺得不好意思；因為，對我來說，面帶微笑是所有不在痛苦之中的人，不費吹灰之力就能辦到的事情，但是勉強身體去笑，似乎太違反自然了。我認為，這太矯枉過正。然而，我在這裡所批評的，是自己從來沒有嘗試過的一項練習——因此，我錯了。

香－琵埃侯街（Rue des Champs-Pierreux）

有些日子，全世界的痛苦都湧進了自己的腦子裡。記得一個嚴冬灰濕的早晨，我從睡夢中醒來，腦子裡出現了一幅可怕的影象，是印度旅行時的記憶——在貝拿勒斯（Bénarès）碼頭，清晨六點左右，我遇見了一名年約八歲的小女孩，懷裡抱著兩、三歲沉睡的妹妹。我又看見了她的臉，清清楚楚的。那天，就在我騎著腳踏車往醫院的途中，在住家附近往自行車道的下坡小徑上，遇到了另外一名滿臉淚痕的小女孩，獨自步行去學校。她肩上背著書包，哀泣打動我的心扉，強烈得就像打在我臉上的雨珠。到了聖安娜醫院，我給一位住在香－琵埃侯街的女病患寫回信。可是，一片乾旱荒涼的平原景象，卻侵入了我的腦海裡。就這樣，很清楚的，世界的悲傷和現實，破門闖入我個人粉飾太平的日常生活裡，生怕萬一我會忘了它們似的。

那一天，我真的與自己的病患們同步；甚至，或許太同步了
——我感覺自己真想跟他們一起哭泣，而不是灌注給他們希望
的能量。

反芻思考（Ruminations）

反芻思考會傷害自己，以反覆、循環以及毫無建樹的方式，聚
焦於自己的問題、情況、狀態的原因、意義以及後果。反覆
思考時，我們以為是在反省，其實是越陷越深、自我損壞。反
芻，會放大自己的問題和痛苦，縮小生活中其餘可用的精神空
間（尤其是美好的事物和幸福的時光）。更重要的是，反芻思
考會建置壞反應和壞習慣——面臨困難時，只一味老調重談，
而不是解決問題（即使無法完全解決），或者是不顧一切繼續
容忍困難生活下去。

想知道我們的反省方式是否為反芻思考，可以問自己以下三個
問題：一、自從思量這個問題以來，是否曾經出現過解決的方
案？二、自從思量這個問題以來，我的感覺是否好多了？三、
自從思量這個問題以來，我是否看得更清晰，是否有更多權衡
輕重所需要的時空距離？如果這三個問題的答案都是「不」的
話（必須誠實喔），表示自己不是在反思，而是在反芻。在這
種情況下，即使令人惱怒，也不得不承認：解決方案不會來自
於我們的心智（「想想別的事情吧」），而是來自於我們的行
動。去散散步或跟親人聊聊吧。強迫自己闔上文件夾，或者至
少去做些其他的活動，不要讓自己的意識裡只有這件事情。讓
反芻思考雪上加霜的是：不動與孤獨。而能夠攔阻反芻思考的

是：運動與人際關係（但是要注意，可不是要你去找別人一起輾轉反芻！）。另外一個解決方法，則是正念冥想。接受反芻尋思存在於腦海裡，但不要任其孤立──以呼吸、身體、聲音伴隨反芻，以自己所擁有的和周遭一切的意識，伴隨反芻。這會比出門散步複雜一點；然而，只要事先訓練，一樣是可以帶來效果的……

反芻尋思正向（Ruminer le positif）

這是與一位痊癒中的病人所做的一次諮詢，就在治療告一段落之後，針對一些細微的後遺自主掌控，進行深入微調的階段。在這些時候，繼續支持患者防止復發是很重要的（心理障礙患者往往面臨復發的風險）。來到這個階段之前，這位患者改善了許多困難，例如強迫障礙、突發驚恐以及社交焦慮等等情況。除了這些標籤式的障礙之外，他還有強烈感到羞恥、尷尬、自卑以及「自己總是多餘」的傾向；簡言之，就是一些社會焦慮（主要牽涉到病患的父母雙方都曾經有過心理疾病，彼此是在精神病院裡相識的）。我很欽佩他在這些方面的長足進步，實在很不容易。但是，在他內心不同的角落裡，仍然會有一些還不完善的反應。

那一天，他告訴我發生在今年秋天的一段插曲：一天早晨他醒來，發現自己嚴重感冒了。不過，他還是猶豫思忖著是否要去看醫生：「總不要因為普通小感冒，就去打擾醫生吧……」之後，他還是決定去醫生那兒。在候診室裡，他繼續自問著：「我的病，值得醫生花時間為我看診嗎？肯定還有別人病得比我更

嚴重⋯⋯」他一直按捺著自己想要逃離候診室的衝動。看診進行得很順利，醫生確認他來就醫是對的。他終於鬆了一口氣地走出診所，拿了藥單，也覺得沒有打擾到別人。說到這裡，我打斷他的話：「就在走出診所大門的那一刻，您跟自己說了什麼？」

他說：「我跟自己說，你看，真是愚蠢，只是看個病，實在沒什麼大不了的。」

「然後呢？」

「然後？嗯，就沒什麼了。我就離開了，做別的事情去了⋯⋯」

我保持沉默了好一會兒，點著頭、微笑著。他明白，對我來說，這個小過程實非微不足道，他也開始笑了。

我發問：「如果醫生批評您，或者讓您覺得找他看病是多此一舉的話，您會這麼快就忘了這件事情嗎？」

「不，不，我一定會很尷尬，會像瘋子一樣，左思右想！」

「可是這回，您有沒有反覆尋味這個好消息呢？」

「沒有，我沒有習慣反覆尋味順利的事情！」他笑著說。

「事後，您甚至沒有反省這一切？」

「沒有，沒有真的反省。只在現在，跟您一起才開始反省。」

「好，那麼我們就來研究一下吧！如果在這次擔慮（與舊有思

考習慣連結的擔憂，像是認為自己『沒有資格』等等）之後，您不花上幾分鐘來意識一下所發生的情況，您就得要投入很多的時間來關閉這些舊有的自動機制。您剛剛所體驗的事情，證實了自己的負面信念。您需要時間來細細品味，在記憶裡穩固這件事情，實際感覺它的存在，而不是只用智力記下，然後就去做別的事情了。深呼吸，跟自己說：『看啊，剛剛發生的事情，是怎麼顛覆了你的恐懼啊。要牢牢記住這一切！別忘了……』可是，您就只對自己說：『實在不需要害怕……』然後，就轉向下一個動作去了。不可以這樣草率！事後，好好研究一下是非常重要的。如果不這麼做，您就會反芻重組自己的失敗。您那些舊日的魔鬼，都要手舞足蹈稱頌勝利：『早就已經告訴過你，不要這樣做了！』因此，也一定要花點時間，來慶祝一下自己的成功。」

當生活中事情進展順利，尤其是當我們能夠不顧自己的預期或習慣，而事情進行順利的時候，都要留點時間好好觀察和品味一番。好好感覺一下。給這件有利於信念的事情一點心理空間。就在當下，現在就給它一點心理空間。然後，在我們的記憶裡找個好位置，儲存這個安定人心的回憶；以期下一次，讓它來阻絕舊有的自動機制。

1. 譯註：Raquettes，球拍狀的雪鞋，適用於行走在又厚又軟的雪地上。在西伯利亞或北美多雪地區，已有上千年的歷史。

2. 編註：拉‧布呂耶爾（La Bruyère, 1645-1696），法國諷刺文學作家，道德家。曾經學過法律，做過會計、波旁公爵的家庭教師。主要作品是諷刺性的《品格論》，這部書使他獲得聲譽，卻也因此樹敵甚多。這部著作影響後世甚大，孟德斯鳩《致波

斯人信札》的文章體例及風格即直接受其影響。

3. 編註：拉伯雷（François Rabelais, 1493-1553），法國文藝復興時代的偉大作家，人文主義的代表。如同其他文藝復興時代的巨匠，拉伯雷知識淵博，才氣縱橫，熟悉希臘文、拉丁文和義大利文，對神學、法律、醫學都有很深的造詣，也通曉藥理學、星相學、航海術等知識。他主張人性本善，而教育決定人的前途，因此每一個人都有受教育的權利；他在自己的作品中抨擊當時的教育制度，尖刻挖苦墨守成規者和教會僵化的經院哲學。《巨人傳》是他最為人熟知的作品。

享受
Savourer

你知道如何面對困難，
然而，你知道怎麼迎接優雅和美麗來到自己身上嗎？
每天十次，停下來，
歡慶生活中的點點滴滴。

S

智慧（Sagesse）

智慧與幸福之間，有著密切的關係。我的哲學家朋友安德烈‧孔德－斯朋維勒對智慧的定義所強調的，更是如此：「最大的幸福，存在於最大的清明裡。」讓自己快樂，卻不讓現實遠離視線。對於現實，能夠不蒙騙自己；也不要忘記鍛鍊自己看清不幸，並且準備迎接不幸的到來。追求幸福，應該是追求清明的幸福。

四季（Saisons）

四季變換的幸福。夏天過後，我們迫不及待秋天的到來，穿上毛衣、圍著柴火。然後，春天又來了。然後，又是白晝延長漫漫的夏季夜晚。我們喜歡這些溫和的變化以及規律的週期；我們喜歡一切都確定，明天又能重新尋回今天所失去的。

我們西方世界的這些季節變化，有許多好處。首先是多樣的樂趣（我們大腦喜歡各種變化，甚至到了因為社會過於豐足而致病的地步）。興致高昂地凝視天空和樹木的顏色變化，家裡或盤飧裡的花朵、水果以及蔬菜的改變；晝夜長短、空氣溫度的變化，親吻咬囓著我們的肌膚。

而且，四季是週期循環，總會回來的；就像自然又沉默的心理治療，真是令人心安，療癒我們因感覺到了生命盡頭而產生的生存焦慮。四季告訴我們，每次的結束，都跟隨著另一個新的開始；季節比晝夜更強烈地訴說這一切，因為季節的週期更長，讓人愈發期待。四季讓人想望——冬季盡了，春季讓人思念；

而春日光線的歡悅，讓人預先感受到夏天的炎熱。

還有一點：四季教我們老去。季節永恆的回歸，並不會讓我們覺得每次都是不變的。我們藉由經歷豐富了自己，也因為失去了朋友、幻覺等等而變得貧乏了。我們變老了，感覺卻很好。然而，大自然還是一樣地迎接撫慰我們，仁慈又敏感的準備著我們的消失，低聲絮語著：「即使沒有你，一切都將繼續；但是，不要擔心，我會一直在那裡的，你和我，我們都會一直在那裡的。」

我已滿足（Sam'Suffit）

一幢寒微簡陋的小屋門牌上標著「我已滿足」'，象徵著平庸的幸福，可以被視為深具嘲諷意味。然而，要如何才能知道，住在這裡的人其實比我們來得有智慧呢？難道他不會是伊比鳩魯學派的追隨者，只要擁有必需品就能夠滿足（像是住房、食物、朋友），甘心放棄追求其他事物嗎？這個小小自足的座右銘，難道不單純只是這窩棚住戶每天大張旗鼓對著路過的人宣告自己雄心勃勃的計畫嗎？

三明治（Sandwich）

有一天，我把一小塊三明治丟到垃圾桶裡。不用說，我一點也不喜歡這樣做。然而，這個動作可讓我深深反思了好一會兒。

我出差趕赴一個下午舉行的會議，當天深夜再搭火車回來。因為離發車還有一點點時間，我就在車站快餐店裡買了一個三明

治。對我來說，這三明治實在是太大了，可是，店裡又沒有小一點的。吃完四分之三的時候，我覺得自己真的不餓了。我能夠感覺到這回事，是因為自己不停地在吃。以前，在類似的情況下，我都是邊吃三明治邊看報紙。可是現在，除非必要，我一點也不再喜歡同時做很多事情了。所以，我趁著吃三明治的時候，讓自己停留在當下。這一天過得十分豐富，緊湊又累人，還需要再用更多的資訊來填塞自己的大腦嗎？總之，正因為我全神貫注於自己正在做的事情，於是，確實感覺到這個時候我的胃在告訴自己：「停，夠了！不要再吃了。我們這些在下面的器官，已經脹滿了，夠了……」就在那一刻，我也聽到大腦抗議著：「不行，再吃，吃完它！」而在服從之前，我最好也聽一下自己的思維想說些什麼：「吃完！先把自己塞飽再說，這樣可以保證之後就不會再餓了。否則，像你這麼累，可是會血糖過低的。你知道，自己偶爾會有這種情形，就是因為吃得不夠。吃完吧，一小塊三明治對一個身高一百八十七公分、體重八十公斤的人來說，實在沒什麼的，不過是小意思罷了。吃完吧，難不成要丟掉嗎！錢都付了，扔掉東西實在夠愚蠢的，而且也太對不起所有飢餓的人了。」我完完整整地聽了大腦裡的這些想法，但是，我明白這些都不過是想當然爾的陳腔濫調罷了。也就是說，這一回，我的胃比大腦更中肯、更有智慧（大腦往往濫用權威，讓我什麼亂七八糟的事情都做）。我因此聽從了胃，丟掉剩下的三明治；當然，是帶著一點點愧疚的。

我暗自咒罵這家三明治公司總是做這麼大的分量，總是驅策我們吃得過飽，就為了避免廣告促銷裡一直提醒我們的那些突

如其來的假性飢餓。這個過度豐盛又不斷刺激的社會，讓我們在對抗這種暴飲暴食的小戰役時，失去了招架的能力。我意識到，這些都是有錢人必須對抗飲食過度的心境。為了試圖平衡自己暴殄天物的行徑，我安慰自己說，要買個三明治給下一個遇見的遊民。可是，馬上又想到，這麼做真是愚蠢又不夠的，因為我應該要為遊民做更多事情，而不只是為了停止自己的內疚而偶爾給遊民一個三明治就了事了。然後，我告訴自己，以後再反省這些事情吧。我不可能現在就解決這樣龐大的問題。我不過就是花點時間，來看看自己的感覺罷了，雖不開心，但也舒緩不少，因為我做到了：一、抗拒像動物般吃個不停的反射動作；二、經得住當下無益的愧疚；三、包容自己不去斷定行動的對錯，而只是瞭解這是當下最好的做法。

就在此生第一次丟掉一小塊「還完好」的三明治到垃圾桶裡時，我覺得自己好似一隻終於學會如何打開籠門的兔子。即使，主人會再把牠抓回籠子裡，兔子還是可以再跑出來的，因為，牠已經找到了竅門。

沒有幸福……（Sans le bonheur…）

沒有幸福，當然，還是可能生活的。但會無味又醜陋。倘若沒有幸福，對我們來說就只剩下悲傷和憤世嫉俗了──而這不就是我們太疲累或不夠快樂的時候，面對世界的感覺。

健康（Santé）

長久以來，大家早就已經猜到了幸福和健康之間的緊密關係。

伏爾泰在「幸福帶來健康」的意義上，寫道：「我決定要快樂，因為這是有益健康的。」同樣在「幸福帶來健康」的意義上，按照福樓拜的說法，則是：「愚蠢、自私加上健康的身體，是幸福必備的三個條件。」

身體健康能夠讓人快樂，這道理是很容易理解的。然而，當今眾多的科學研究，則由另一個方向證實了這層關係：即是，正向的情緒通常有助於健康長壽。這種效力是不容忽視的，因為其強度可比擬菸草——當然是指相反的作用方向。

在此，必須強調兩個重要的細節。第一，如果您很難感受到正面情緒，或者您的個性類型偏向愛發牢騷、焦慮或悲觀，而同時又希望健康和長壽的話，記得，有一堆其他的方法能夠讓自己的感覺好起來，例如體能活動，或經常接觸大自然、多吃水果和蔬菜等等。（順便一說，這一切還可以提高正面情緒的能力，所以是一舉兩得。）

第二個要強調的重點是，這些幸福和健康相關的論據，指的是在還沒生病的時候。研究顯示，正面的情緒僅僅具有預防功能；一旦疾病發生，目前還沒有證據可以確認正面情緒具有治癒能力。雖然，正面情緒可能有改善的作用；但是，直至今日，還沒被證實具有治療能力。如果您生病了，並且很難感受到正面情緒，那就不要折磨自己——盡量繼續過好生活；貼近自己平日的習慣，盡量好好地生活行事；如果可能的話，緊貼著能夠讓自己過得好的那些生活習慣。

享受（Savourer）

對有些人來說，學習享受生命的美好時光，似乎很奇怪，就像要他們學習走路一樣！好像只要把我們的大腦放在值得珍惜的事物前面，它就能夠自動運作！哦，並非如此的，事實上是更複雜的。有時候，享受很簡單——當自己心境祥和、身處於安靜舒適環境裡的時候，或是當自己只需要休息且享受當下的時候。然而，在日常生活裡，這樣的情況並不是最常見的；很多時候，我們並不平靜，有一堆事情要做、要思考，而環境要求我們必須遵循一些耗費精力的行為（像是工作、開車、整理、對話等等）。

為了能夠更進一步享受生活，必須學會一小塊一小塊來品味。要這麼做，有三件要點必須努力——停止手上的事情而專注於當下；意識到當下的一切；給自己時間（即使只持續幾秒鐘或幾分鐘）來呼吸及感受這一切。

享受，就是面對清麗的天空，或是聆聽鳥兒唱歌；就是在重新出發之前，花點時間停下來，觀看、呼吸、微笑，而不是只用智識記錄這一切有多美好，同時繼續全速前進。享受，就是看著心愛的人從火車或飛機上走下，向我奔過來；意識到我愛他們，並且我們都是幸運兒，能夠再次如此重逢。享受，也是早晨醒來感覺自己手腳的移動，身體在呼吸、心臟在跳動；享受，更是微笑面對這一切，而不是像一頭匆忙的野獸跳下床來。

幸災樂禍（Schadenfreude）

幸災樂禍，就是看到別人倒楣時抱著惡意的喜悅，特別是在我們將他人視為競爭對手，甚至視為敵人的時候。幸災樂禍看似

隱約積極的情緒，然而卻是不健康的。我們通常會試圖隱藏起來，因為它是建築在別人的痛苦或不舒服之上。大多數的情況下，幸災樂禍是缺乏自信的表徵——看到被我們視為敵人或競爭對手的人身陷麻煩，可以讓我們心安。然而，這是必須仔仔細細地從我們心裡抽離剷除掉的！除非我們的價值觀認為，他人遭遇的不幸對我們有利；不過，這也並非是個太好的想法……

思覺失調症[2]與愛（Schizophrénie et amour）

在聖安娜醫院，有一位年輕的女子要求跟我做諮商。她的眼神裡帶著一種只有那些活在不幸中的人特有的悲傷與疲憊。儘管如此，她卻有著一張平靜的微笑，一副充滿信念又關注周遭、堅信生命終究有意義又重要的笑容。她來向我述說自己的故事，並非一定要諮詢我的建議，只是希望聽聽我的想法。有時候，人們以為我有智慧，只是因為我寫了幾本書。我也不揭穿，何必呢？我只是盡己所能，其實我很清楚，大部分時間是病患豐富了我的智慧，只不過他們往往看不到這一點。

她向我敘述自己的一生。尤其是她的婚姻——她嫁給了一個患有思覺失調症的男孩。剛開始的時候，情況並不很清楚：「他只是跟其他的人不一樣罷了。」然後，病情漸漸顯露，並且在兩人之間的關係裡越演越烈；男孩嚴重的思覺失調症，伴隨著妄想症、住院治療以及其他各式各樣的困難。因此，生活真的非常不易。很多人都多多少少、直接或含蓄地建議她離開伴侶。其中有不少人是看護、醫生或護士。她一概拒絕了：「你

們瞭解嗎，我愛他。我們能夠只因為心愛的人生病了，就離開他嗎？」我們討論著這個問題——沒有人會建議我們離開自己的配偶，只因為他罹患了癌症、多發性硬化症或糖尿病。我們覺得這是不應當的。然而，為什麼我們會勸離思覺失調症的配偶呢？

過了一會兒，她告訴我，讓她惱火的問話是：「您不覺得自己很自虐嗎？」她常常覺得，這是別人對她的評斷。其實不會。從她向我敘述的方式，我並不覺得這是自虐。她沒有因為伴侶生病而不喜歡他，而是依然愛他（但他的病情讓她覺得負擔沉重）。這不是自虐，而是愛、誠實與勇氣。總歸一句，這是很偉大的。說真的，我一點也不想以「自虐」來解釋她的人生選擇，儘管這從外界看來有些奇怪。我反倒是欽佩她。

我對她說了一些瞭解、同情和尊重的話。我們相互告別，我緊緊地握著她的手許久。然後，有點昏昏沉沉地關上門。彷彿是我接受了諮商，彷彿我是病人，她是治療師；她給我的，遠比我能夠給她的來得多。我在心裡重覆說著：「這女孩，是多麼堅強啊。」佩服，真是件好事。我們可以欣賞美麗的事物、美麗的風景、美麗的雲彩。我們欣賞名人，認可他們的聰明才智和優點；然而，最感人、最可喜的是欣賞普通的人。他們令人驚喜，讓人感興趣又感恩——我微笑著，欣喜萬分，有幸身為人類，經歷這一刻。我告訴自己，這會成為寶貴的人生教誨，從中我們會得到啟發，然後竭盡自己所能，全力以赴……

科學（Science）

以科學的方法研究幸福，會不會是一種幻想破滅的方式呢？我想不會，並且在這方面，我非常認同神經科學家安東尼奧·達馬西歐（Antonio Damasio）的看法：「在發現心靈奧祕之際，我們會視心靈為整個大自然中最完善的生物現象，而不再視心靈為深不可測的謎團。然而，即便有了針對心靈本質的解釋，它還是能夠繼續存留下來；就像玫瑰的芬芳會繼續散發出香氣，即使我們已經破解了玫瑰的分子結構。」同樣的，有關正向心理學的科學解讀，並不會妨礙幸福，繼續保持它的風味與詩意。

小氣財神（Scrooge）

在查理斯·狄更斯（Charles Dickens）著名的《耶誕傳說》裡，講述了一個可惡難纏又不人道的倫敦商人艾比澤尼·史古基（Ebezener Scrooge）的故事，特別嘲諷那些發生在耶誕夜裡，各種形式的人性歡樂和溫馨。十二月二十四日，史古基工作完畢回到家中，碰見三個鬼魂，帶著他經歷了許多冒險，讓他睜開雙眼，看清楚自己是如何苛刻。他還看見，如果繼續這麼生活，等待著他的未來，將會是悲慘又孤獨的死亡。小氣財神被這些景象嚇得驚魂未定，決定改變自己的存在方式，只為了變成一個善良的好人。結果他發現，這是多麼愉快的事情啊！

今日，我們很難想像一八四三年這個小故事出版時所造成的轟動。關鍵之一，無疑是基於人類的基本心理——當我們被硬逼著面臨自己死亡的景象（耶誕神靈讓小氣財神看見自己的屍體），就會很可能開始想要活出不一樣的人生。就像所有的正

向心理學故事，描述的是對人心有利的改變。小氣財神的故事將超越他個人——狄更斯寫作時，也是希望能夠提醒大眾關注當時社會的不平等現象（小氣財神拒絕任何名目的慈善事業，並且認為窮人是他們自己罪有應得）。狄更斯深深瞭解人類靈魂，他指出，小氣財神變成善良慷慨，這故事引起的嘲諷，直可比擬正向心理學在某些時候所引起的反應。他寫道：「小氣財神成為好朋友、好主子、好男人，就像顯貴舊城區或城市鄉野等美好老世界裡的資產階級。有些人嘲笑他的轉變，但他任人嘲笑，一點也不以為意。因為他非常清楚，在地球上，每件好事一開始都不能逃過遭人取笑的命運。既然，這些人一定是盲目的，他以為，倒不如讓這病態做出鬼臉、讓眼角笑出皺紋，總比其他缺少吸引力的形式來得好些。他從內心笑起來，這就是他的報復。」

小氣財神成為有德之人的首要動機，是因為恐懼（死亡），然後是為了幸福（希望予人幸福能使自己幸福）。對我來說，這不是一個童話故事，而是一個合乎邏輯的發展過程。

幸福祕訣（Secrets de bonheur）

當記者問那些快樂的人幸福祕訣的時候，他們經常只是泛泛而談。事實上，他們可能不曉得這些祕訣，或者他們不知道如何說起。

就像偉大的運動員，他們依照本能來行動；他們的天賦並不在於解釋自己的行為，而在於完美地展現出極致。如果您想要藉由接觸各種導師來瞭解、學習幸福，與其聆聽他們的教誨，倒

不如觀察他們的行為。

生命的意義（Sens de la vie）

兩條導引我們通往幸福的主要途徑（即幸福主義的途徑）之
一，就在賦予生命的意義。什麼能夠賦予我們生命的意義呢？
往往是善待自己周遭的一切──衷愛、保護親人、人類、動物
以及大自然的生命，並且讓這一切變得更美好。但是，要如安
德烈‧孔德－斯朋維勒所說的：「安置意義，可不是像讓自己
坐進一張軟席裡那樣。擁有意義，並不像持有一件小飾物或銀
行帳戶那樣。我們尋找意義，追隨不棄，失去意義，期待意義
……」我們給予自己生命的意義，攸關著理想的追求以及建構；
有時候會暫時達到。生活有意義的感覺，必定是多變的──有
些日子憂悒，我們甚至會覺得一切都沒有意義，或者更糟的
是，覺得曾經對我們有意義的都不再有意義了，甚至可能從來
不曾有過意義。在這些時刻裡，要有智慧，不要管幸福了。但
是，不要放棄追求對自己有意義的事情。因為，我們只是一時
偏離罷了，並不會永遠迷失的。

祥和（Sérénité）

祥和，是適意的優點，奠基於和平、安靜和寧謐。沒有內在的
煩惱，也沒有外在的干擾。就是和諧。在我們身上，還有世
界和我們之間的和諧。感覺自己是世界的一分子，像一片平靜
的海面，像一陣夏天溫潤的微風，也像一座屹立不搖遠眺天際
的高山。祥和與平靜是有些關係的，這是我喜歡的兩種狀態。

但是，在我眼裡，這兩者卻又不完全一樣。兩者之間的差異，攸關於品質更勝於強度（否則祥和就只是一種完美又完整的平靜）。祥和更勝平靜；祥和之於平靜，就如幸福之於適意，那是一種超越——超越於外在或總是占上風的現實世界。平靜是屬於我們這個世界的，比如自己身體以及心靈的平靜、周遭的平靜，在這兩種情況下都意味著潛在的身體特性。我們自身的平靜，是指心臟跳動平緩、呼吸順暢、肌肉放鬆等等。而我們周遭的平靜，則是指沒有太多的噪音、騷動，任何變化都是漸進和緩地發生。當祥和生於平靜時，就會發生新的事情——覺悟到一切當下之物，覺察到內在與外在平靜之間的共鳴感，內在與外在之間的界限消散殆盡。我們還是一如往常，卻是面對著一扇開向其他事物的門。只有兩指之隔，就可以切換到另一面。一如往常地在那裡，又不僅只是在那裡。除了祥和，無法用其他言語來形容這到底發生了什麼事，以及我們當時的感受。

幸福的門檻（Seuil du bonheur）

有一次，我與一位個性猜疑、挑剔又嚴謹的朋友談話。他正處於輕度生命憂鬱的時期。他問我如何實踐正向心理學的練習：「每天，或者幾乎每天，你都是做什麼，讓自己很好的呢？」我解釋說，除了每天要做的事情之外，我還會在早上打坐，只要情況允許就會到自家附近的樹林裡散步，每天晚上睡前，都會重溫三段當日發生的美好時光。

他叫道：「每天三段，這也太多了吧！對你來說，什麼又是所

謂的好時光呢？」於是，我向他敘述自己剛剛捕獲到的一些新鮮的快樂，比方說在自家花園裡看到一隻白胸雀（一種樹林裡的小鳥）、收到一封讀者寫來的動人感謝函、一位身體經常欠安的家人近日情況很好、仰觀幾次天空中飄過的雲彩、沒有接到任何讓我悲傷或擔心的壞消息。「哦！夠了，我知道了：你把門檻放得非常的低！結果，你的日常生活，當然就能變成快樂的日子。」是的，沒錯，老兄。並不需要中了彩券、買了新鞋，或者是死裡逃生，才能快樂吧？平凡的生活，其實是最可能經常帶給我們重重歡樂機會的。唯一需要做的努力，就是留心——至少在某一段時間裡，轉移自己的憂慮；並且，至少有一些時間導向生活裡的其他事情。

性愛與幸福：「哦，很棒！」
（Sexe et bonheur:《oh, oui!》）

完成這本書的初稿之後，我當然交給了文學主編看看。他給了很多中肯的建議，也注意到了一個令人驚訝的觀點：「真是奇怪，你從來不談論性。然而，在我看來，性行為與幸福，似乎也是很重要的。」是的，親愛的同事，這是很重要的。是的，我幾乎從來不會在書裡或生活裡談論到性。是因為矜持，無疑的，也因為自己有點落伍。此外，我覺得自己與性的關係，類似於有些人與幸福的關係，也就是：說太多或聽太多關於性事的談論，會讓我很快厭煩。不過，撇開我的個人感受，關於性與幸福之間，有什麼可說的呢？

首先，這兩者皆隸屬於多重機制。當然，性基本上是一種生物

設定，為了感覺天生又必要的快樂；因為，性是人類物種存活不可或缺的條件。然而，也像所有的快樂一樣，可透過心靈來豐富（或完全破壞）性愛；學會放任享受，可以擴大這種動物樂趣，並且將其轉換為歡樂與強烈滿足的感覺。另外一個連接性與幸福的重要機制是：性行為通常會吸收並且動員我們所有的注意力。關於注意力和幸福之間的關係，有一項非常有趣又重要的研究，研究小組發現，在人類從事的活動中，性愛是唯一一項大多數人會保持完全專心的活動（比如不會分心想其他的事情，或者想看手機螢幕）。今日，我們知道這些專注能力能夠促進福址以及所謂的心流（flow）；就是指，當精神完全參與一項令人愉快的活動時所處的狀態。讓我們來談談最後一個機制，即是互惠的機制——性愛是一種交流，讓獲得以及給予的雙方都擁有一樣的快樂。這種親密感與互惠關係的向度，也是幸福的源泉。基於這些，以及其他的原因，可知性愛與幸福是息息相關的。此外，藉由保險套販賣量的評估，暑假期間以及耶誕節假期，是性行為的高峰，也就是一年當中人們傾向於感覺比較幸福的時期。

性愛與幸福：「普普，通通……」
（Sexe et bonheur:《bof, bof…》）

所有的人，或差不多所有的人，當然都在性愛與幸福的關係裡享受歡樂，並且從中受益。然而，也有必須要注意的事情。

首先，有些人並不需要藉助性生活才能夠快樂，甚至沒有性也可以非常快樂，在宗教團體中有很多這樣的例子——無論是由

於抑制、放棄,或者擁有其他自己覺得更幸福的因素。例如,那些獻身宗教的人,可以沒有性生活,卻能夠非常非常的幸福。

另外,應該注意的是,正如許多研究所顯示,人們對於性生活的論點,凸顯了男性與女性之間差異的刻板印象──向自願者提到性行為,無論是以視覺或口頭的方式,還是下意識或開放的方式,始終會導致他們(她們)根據自己的性別,以較之平常更扭曲的方式來看待自己,以及自己所抱持的態度。例如,女性會不自覺地傾向於比平時更溫柔、更順從,男性則傾向於更有自信、更強勢。因此,性愛演講以及圖像的氾濫,對我們的幸福,特別是兩性關係的幸福,有顯著的反效果,並且沒有建設意義。這些性別的刻板觀念,確實破壞我們對幸福的看法和期望。在另一項研究中,研究人員發現,在一系列匿名男子不同情感表達的照片中,大多數女人眼裡最性感的男人,是驕傲和主導性強的男人,而最不吸引女性的圖片,則是表達幸福的男性!這給我們的寓意就是:為了吸引異性,男人應該更熱衷於炫耀招搖,而不是展露溫潤的笑容。乍看之下好像很有趣,然而細看,就不免有點傷感──女人的許多錯誤的感情選擇,恐怕是靠著這套機制在運行的。

沉默(Silence)

對我來說,沉默帶有幸福的味道;帶有誠敬、關注世界的味道,還有緩慢、謙遜的味道,以及開放的味道。必須保持沉默,才能夠讓幸福接近,才能夠聆聽幸福穿越我們。希臘詩人歐里庇

德（Euripide）說：「如果，你有比沉默更強烈的話語，就說吧；否則，便保持沉默。」傳說，歐里庇德住在薩拉米斯島（Salamine）上的一個山洞裡，日日與書籍為伍，面對著大海和天空沉思。當我快樂的時候，首先就是想要閉上嘴巴。因為，當下沒有任何文字，能夠適切地表達出自己的心境。之後，也不會有其他文字能夠達到這目的，因為，幸福是最難以言喻的感情。或者更確切地說，幸福是最難用文字轉達以讓別人產生共鳴的感情——就像閱讀一段幸福的見證或故事，並不容易使人快樂，有時候反倒會使人惱怒。所以，不容易以幸福為主題創作出精彩的故事、小說或電影——對讀者和觀眾來說，不幸，更能打動心弦。

壞脾氣的猴子（Singe de mauvaise humeur）

年輕的時候，有一本書叫做《我像一隻質疑的母豬》，超現實的書名讓我著迷。這是一名教師的見證，解釋自己為什麼離開了教育崗位。最近，我讀到一篇關於靈長類的專文，這一次是文章的內容讓我著迷——它講到囚禁在動物園裡的猴子，牠們的情緒。文中提到，猴子被人類遊客惹毛了，因此每天黎明就醒來，儲備彈藥（猴子把一些石頭、混凝土塊，還有其他可以發射的東西，東藏西匿在籠子裡）。到了白天，若是有太多人、太多叫囂聲或者太過於撩撥牠們做猴戲的時候，一旦猴子惱火了，就會炮轟柵欄外面那些討厭的人類——那些只知愚蠢撩撥，不知珍惜己身自由的人類。

靈長類動物學家，對於黑猩猩預期情感狀態的能力，頗感興

趣。黑猩猩的憤怒不僅僅是反射動作，更是深思熟慮過的。因此，牠先考慮情況，繼而設計行動計畫以表達憤怒。猴子的情緒，就是藉由反覆思考經歷過的不愉快，因而預期將會發生的不愉快，而導向這樣的行為。這就是黑猩猩行動計畫的由來。至於我，這個故事讓我著迷的地方是，我覺得自己更接近猴子——我跟自己說，如果我被關在動物園裡，如果整天都要這般地被招來喚去，是否也會像猴子一樣，尋出一套自以為合理又有趣的消遣方法呢？向那些嘈雜的遊客丟石頭，難道不是一種轉惱怒為歡欣，而且可以接受的方式嗎？當然，如果保持坐禪不動，人們自然是會丟花生給我的；可是，那就比較不好玩了。

雨中微笑（Smiling in the rain）

有一天，在一場我為同事們主持的正向心理學成長營結束之後，有人問我：「對你個人來說，在所有這些技巧裡，哪一項讓你獲益最大呢？」經過了幾秒鐘的思考（通常，專業人員之間，至少在公開場合中，是不會問這類問題的），我回答說：我不知道是什麼讓我獲益最大，但是，最近讓我獲益，以及直到最近自己才學會做的是，在逆境、悲傷以及擔憂的時候微笑。從早晨就微笑，從黎明開始就微笑。當感覺到生活的擔慮就這樣直逼眼前的時候，還是要微笑。只因為我們活著。微笑，可以給人力量，可以帶來昔日或者未來的幸福影像。總有一天，幸福的承諾是可能實現的——我們看不清楚幸福，但是卻能夠感覺到它們的存在，就在那裡，在我們身邊。真奇怪，我沒有花許多時間來瞭解，但是，卻花了許多時間實際地做到

這件事：逆境中，在考慮哭泣之前，何不考慮微笑。

自命風雅（Snobisme）

一般來說，自命風雅韃伐幸福，多於聲討不幸。這很符合邏輯，因為槍擊救護車是不可取的。[3] 然而，如果幸福真的像我以為的那般，是生存痛苦的解藥，為什麼要槍擊救護人員呢？

史努比（Snoopy）

1959 年查爾斯·舒茲（Charles Schultz）的《花生漫畫》（*The Peanuts*）裡，有一段狗兒史努比的話：「有些日子，我覺得心情真是奇怪。我控制不住自己，想要追咬貓兒。甚至有時候，彷彿若是不能在日落之前咬到一隻貓，自己就會發瘋似的。於是，我深吸一口氣；然後，不再多想這些了。這就是，我所謂的真正成熟。」我也這麼認為，我很同意史努比的話：這種捨棄的能力以及努力，是接近於成熟的。因而，我思索著什麼是相當於「需要咬貓」的心理狀態；毫無疑問的，那就是捨棄自己的反覆思忖……那麼您呢，您需要捨棄的又是什麼呢？

蘇格拉底（Socrate）

有一天，某人去見蘇格拉底：「聽我說，蘇格拉底，我必須告訴你，你的一個朋友是如何行事的。」

智者打斷了他的話：「暫停一下，你所要告訴我的事情，是否能夠通過三道篩子？」

「三道篩子？」那人充滿驚訝地回應。

「是的，我的朋友。三道篩子。檢視一下你要告訴我的事情，是否可以通過這三次篩濾。第一道是真理的篩子。你是否檢視過，要告訴我的事情，是真實的嗎？」

「沒有。是我聽來的，而且……」

「好吧，好吧。或許你可以試試第二道篩濾，就是善的篩子。你想告訴我的事情，如果不是完全真實的，那麼是否至少是善事，能夠行義呢？」

對方欲言又止，回答道：「不是，不是什麼善事，恰恰相反的是……」

「嗯，智者說，那就讓我們來試試第三道篩子，看看你要對我說的事情，是有用的嗎……」

「有用？並不盡然。」

「嗯，好了，」蘇格拉底笑著說：「如果你要告訴我的事情，既不真，也不善，又沒有用，我寧願不要知道。至於你，我奉勸你，還是忘了這件事情吧……」

若是能夠不陷溺在流言蜚語以及一些不確定、惡毒又無用的壞消息裡，就能夠騰出許多心理空間，好好品味生活！

太陽（Soleil）

轉向太陽──陰影就會永遠在你的背後。

孤獨（Solitude）

孤獨，不會是幸福的障礙；只要孤獨是自己的選擇，而不是在必須忍受的無可奈何之下。抑或，當孤獨只是暫時性的，就像一個受人關愛、照顧的人，也是會有想要自處安靜、遠離人群一天、一星期、一個月的時候；然而，他知道遠方有人繼續愛他、想念著他。有些研究顯示，一直獨自生活的人，相較於那些有配偶的人，是一樣幸福的；反之，那些離婚、分居與喪偶的人，就比較複雜了。身分證上的孤獨（指單身），並不一定伴隨著日常生活的孤獨——獨居的人，往往比那些有配偶的人擁有更多朋友、更多閒暇活動。豐富的社會關係，似乎能夠替代，或者至少能夠給予同等於夫妻生活的幸福。

冬至（Solstice d'hiver）

通常在每年的十二月二十一日，白晝停止繼續縮短；從第二天開始，白晝的光明就會開始贏過黑夜的時間。每年的這段過程，都讓我欣喜——因為即使在隆冬之際，太陽還是不遺餘力地幫助我們等待春天。它會帶給我們更多陽光，讓我們更能夠承受嚴寒。每天，雖然感覺不到，但其實又多了幾分鐘。知道這件事情是美好的。我們的生活通常也是這樣——痛苦是與生俱來的，伴隨著我們穿越暴風雨的中心；而黎明的曙光，總是誕生於幽暗的黑夜中。永遠不要絕望。

出口（Sortie）

一天晚上，已經很晚了，在聖安娜醫院裡結束了一段很久的諮

商之後，我陪同最後一位病人走到辦公室門口。這是他第一次來諮商：在醫療技術專業語言上，就是「初次諮商」。可憐的初次諮商者，通常跟心理醫生述說了一堆痛苦的事情之後，諮商結束時總會有些迷失——他們有如置身在一道寬敞的走廊上，所有的門都神似，他們認不出來自己原先從哪條路來的。不知道出口是在左邊還是右邊？這名患者非常沮喪，嚴重失眠，但也很搞笑。在他來說，揶揄經常有抗拒絕望的功能，或者有像抗鬱藥一樣的作用。因此，就在那一刻，當他不知道走哪條路的時候，他沒有像你我一樣問道：「出口在哪裡？」（在集體潛意識中，精神病院常與瘋人院混為一談。瘋狂則被視為迷宮般，不容易找到出口。）他僅僅用黯然又滑稽的眼神看著我說：「有出口嗎？」整個晚上，甚至到了第二天，我都因為腦子裡縈繞的這句話而發笑。謝謝你，親愛的病人，你只用了一秒鐘，就掃除了我一整天診療的疲勞。即使，你自己仍在痛苦中。

慷慨的姊姊（Sœur généreuse）

一位女病患日子過得很不好，充滿了心理問題，非常、非常不容易交到朋友，並且無法持續友誼。幸好，她有一位愛她的姊姊，竭盡全力照顧她，經常邀請她，介紹自己的朋友給她。因此，這位病患用了一句燦爛的話語，對我做總結：「我姊姊對我實在很好，她把自己的朋友借給我……」

煩惱（Soucis）

煩惱，有如焦慮與擔心的塵埃，執拗地覆蓋在我們的心靈上——讓我們在自己剩餘的生命中，打開窗戶，讓外面清新的空氣將煩惱驅除殆盡。

苦難（Souffrance）

西蒙娜・薇依寫道：「不要力求不受苦，也不要力求少受苦；而是，力圖不要被苦難所改變。」這句話，像是非常實際的祈禱，也是努力的方向。我們不能剷除痛苦，只能抑制痛苦的影響力。總之，無論如何，不要讓痛苦阻斷了幸福的來訪。

希望別人幸福（Souhaiter le bonheur d'autrui）

別人的幸福，應該能讓我們快樂。如果不能如此，是因為我們不明白一件根本的事。對於我們喜歡的人，這是很容易的，因為我們非常願意為了自己喜愛的人幸福而快樂。踏出這個小圈子，可能就只有冷漠或妒忌了。如果我們不容易接受別人的幸福，至少要自私地提醒自己一點：地球上的人越是幸福，我們的生活就越快樂；幸福越多，暴力和苦難就會越少。

舒解（Soulagement）

舒解，是一種快樂，因為不愉快被中斷了。如果不愉快真的很強烈，基於反彈效應，舒解幾乎可視作為幸福。例如，病人的舒解來自於救命的藥品或安撫人心的醫生，看見自己的痛苦減輕甚至消失。另外，舒解也意味著脫離危險或問題。舒解有其智慧，也有其效用——舒解涉及的是剛剛中止的不愉快，以及

即將開始的愉快。

這裡有個小小的心理練習，讓我們能夠更好地體會這種感覺。每次惱火之後，保持專注於當下；重新觀察引發牢騷的誘因；一笑置之並且重新回到當下。盡可能維持浸淫在練習裡，就像慢跑或維持瑜伽姿勢一樣。完成練習並且充分享受過當下以及緩解的恩典之後，如果還有問題，我們可以讓心智重新回到問題上，嘗試解決——看看該怎樣做，未來才能避免這樣的問題。

下列難度不斷增加的幾個舒緩惱火的例子，能夠給予我們一些概念以及自我訓練：差一點錯過火車，最後終於趕上了；塞車浪費了許多時間，最後終於到家了；費盡九牛二虎之力組裝家具，最後終於完成了；跌斷手腕非常痛，最後終於打上石膏不再痛了；跟家人賭氣冷戰，最後終於又開始交談了（即使，原本的問題一點也沒有解決）。

嘆息或不再嘆息（Soupirer ou ne plus soupirer）

克里斯提昂·博班在《天空廢墟》（*Les Ruines du ciel*）一書中寫道：「嘆息時所做的一切，都染上虛無的色彩。」記得今年年初，我的新希望就是決定做事情時不再嘆息。我不希望生命中有太多虛無的時刻。既然不是受虐狂，我就先從拒絕那些讓自己嘆氣的事情開始，例如那些令人厭煩或過於頻繁的邀請，以及苦差事。有時逃離這一切，就像逃離一部太無聊的電影。然而，當不得不去做一些會讓自己嘆氣的事情時，我則盡量努力抱持一分輕鬆的心情去做，而非心不甘情不願地去做。（字面上就表達的很清楚了，不是嗎？）

不想嘆息行事，以免染上虛無，但這些片刻畢竟也仍然是生命裡的時光，即使覺得無聊、即使做的事情實在無趣（像是洗碗、倒垃圾等等）、即使覺得身處他方會比較好……這些時刻也不會是虛無，而是活生生的。我們在此呼吸、聆聽、觀看、感覺。這就不錯了。那些死去的人，說不定寧願過著這些我們正在嘆息的時刻。

就在我下定決心實踐新希望之後，接下來的假期裡我生病了。發燒、全身痠痛、動作遲緩，我不得不關在房裡休息好幾天。同時間，其他的人則出門大吃大喝，到處散步遊賞。這小小的病痛，實在讓我不悅，然而，我並沒有怨天怨地。我閱讀，也（不得不）觀察別人不看的事情，像是窗外雲影的變化、街上走過的路人、靜止的物件和家具，也聆聽別人不聽的聲音，像是外面的喧嚷鼎沸、地板的格格作響。我幾乎沒有嘆氣，而是盡力過好這段日子。今日，奇怪的是，我覺得看著時間流逝，生病的這幾天竟然是假期裡最美好、最豐碩的時光。因為那是最充滿沉思的時刻。因為那是我所經歷的，沒有嘆氣的時光，遠遠強過大吃大喝、參觀巷弄或博物館的時刻。

因此，一直到今日，面臨沉重負擔的時候，我仍然堅持決定不再嘆息——要麼避免、要麼修改、要麼接受，就是不再嘆息。我希望能夠好好地堅持下去。我希望，當自己崩潰的時候（反正這都是會發生在我身上的事），可以很快地就能夠覺察到，而重新開始克服。不嘆息……

幸福的泉源（Sources du bonheur）

有非常多的泉源，能夠引領我們導向幸福。其中最強而有力的，無疑是社會關係、為維護自己的價值觀所付出的行動，以及接觸大自然。當然，有無限多的方式來探索這些領域。並且，還要努力對那些虛假的消費快樂，如購買不必要的東西（不斷購買新的衣服、新的小玩意）、做無意義的事情（浪費時間在電視或視頻上）等等的事敬而遠之。我常常會想起哲學家古斯塔夫·提邦的話：「人渴慕真理，然而，他尋找的是泉源——或者僅僅只是飲水槽？」我們的幸福真理到底在哪裡呢？在超市遊盪之間，還是在森林散步之際？是在購買之中，還是在捐贈之時？是占有，還是沉思呢？

微笑（Sourire）

有三個很好的理由，讓我們盡量經常微笑。我強調：盡可能經常微笑。當然，不是時時刻刻都得微笑的，例如，有真正令人困擾的問題，或者真的很不幸的時候，是沒有必要強迫自己微笑的。我說的笑容，是在大致情況相當不錯，而所面臨的困擾只不過是些平凡憂慮（生活中需要支付的小小代價）的時候。

盡量經常微笑的第一個原因是，微笑能夠使我們心情更好。我們通常認為，當大腦高興的時候，會指使我們展開笑顏。確實是這樣的。然而，也可以有另外一個方向的運作——我們臉上帶著微笑的時候，能使大腦多幾分歡快。許多研究都已經證實了這一點，就是所謂的反饋循環效應；在笑容和好心情的大腦中樞之間，也存在著反饋循環效應。

因此，微笑不僅是幸福的證明，反之亦然。至少在我們沒有什

麼理由哭泣的時候，輕輕一笑，也是能夠漸漸提振心情的。因為，身體會全面影響大腦，我們呼吸的方式，以及站立的姿勢是否挺直，都會影響到自己的情緒；即使是輕微的影響，一旦持續長久，也可以有強大的影響力。一些研究評估了這類長時期的影響力，得到的也是同樣的結論：越微笑，越有利於幸福與健康。這也是一種既簡單又環保的方法，能夠慢慢作用於自身安適。然而，如果我們真的非常難過，想以微笑扭轉情緒是沒有用的；微笑，只能在我們沒有太多麻煩的時候，才能奏效。

經常保持微笑的第二個原因是，能夠吸引生活中美好的事物，尤其是來自於其他人身上的事物；別人會比較容易親近我們，給予我們更多幫助與關懷。我經常在散步的時候，嘴角帶著一抹微笑；我觀察到，很多人會跟我問好（有些人應該是以為我們認識；但是，我認為很多人是因為我的微笑而感覺到跟我有所連結）。

第三個原因，微笑即是溫柔善良對待他人的舉動——擺張臭臉，會讓世界更難看一些；展露笑顏，則使世界多幾分美麗。就只是多了一點點。然而無論如何，一點點也是好的。

記憶與過往（Souvenirs et passé）

小時候，我擁有的是記憶；現在年紀大了，我擁有的是過往。也就是說，一個個更緊湊又連貫的記憶塊，講述著一個故事，就是我的生命故事。記憶的召喚，取決於我們的情緒狀態——如果我們快樂，來得最容易的是幸福的回憶，反之，召喚來的則是傷感的回憶。這就是情感的一致性。同理可證，自己的過

去，可以用陽光或陰鬱的方式來述說，以強調自己的幸運或不幸。為了避免被當日的情感左右，我們是否應該在快樂的日子裡寫自傳，然後，在陰鬱的日子裡取出來重新閱讀呢？

「記得，我曾愛過妳」（《Souviens-toi que je t'ai aimée》）

有一天晚上，鄰居受邀一起晚餐。用餐結束之際，鄰居說起他們夫妻生活中的一個小儀式。當他早上離家騎上摩托車奔向巴黎的車陣之前，或是當他有點鬱悶時，丈夫通常都會親吻著妻子說：「如果我出了什麼意外，要記得，我曾經愛過妳。」這樣的話語，總讓太太又感動又焦慮。從另一方面來看，既然誰都無法知道未來會發生什麼事情，這樣說也挺好的。不過，總是有些怪異……所有的賓客，不是對這個故事感興趣，就是覺得這個故事很好玩。看得出來，在座的女士們特別喜歡這個故事。於是，朋友又補充說：「我也經常跟太太說：如果我死了，妳可以另組家庭，不用擔心。」這又是另一個愛的證言，甚至比前者更崇高──他告訴另一半，我們的愛之強大，以至於即使我死後，也希望你繼續幸福。即使是跟另外一個人。

斯賓諾莎（Spinoza）

他的名字叫巴魯克（Baruch），意指「非常幸福」。斯賓諾莎與笛卡爾生於同一個時代，他對於人類的情緒非常有興趣，深信的是：「一種情緒不能被阻止或鏟除，除非是被另外一種更強烈而相反的情緒所取代。」換句話說，並非只是理性才能夠釋放痛苦的情感；而是，展露愉悅的情緒，最能解放痛苦的情

感。斯賓諾莎想必也認同正向心理學的原理，主張越是「實踐」並且持續召喚某種情感，就越容易體會這種感情。當事事順利時，做些小小的努力讓自己快樂；如此，當事情不順利時，就大大增加了擁有一點喜樂的機會。

斯賓諾莎不曾有過算得上幸福的生活：1656 年，在他二十三歲那年，被逐出阿姆斯特丹的猶太區。原因不明，想必是因為批評了某些宗教的教義。不久以後，又被一名精神失常的人用刀子刺傷。很長一段時間，斯賓諾莎總是穿著這件被武器刺破的大衣，似乎是為了不要忘記狂熱導致的後果。後來的一輩子，他以打磨顯微鏡和天文光學鏡維生（這些精緻的成品備受讚譽），同時也致力書寫一部複雜又重要的哲學著作。書中的理論基礎，在歷經幾個世紀之後，仍然灌溉著我們的思維。

土魯斯橄欖球隊（Stade toulousain）

我熱愛橄欖球，也喜歡土魯斯橄欖球隊。大家都知道，土魯斯橄欖球隊是法國、歐洲，甚至（在有些日了裡……）是全世界最優秀、最聰明的隊伍。因此，我也擁有這支球隊隊徽的襯衫、球衣和 T 恤。我知道，這有點傻氣，但事實就是這樣。有個星期天，我去加油站加油，穿著橄欖球隊漂亮的 T 恤（從這點就可以識別出誰是真正的土魯斯人：他不會說「土魯斯橄欖球隊」，而只是說「橄欖球隊」。對他來說，不需要詳加註明，因為只有這一個夠大、夠美、夠強的橄欖球隊）。加油站收銀員看看我「土魯斯橄欖球隊」的 T 恤，大聲地說：「我一點也不喜歡橄欖球！我比較喜歡足球！」哼……我幾乎要把汽油還

給他。他一定是看到我的表情，繼而補充說：「除了當南非隊跳起 Gnaka 舞的時候！」[4] 接著，他逕自向我表演起球賽前的哈卡舞（haka 是比賽前跳的毛利舞，不是南非國家橄欖球跳羚隊〔Springbocks〕，而是紐西蘭全黑隊〔AllBlacks〕跳的）。我不禁放聲大笑，他也跟著大笑。瞬間，我就不再那麼不自在了，還向他發話：「我不相信您所說的話，怎麼可能會不愛橄欖球呢！」最後，我高興地付了錢，彼此友好地告別，就在我要離開的時候，他甚至為我跳起了哈卡舞的最後一個動作。

真是奇怪，幾個月後，我還記得這段有點不可思議又不重要的對話。事後，我也明白了，那件 T 恤在原本沒有任何可能交流的情況下，扮演了一次完美的溝通工具。加油站店員只是回應了我對土魯斯橄欖球隊熱愛的宣言，就讓我們有了這段詼諧的回憶（至少對我來說是這樣）。

停止！（Stop!）

停止下來，細細品味！許多研究顯示，暫時中斷一件愉快的活動，能夠增加滿足感。覺得奇怪嗎？例如，在一段舒快的按摩中，暫停休息幾分鐘；在一場讓人沉醉的電影或戲劇，中場休息幾分鐘；讓熱烈的對話暫停片刻……這一切，最終都將讓我們擁有更令人滿意的體驗。陰暗面是：廣告人員就會藉此辯解說，電影或節目中的一連串廣告，其實並不煞風景。光明面則是：如果是我們自己選擇停止在當下的體驗中，在心理上退一步來領悟這個經驗，這無疑是一個更有效的方式來增加體驗的樂趣，而非承受一連串廣告的疲勞轟炸。我們的意識，一直有

著令人著迷的力量，能夠增加自身的安適與幸福！

成功（Succès）

我們的成功，只是為了被遺忘。不斷歌頌，會危害我們的幸福；那只不過是以過度和欺騙的方式，在奉承吹捧自我罷了。成功更好的用途，是為了感恩，感謝生命賦予我們幸運，並且感謝所有的人——在我們努力的背後，總是有一連串數不清的人，曾經啟發、鼓勵、引導、幫助我們。我們吞嚥代謝了他們給予我們的一切，將這些據為己有；然而，如果沒有他們，我們會成為什麼樣的人呢？

南方（Sud）

1900 年九月在南方一個叫蒂羅爾（Tyrol）的小鎮上，佛洛伊德詢問同行的小姨子米娜（Minna）：「到底為什麼，我們要離開這個風光美好、靜謐，又盛產蘑菇的好地方呢？……僅僅是因為，我們只剩下不到一個星期的時間；也因為，正如覺察到的，我們的心向著南方，向著無花果、栗子、月桂樹、龍柏、帶有陽台的房子、古董商……」一說到幸福，我們歐洲人的心就會向著南方。因為那裡有恬靜的夜晚，有陽光和蟬聲；也因為那裡有灌木叢的香味、葡萄棚下的對話，還有清晨地中海寧靜的潮音。

自殺（Suicide）

某日在書展上，我遇到了一位跟我同樣受邀的作家朋友。他遲

遲趕到會場，神情十分激動，因為有人臥軌自殺，致使他乘坐的火車誤點了。他說：「你有沒有意識到，大多數人只想到因為這事件的延遲，讓你遲到，帶來麻煩。可是，有人剛剛才斷送了自己的性命……」

今年，我頻頻旅行；自殺導致火車誤點的事件，我已經遇過兩次了。每次，我的第一個反應都是同樣的：「糟糕，我要遲到了！」旋即，第二個反應是羞愧萬分：「開什麼玩笑？你那小不起眼的遲到，跟一個人的死亡、一個完全絕望的故事比起來，算什麼啊？」

與這位朋友討論了一下，當別人的不幸突然衝撞進我們井井有條的生活裡時，所造成的情緒和意識的波動。第二天，他發給我一封電子郵件，正如他所說的「小說家的問題」——我們的討論讓他想到了最近墜入大西洋的法國航空公司空中巴士，機上乘客是如何歷經了自己最後的瞬間。讓他震驚的是，所有記者提到的都是事故的技術條件，卻沒有提到這些人在經歷生命中最後幾分鐘裡，可能有的意識情況。

對我來說，這不是「小說家的問題」。只是，特別敏感的小說家，往往比其他人更經常又激烈地提出這些困惑。因為，他們滿懷著憐憫之情（甚至當他們試圖證明自己不是這樣的時候，也還是抱持著哀矜之心）；正是這樣的憐憫之情，讓他們面對所有的人類經歷時，滿懷著敏感與好奇。即使，面對的是一些慘不忍睹、極端、終結的情況……

迷信（Superstitions）

說也奇怪，有些人對於幸福充滿著迷信。有點像看待健康一樣，有些人在被問到「都好嗎？」的時候，不敢回答「好得很」，因為擔心會引來厄運、惹病上身。同樣的，我有些朋友一點都不喜歡承認：「現在，我完全沉浸在幸福裡。」總是擔心，會因為這樣帶來厄運。事實上，當一切順利時，我們的健康也遲早會出現或大或小的問題，而減少了自己的幸福感。但這一切顯然是沒有因果關係的，也就是說，不會因為承認自己快樂或健康，事情就會變壞；而是因為，這些現象都受制於「均數回歸趨勢」定律──任何超出平均值的現象，都會自然而然地趨向回歸於平均值。幸福的高峰與不幸的深淵，都遵循著這條法則。因此，就更有理由在幸福的時候，好好享受快樂，以期在不幸的時候，不至於太過絕望。兩者之中，沒有哪一個是永恆的。

幸福天才（Surdoués du bonheur）

有些人是這樣的，生命一應具足，擁有好基因、模範好父母、命中幸運，再加上生活智慧。這是如何知道的呢？總之，結果就在眼前，他就是一個真正的幸福天才。他們具有完美的情緒特質──生命中的美事，讓他們能夠獲得快速、飽滿又持續不斷的快樂；壞事當然也會降臨在他們身上，卻不太會被打擊，並且隨即落入遺忘。對他們來說似乎不費吹灰之力，而這也就是我們所謂的幸福氣質。不用羨慕這些人，他們的幸福不會減損我們的幸福。最好是觀察這些人，從中學習，或經常待在他們身邊，好好「利用」──因為情緒是會傳染的，最終我們也

能攫住一點他們的安適，就像得到感冒一樣。幸福的感冒……

1. 譯註：Sam'Suffit，看似屋主姓名，其實只是 Ca me suffit（我已滿足）的諧音文字遊戲。

2. 編註：舊譯「精神分裂症」。

3. 譯註：「槍擊救護車」是指局面已經很困難了，又再火上加油。

4. 譯註：收銀員搞錯了，把 haka（哈卡舞）說成 Gnaka。

悲傷
Tristesse

迎接悲傷，聆聽悲傷，
將它視作一位有道理又離譜的朋友。
繼續行走，繼續生活。
然後轉身一看：它已經不在那兒了。

T

下載（Téléchargement）

有一天，我必須在網路上下載一些資料。有點匆忙，還有很多事情要做，加上沒完沒了的下載……唷！真是久！我惱火了，卻不自知。突然，我察覺到了——怎麼了，這算久嗎？！不會的，其實不算久，幾分鐘就可以得到這麼多的資料。只是你自己不耐煩了。你那些珍惜當下的長篇闊論都跑去哪裡了呢？還有與病患一起在這方面的努力都跑去哪裡了呢？你是不是搞錯了？老兄，深呼吸一下，放鬆一下緊張的肩膀吧。稍微閉上眼睛。微笑吧，傻瓜！這樣做不是比較好嗎？

電視（Télévision）

太常看電視，似乎真的會讓我們多了一些不滿意，也增添了一點不快樂。所有的研究大致上都證實了這一點。當然，這個因果關係反過來說也是成立的：當我們感到不滿意或不快樂的時候，比較容易被電視吸引（看電視，是讓人不去想生活中不順遂的方法）。在這兩個方向的因果關係中，幾乎所有相關的書籍都提到了一個很容易實行的建議——少看電視！走路、看書、聊天，都是照顧精神的最佳節目。

做自己喜歡事情的時間（Temps pour faire ce que l'on aime）

有時間做自己喜歡的事，肯定是最有效的幸福祕訣之一。簡單得令人不安，然而正向心理學就是這樣。如果有足夠的時間來進行的話，大部分活動都是能讓我們更快樂的；因此，沒有足夠的時間來從事一些活動，讓我們比較不容易快樂。整理花

園、照顧孩子、上市場買菜，甚至在工作上的某些層面，這些事都可以成為樂趣或壓力，端看是否擁有足夠的時間。擁有足夠的時間，真是無上的奢華，有時候這是可以用金錢買到的（有錢人花錢雇人代勞，做很多繁瑣的工作，讓自己有空閒的時間去做真正喜歡的事情）；有時候，則可以透過智慧換取，選擇某些生活方式，例如，少工作一點或者少花一點錢，換來的是好好享受生活。

四重療法（Tetrapharmakos）

四重療法（出自希臘文，意指「四種治療的方法」），被認為是哲學家伊比鳩魯的教義精髓，由弟子第歐根尼・德・奧伊羅安達（Diogène d'Oenoanda）精簡濃縮成四句格言，並且刻在門框的三角楣上：

不要畏懼神祇。

不要害怕死亡。

學習讓自己快樂。

學習讓自己少受苦。

這樣的綱領，完全適合我。我也要把這段格言，刻在聖安娜醫院我的辦公室入口的門楣上！

治療（Thérapie）

2005 年，正值行為學家與精神分析學家的「心理醫師爭執」之際，我的病人菲利普模仿了阿爾弗雷德・德・繆塞[1]的名句

「不管是哪種瓶子，只要能醉就好」，送給我一句：「不管是哪種治療，只要能讓我們不再苦惱就好！」他把這句格言當成送我的禮物。讓我們回歸本質——治療，只是一種工具。助人為先。

挺胸站直！（Tiens-toi droit[e]!）

我們的精神狀態，充分地透過自己的身體來表達。比方說，當我們悲傷的時候，常會不由得眼光下垂、聲音沉重、說話緩慢。眾多的科學研究報告還指出，我們站立的姿勢（挺胸站直或彎腰駝背等等），會影響我們的精神狀態。例如，填寫生命滿意度調查問卷表時，隨著採樣者在低矮小茶几上填寫（不得不彎腰扭曲身體），或是在相當高的桌面上填寫（可以保持頭部和身體挺直），所得到的結果是截然不同的。以彎腰姿勢回答問卷的人，滿意度傾向下降；相反的，以直立姿勢填寫問卷的人，滿意度則衝高。因此，當父母告訴你們「挺胸站直！」的時候，你們是充耳不聞？還是覺得這樣做一點也沒有用呢？那麼，你們就錯了。就我個人而言，長久以來我一直習慣彎腰駝背，再配上一臉愁容。自從我想要讓自己抬頭挺胸，便開始站直，嘴角帶起小小的笑容。這好像對我助益良多（我說「好像」，只是不想裝成內行的樣子。我其實非常肯定抬頭挺胸的效果）。這好像也能讓別人受益——我感覺（也許有些天真），一個心理醫生抬頭挺胸、面帶微笑地安撫病患，同時也能夠藉由身體傳遞給病患稍微多一點的東西。不過，抱歉的是，我沒有任何科學研究來支持自己的這番論點。

引人熱淚（Tire-larmes）

對於那些引人熱淚的傷心故事，我一直都是最好的觀眾。當然，就像大多數人一樣，或者至少像大部分男性那樣，我討厭讓人看到自己流眼淚。比方說，在戲院裡，當熱淚澎湃湧上來的時候，我會強迫自己抽離電影，脫離情感，各個方向轉動眼球，不讓眼淚聚積成流。然而，不只是在電影院裡，即使讀一段故事也會發生同樣的情形。幾年前，我讀到了一則這樣的小故事。

耶誕節前夕，一個小女孩沒有徵求父母的同意，逕自拿起漂亮的包裝紙，想要親手包裝一件禮物。父母責備她，因為她搞得亂七八糟的。她一語不發，默默承受一切。第二天，父母發現了一個小小的禮物，有點笨拙地包裹在那張昂貴的包裝紙裡面。他們既尷尬又感動，並且後悔自己昨日的反應。打開禮盒一看，裡面竟然是空的。父親很惱火地說：「這就是妳說的禮物！」小女孩隨即嚎啕大哭，哽咽地告訴父母：「不是空的，盒子裡面，裝的是滿滿的親吻，要送給你們的！」

就在此時，我已經開始潰堤了。說實話，我所知道的版本甚至更加油添醋，我就原汁原味地告訴你們吧。父親擁抱女兒，請求她原諒自己的反應。不久之後，小女孩意外喪生。父親把盒子放在自己床邊很久很久。每當沮喪的時候，他就會拿起盒子，抽出一個想像的親吻，提醒自己孩子放在盒子裡面的愛。

這則故事未免也太誇張了，同時催淚又耐人尋味。這樣的故事，我不知道你們怎樣看；但是，對我來說，這類的故事會讓

我努力深思。在面對自己的小孩煩人的時候，也會讓我更冷靜，並且更寬容。

墳墓（Tombe）

我與女兒和妻子，來到土魯斯附近一個小小的墓園裡，給父親上墳。我們帶了一些鮮花，並且給墳上的花朵澆水。我們五個人站著，沉默不語。實在不容易說話或一起大聲禱告。但是，總不能一直這樣，傷心又尷尬，一句話也不說吧！在這樣的時刻裡，我覺得自己是「一家之主」，應該由我來做一些事情。

於是，我要求每一個人感念爺爺，讓心中存留的一切美好回憶，日常生活裡他所有的影像、話語，以及那些小小的手勢和關懷，自然湧現出來。我們的眼睛都微微潤濕起來，嚥著唾液；很高興能夠回想起那些時刻，同時也傷感時光不再。我們互訴著許多事情，洶湧迴盪，著實不易。我們交流著與他共同經歷過的關係裡，所存在的愛與親情；就像許多同世代的人一樣，父親並不太自在於表達感情；然而，今天再想起這一切時，卻發現他從來不曾停止過與我們溝通關愛之情。這讓我不禁想起，前一晚讀到的蒙泰朗[2]的句子（我發誓，蒙泰朗的話，可不會就這樣在重要的時刻無端端地跑到我意識裡來的）：「是那些沒有說出口的話，讓死者在棺木裡如此地沉重。」接著，由於當時的悲傷與肅穆，女兒爆出了一句短短的話語，惹得其他兩位姊妹哈哈大笑。結束了。功德圓滿。非常好。我欣喜。

降，雪……（Tombe, neige…）

一位女病患告訴我她的夢：去世多年的丈夫，有了情婦，而且生活美滿。她做這個夢的同時，正好是她剛認識一位第一次讓她想要再過夫妻生活的男人。醒來之後，她感到混雜著悲傷又寬慰的情緒——悲傷的是夢境裡的「不忠」，寬慰的則是，她也將允許自己開始一段新的夫妻生活。她面帶微笑地對我說，希望丈夫在「高高天堂裡」的連理關係，也能讓他幸福。在她離去之後，有好幾分鐘，我還沉浸在她孀居和愛情的故事裡，看著外面雪花飄落，想起阿波利聶的詩句（與這位女病患交談中，我們曾經提到的詩人）：

啊！降雪
盡情地下吧
我多麼渴望，心愛的女人還能夠在我懷裡。

就在當下這一刻的生命裡，一切彷彿都溫柔和諧，帶著些許的憂傷。片刻的奇妙平衡。

「全然幸福！」（《Total happiness!》）

一位躁鬱症病人，有時會嚴重的憂鬱，有時又病態的興奮；總之，兩者都是同樣的傷腦筋。有一天，他打電話告訴我：「醫生，真是太棒了，我從來沒有過這麼好的感覺。我決定離職去澳洲。我身體健康、精神旺盛。真是全然的幸福！」這個持續數天的全然幸福，真不是什麼好兆頭。天不從人願，他住進了醫院急診室。我倒寧願他有的是一些小確幸。

喜悅裡的磨難（Tourmentés dans la joie）

一天，我讀到了博班的一句話，在心裡迴盪不已。「喜悅裡的磨難，遠超過悲傷的磨難。」就我而言，我完全瞭解，人是可能被喜悅折磨的；而當我說起這種感覺的時候，親人當中真正的樂觀主義者卻難以理解。我可以理解這樣的情形，因為這也引起了我在面對幸福時所感覺到的隱憂，像是：「幸福終將停止！會如何停止呢？會在什麼時候停止呢？接著，會不會就是不幸的到來，就像要我償還幸福租金一樣？」像我這樣不擅長幸福的人（我只不過就是個好學的學生罷了），暴露在這些磨難裡面。我並不在乎。我寧願在喜悅裡受磨難，也不願意承受悲觀的陰霾而憤世嫉俗、聽天由命。我寧可在喜悅裡受磨難，也不要不快樂！

簡單的好（Tout simplement bon）

前幾天，我一邊吃早飯，一邊信眼游讀女兒的麵包包裝袋上的說明（通常，我都盡量避免這麼做。但是那天，我卻禁不住……）。上面印著：「這切片奶油麵包，好吃，就是這麼簡單。」這段謙虛的廣告詞，就這麼在我腦海裡迴盪不去。在這些簡明的語句之後，還是不免拖著一長串歌頌麵包的各種優點……然而，我的注意力還是被牢牢地抓住了，而且我還記得這段廣告詞和麵包的品牌。真是有趣，在竭盡了所有誇大的廣告辭令，像是「可口，美味，讚不絕口」之後，又回到了簡單、實質，與基本，只用個「好」字。「幾乎」是最基本的──可見，堅持極簡是如此不容易，我們還是在「好」字上添加了「就是這麼簡單的好」……

我不禁想到，在一些美好的時光裡，我們也做著同樣的事情——就在簡簡單單地說「真是快樂」之餘，總是要適時添加上「太棒了」、「超乎想像」、「一級棒」、「妙不可言」等誇張的幸福用語。不過，我們或許也可以有個藉口——我們必須保持至少多於負面情緒三倍的正面情緒比例。也許是這個緣故，讓我們不知不覺地就浮誇吹噓起來了？

一切順利（Tout va bien）

在一切順遂時幸福，實在不算是荒謬的計畫。正如哲學家阿蘭所言：「我們應該教導孩子快樂的藝術。不是苦難臨頭時的快樂藝術，這應該留給斯多噶學派費心。而是，當情況差強人意、生命的辛酸化成一些小煩惱以及一些小小不舒適時的快樂藝術⋯⋯」

悲劇（Tragique）

不要被表象所愚弄，幸福本是一個悲劇性的主題。絕對不是粉色多彩的糖果。人類的幸福，是建立在我們的意識中雙重且不可分割的運作所產生的結果。這個運作的第一面就是尋求福祉——幸福，是在有利的環境下感受愉悅的意識行為。第二面是面對死亡，我們都是會死的、終將一死的，我們尤其意識到自己是必死的。我們恐懼如影隨形的死亡，而幸福就是解藥，因為它提供了短暫的不朽，讓時間暫停，甚至消失。然而，幸福也傳達著一個短暫卻強大且令人不安的訊息——幸福終將消失，就如人總會死亡一樣。因此，幸福就是一種「悲劇的」情

操。悲劇性的意義就在於，人們意識到命運與宿命沉重地壓在自己身上。悲劇是，在人類生存條件的逆境中接受和整合苦難，以及死亡。這是一個悲慘的問題：如何在這樣的情況下生活呢？而幸福就是這個問題的答案。

哲學家安德烈・孔德－斯朋維勒寫道：「悲劇，就是在抗拒和解，不願意與矯揉的情感、自以為是或愚蠢的樂觀取得協議。」哎喲！他又寫道：「這就是生活，沒有道理，沒有天意，也無需尋求寬恕。」好吧，好吧……最後，他還說明：「就是這種要嘛就接受，不然就離開的真正感覺；不過最後，還是心甘情願地接受了。」呼，終於能喘口氣了。他在別處又補充說：「至於那些主張幸福不存在的人，只是證明了他們從來沒有真正不幸過。反之，那些曾經歷過不幸的人都知道，幸福是存在的。」幸福與不幸的務實態度，是由親身體會的。是的，人生是一場悲劇，世界是悲慘的。但我們還是願意微笑，繼續向前，心思明澈，而不願意只是咧嘴強笑而無法真正歡喜快樂。再者，或許幸福也不是悲劇，而只是悲劇裡的沉重部分。因為這個必要的沉重，幸福才有價值、才有趣味，並且提醒著我們幸福是絕對必要的。

另一位哲學家克萊蒙・羅塞也提醒我們：「所有對現實的默許，都是明澈和愉悅的融合，這融合就是悲劇意識〔……〕現實給予的，是唯一能夠承擔現實的力量，也就是愉悅。」因此，持續不停地嚮往幸福，並不需要與世隔絕到一座金色的城堡裡，也不需要糊里糊塗地將自己寄情於酒精、毒品、視頻遊戲，或把自己放到辛苦的工作中。只需要接受世界是個悲劇的事實就

可以了。幸福不是一個可以讓我們捲曲躲藏在裡面的泡沫，而該泡沫建立在一個空頭的保證之上，以為有一個專為幸福打造的世界。這些都有賴於心靈智慧幫助我們瞭解——無法有一個調節適當的內在，有的只是一個活生生的內在，一個痛苦心靈突顯幸福心靈之必要的內在。

幸福條約（Traités sur le bonheur）

人們常常以為，關於幸福技巧的書籍，在我們這個時代占盡優勢。然而，我卻不敢如此肯定——幸福書籍保有最高紀錄的時代，有可能是在十七世紀。伏爾泰、盧梭、狄德羅、戴芳夫人（Mme du Déffand）、夏特蕾夫人（Mme du Châtelet）[3]，所有當時偉大的思想家都曾經談到幸福。這種現象有許多歷史因素，其中有來自宗教（天主教全能權威在日常生活中的衰落，表示尋求靈魂救贖的衰落，也是追求幸福的興起），或來自哲學（現代個人思想的萌芽）和政治的原因（追求幸福的民主化）。每當宗教力量削弱的時候，個人自由就會增長，民主思想就會擴大，追求幸福就變得更重要。希望這種現象能夠持續下去……

工作與幸福（Travail et bonheur）

工作與幸福？在《創世紀》裡，憤怒的上帝將亞當和夏娃從天堂驅逐出去（在那裡，不需要工作），迫使他們必須辛勞流汗，才能賺取麵包。故事就是在這樣糟糕的情況下揭開了序幕。到了前工業化社會，糟糕的情況有增無已：工作被視為一種詛咒

和恥辱，富人不需要工作，而是要窮人為他們賣命。隨著啟蒙時代的偉大革命思想，帶來了改變：幸福被認為是一種權利，工作被認為是一種價值。遊手好閒的態度開始被質疑，而勞動則是幸福與尊嚴，就像哲學家愛爾維修[4]所指出的：「忙碌的人是快樂的人。」

狄德羅稍微緩和了這樣的看法：「如果是木匠自己跟我述說，他做為木匠一天的樂趣，我會比較信服。」然而，工作者熱愛自己的工作，並且在工作中充分發揮所長的印象，已經銘刻在人們的心裡了。新穎的是，今日我們觀察到，個人發展中對於工作不斷提升的期待——理想的情況下，工作不再僅僅是為了糊口，更是一種創造生命意義、學習以及跟自我實現緊密連結的方式。所以，在一項針對六千名大眾所做的調查裡，四分之一的受測者很自然地把工作當成幸福的源泉。超過一半的人認為，在他們的工作中，正向的方面大於負向；學歷越高，越多人有這樣的想法（管理人員中占七〇％，而不具備文憑的工人只占了三〇％）。在這項研究中，最後我們注意到，條件最差的群體（像是工作情況不穩定的人，以及失業者），更傾向將工作視為幸福的必要條件。就像經常發生的，當幸福的源泉被剝奪或禁止的時候，越能感受到它的價值與重要性。以上對工作的看法，即是一例。

刻不容緩（Très vite）

我一點也不喜歡，真的一點也不喜歡聽見電話答錄機留言中對方跟我說：「立馬！」如果對方竊竊地留下一句：「馬上回電

給我，趕快。」這樣強加在身上的壓力讓我心裡很不舒服，甚至會讓我變得有些挑釁地故意被動，想不到吧！本來我會自動回電的，反而故意遲些時候再回電。我知道這樣做挺愚蠢的，然而我必須遏止這種社會裡瀰漫著的「加速」流行病！總之在我們這個時代裡，應該經常做的是減速而不是加速，才能夠讓自己過得比較好。

反幸福的三 A（Triple A antibonheur）

三 A，是用來標示香腸的質量，或者國家財政的可靠性。不過，也可以涉及幸福。就是，事前（Avant）、事後（Après）以及他處（Ailleurs），這就是「反當下」以及「反幸福」的三 A 變化格式。心緒越是習慣在事前、事後逃跑到他處，而非把握當下，就越會降低幸福感。有句箴言說：「若是想要快樂，就得遠離三 A ！」

愁緒（Tristesse）

愁緒，是永不枯竭的靈感源泉，遠比其他負面情緒如憤怒、恐懼、嫉妒、羞恥等等，來得豐富。原因很簡單，憂愁使我們更接近自己，促使我們以己身的缺陷與艱難的角度來反思生命；還有（這個「還有」是必不可缺的），矛盾的是，愁緒也是最接近幸福的痛苦情感——憂愁能讓我們接近某種平靜的狀態，使我們放慢腳步、解除武裝、放棄與生命爭鬥（有時候也是件好事）。在其他的負面情緒中，憤怒反而會使我們離幸福而去；懼怕，則只有把自己層層鎖住，幽閉在反恐懼的碉堡裡（如自

己的家、配偶、自己的確定或夢想裡），才可以感覺到幸福。

然而，憂愁卻是另一回事。憂愁的柔軟，有時讓它像是幸福的表親；根據雨果所言，憂鬱就是「悲傷的幸福」。由於這兩種原因，愁緒有時候也可以是有生產能力的。就像是有點令人吃不消的好友，有時候有理，但總是反覆思考、小題大作。因此，當愁緒抓住我們袖子的時候，一定要聆聽並且看看它要告訴我們什麼。然後，打發它走。然而，也不能太快，不能在它還沒說完話之前，就打發它走路。否則，憂愁會鍥而不捨一再回來，很快就會鋪天蓋地掩埋我們的生活，遠遠超出它本來應有的範圍，正如：「愁緒降臨停息，像夜、像霧又像雪，一視同仁地覆蓋在所有事物上面。」

正確使用憂傷，也是幸福的關鍵。

三件好事情（Trois bonnes choses）

有一個常見的正向心理學練習，就是晚上睡覺前，回想一下當天經歷過的三段美好時光。不需要是多麼特殊的時刻，就只是微小的美好時光，像是親人之間的談笑、閱讀了有趣的文章、一個讚賞、一段感人的音樂，或是，在十一點十五分到十一點十八分之間，生命美好的短暫感覺等等。強烈密集又專注地回想這一切，也就是說，不僅僅花兩秒半的時間，輕觸一下這些瞬間的記憶，隨即轉而操心起當天或明天的事情。不能這樣。而是要真正給予這些美好的時光一個空間，用整個身體，不只是用腦子，去召喚、直觀以及再次感受這一切。不要有過多的反思，而是細細地品味享受。如此，連續幾星期每天晚上實踐

這樣的練習，將會提高我們的士氣、安適，以及睡眠品質。然而，誰會如此一再反覆長期實踐這個練習呢？就連我，完全信服這是愉快又有意義的練習，並且詳知所有的研究理論，也還是必須經常重新啟動，激勵自己，才能持續實踐。正向心理學的困難就在這裡——看似簡單，卻比我們想像中更嚴格要求規律。

太多幸福嗎？（Trop de bonheur?）

可能太幸福嗎？不會的，就像健康一樣，沒有「太」健康這回事。以上這兩者都不可能，就只有一個簡單的原因：幸福一如健康，都是脆弱、暫時的狀態，並且不僅僅取決於自己。反之，卻可能會談論太多自己的幸福，或太炫耀、太執著於自己的幸福。這三個錯誤是會傷人的——前兩項傷害別人（當他們遭遇不幸的時候），第三項則傷害自己（當不幸降臨在自己身上的時候）。

太幸福（Trop heureuse）

有一位我很喜歡的女病患，跟我諮商已經很長一段時間。（其實細想起來，所有的病患我都喜歡！）她的一生實在不容易，然而，她還是堅持不懈、規行矩步，努力地度過難關，穿越了昔日重重的枷鎖。她很聰明、上進又不退卻，因此，最近幾年來終於漸漸地走出困境，生活似乎變得快樂起來，幸福也變得比不幸多了。她感到快樂，雖然不是每一天，不是時時刻刻都快樂。但是，對她來說，生活大致上是變得幸福了。然而，

她卻不習慣快樂的生活。即使我們努力討論過這個問題，有時候，過去的恐懼還是會湧現心頭——她害怕這一切不會持續，災難會再次臨頭。她這種怪異的感覺，是恐懼災難「重新逮住」她；至於被什麼人，基於什麼原因，她則完全不解。然而，就是害怕……

前幾天，她在下班後搭往郊區的列車上，即將回家與伴侶一起（她生命裡的兩大全新的近況，象徵著她終於「像每個人一樣正常」，「有權利擁有簡單的生活幸福」）。她心裡胡思亂想這些讓自己快樂的小事情，突然，陰鬱的想法又來襲了：「這一切幸福都不會持續，無法持續下去，妳將付出代價，妳會被三振出局……」她又一次感到五內糾結，她知道這些避之不及的不舒服，都是無稽荒謬。她開始深呼吸、安撫自己，回想起我們之間對這個問題的討論。突然，內心擔憂爭鬥的虛擬世界，被查票員的聲音迴響拉回到現實：「女士先生們，大家好，麻煩你們，查票……」她急忙翻找自己的通勤卡。糟了！自己帶的不是平時的袋子，通勤卡在家裡。不管她怎麼解釋，罰鍰減輕後，還是四十五歐元。惡法亦法！然而，奇怪的是，她像鬆了一口氣似的。雖然查票員的頑固態度讓她有點惱火；然而，最重要的是讓自己大大地鬆了一口氣：「怎麼，妳還在擔心幸福太多嗎？看吧！自己碰上了什麼事！別擔心了，生活自會讓你付租金的，就像現在這樣。妳不必擔心什麼大災難，只要管好這些小麻煩就好了。有一天，妳的幸福可能會被撤消，就像任何人都會被撤消幸福一樣。在這件事情還沒到來之前，盡情享受吧。別忘了準備一點錢，來應付麻煩！」

與其害怕失去幸福，倒不如好好享受幸福。並且，用幸福的力量來精壯自己，以微笑跨越生活裡的小麻煩！

為時已晚（Trop tard）

我很不喜歡病患對我說：「啊，好可惜，沒有早一點服用這種藥、遇到這位心理諮商師、有這樣的診斷！否則，就可以不用受這麼多年的痛苦了。」每當聽到這番話時，我都會傾身湊到病患面前，好像聽到了一件非常嚴重的事情，神情凝重地請他們重複剛才說的話。一般來說，病患都會感到驚訝，因為通常我們對別人說這類話的時候（如「來不及了，真可惜」），對方或者會漠不關心，或者會安慰我們（「不會的，不會太遲的」）。可是這回，卻被要求重複一遍。（畢竟，他們面對的是精神科醫生！）於是，他們複述剛才的話，通常會減輕一絲抱怨的語氣。我則會回答他們：「很好，但是，如果為時已晚，您要怎麼辦呢？」常常，他們都會豁然明白，並且笑了起來。對啊！每每談到幸福，這類自動出現卻沒用又害人的老生常談，像「為時已晚」，就是我設法要從病患心裡驅逐掉的。但是，我不想對他們說「遲到總比不到好」之類的話，大家可能已經跟他們說了一千次了。我只是要他們馬上行動。因為我知道，我們很少能夠以智慧讓自己從遺憾裡解脫出來，而往往是透過經驗來抽身。於是我就讓他們有個小經驗——當場被捕，並且藉此機會更仔細地審視一下這些害人的老生常談。

「你從來沒有對我說過這句話」
（《Tu ne m'avais jamais dit ça》）

這件事發生在有天中午和我的二女兒（一位總是歡喜讚嘆生命的女孩）一起吃午餐時。我們決定做個煎蛋。我說：「去，幫我打六個蛋。」我看到她手裡拿著雞蛋盒子，停下來微笑，配著只有大腦正在全速轉動的人才會有的明銳眼神。看著我疑惑的表情，她解釋說：

「真有趣，你從來沒有對我說過這句話！」

「什麼意思？」

「是啊，你常常會對我說一些句子，像『吃飯前，先洗手！不要忘了鑰匙！做個好夢！晚上睡得好嗎？今天過得好嗎？』但是，剛剛的那句話，我從來沒聽過，這是我生命裡的第一次！」

於是，我們放聲大笑。

她說得對，她的頭腦很警覺。我們跟親人往往總是重複說著同樣的話！最後，就變得充耳不聞了。特別是如果我們總是說著相同的長篇大論（就像父母常常對孩子們言者諄諄，只想到教育）。結果，他們再也聽不進我們說的任何話語了！我們的話，變得可預知又沒用，我們也變成了製造廢話的機器。然後，偶爾因為情況有一點不同、一點出人意料，我們的話語又有了新意。正是這一刻，女兒活躍又快樂的大腦，攫住了當下的真義。

那一天，我為了她新穎思想的脫俗，高興了好久——我是否也能經常活在正念中，全然意識到生命以及別人對我說的話呢！

---

1. 編註：繆塞（Alfred de Musset, 1810-1857），法國浪漫主義詩人、劇作家、小說家，

發表過一些關於社會、政治和文學藝術的論文;除了三部優秀的小劇本和幾首詩外,其餘的作品都是三十歲以前完成的。1852 年獲選法蘭西學院院士。他與作家喬治‧桑的戀情最為人所津津樂道。

2. 編註:蒙泰朗(Henry de Montherlant, 1895-1972),法國散文家,小說家和劇作家。主張「交替」的理論:刻苦和享樂互相交替,剛毅自持和放任自適各不相礙。其作品風格謹嚴、自然、親切,兼有法國古典作家的純樸和浪漫派作家的激昂,為評論家所稱道;批評者則認為這種完美的風格傳達一種誇大和貧弱的思想。1972 年自殺身亡。

3. 編註:戴芳夫人和夏特蕾夫人都是法國啟蒙時代重要沙龍的幕後推手。

4. 編註:艾爾維修(Claude Adrien Helvétius, 1715-1771),法國啟蒙思想家,出生在巴黎一個宮廷醫生的家庭,畢業於耶穌會辦的學校,曾任稅務官。他考察了第三等級的貧困和貴族的糜爛生活,因而痛恨封建制度。辭去官職後,專心著述,並和狄德羅等人參加了《百科全書》的編輯工作,嚴厲批判封建制度及教會。

緊急，緊急，當下一切都迫在眉睫。
可是，你知道什麼才是重要的：
就是，看著生命之草欣欣向榮。

緊急或重要？（Urgent ou important?）

在我們的生活中，緊急的事經常與重要的事背道而馳。「緊急」，是去做生活要求我們做的事情，例如工作、購物、修理，或花些時間為別人做些什麼……「重要」，則像是在大自然裡漫步、靜觀美麗的事物、找時間跟老朋友談話……

「緊急」很快地取代了「重要」的位置；「重要」似乎總是可以等待，幾乎從來不迫切。一如既往，在理論上，我們都是瞭解的。然而，一旦落入實踐中，我們該怎麼辦呢？就我個人而言，每天早上我都在「緊急」與「重要」之間拉鋸。因為起得很早，我能在全家人都還在熟睡的這段時間裡做些什麼呢？藉此機會處理急件嗎？趕上落後的工作進度，書寫擱置的電子郵件或文章嗎？這些正是我想做的事情，減輕「待做而未做的工作」這個重擔，將讓我寬慰。等到做完這些事情之後，就會覺得好一點，這是馬上就可以應證的事情。

或者，我該對自己說：「不。先做重要的事情。去板凳上坐下來，至少先從一刻鐘的正念冥想練習開始。其餘的待會再說。如果現在你不先從重要的事情做起，等一下所有緊急的事情會讓你忙得喘不過氣來。直到晚上，你都還是無法全部做完的。所以，坐下來，轉向當下，你知道這有多麼重要嗎？」有時候，當我有辦法做到的時候，總是會覺得好很多。有些時候則比較困難。於是，我讓自己全天都有一些正念的小瞬間，一些有益的時刻。然而，在內心深處，我很清楚地知道，這兩者之間是不能相提並論的，因為，自己正漸漸在匱乏中……而我一直都

還沒有找到解決的辦法。

儘管如此,近幾年來我在冥想方面得到的最大進步,就是明白了「緊急」與「重要」之間的戰鬥,是打從早上日出就開始的。而這場戰鬥,只要自己一息尚存,就會永遠延續著。有時候,我會站在「重要」的這邊,有時候則會是「緊急」的奴隸。這樣很好,表示我還活著⋯⋯

有用(Utile)

正向心理學有一個可以被稱為「功利主義」的趨勢:權衡利益,並且追求在優勢中獲益。例如,幸福有益健康?因此,醫生們對正向心理學感興趣。幸福,能使人表現良好?因此,公司要求員工參加研討會。我們或許覺得這一切很煩人;然而,我們可以說,有另外一些潮流,比起這個潮流要來得更空洞無用。一旦走上幸福之路,無論最初的動機是什麼,人們通常都會變得比之前好;因為,幸福能夠讓人變得更好。即使當初追求幸福的理由,是值得商榷的。

烏托邦(Utopie)

當一切都不順遂的時候,幸福看起來好似烏托邦;以詞源上來說,就是一個不存在的地方。然而,幸福就如一根小草,即使到處都鋪滿著「不幸」的水泥或柏油,小草終究還是能夠衝出夾縫,迎向陽光。

美德
Vertus

厚德，就是幸福。
做好事能夠使你幸福。

V

疫苗（Vaccin）

「可怕的」義務，就是永遠不能停止呼吸……我遇到過好幾位十分焦慮的病患，只要一想到呼吸這件事，竟然就會開始陷入恐慌。他們告訴我，自從小時候就意識到自己必須不斷仰賴空氣，像這樣吸氣、呼氣，直到歲月盡頭……

有位女病患，最怕將來有一天必須裝上人工肺走完一生。你們知道的，人工肺就是那種龐大的機器，以前是用來幫助脊髓灰質炎引起呼吸肌癱瘓的病人。最早的時候，需要有人不斷運作打氣機，後來，演進到使用電力自動運作；但是，還是不免……

一直聆聽這位女病患，以及跟她不停地討論治療呼吸這方面的困難，剛開始的時候，我有點把她的焦慮帶到了自己身上。有一、兩次半夜，我從強烈的窒息感中驚醒過來。之後，我就不再有過這樣的情形了，而她也終於度過了這段艱難的時期。自從我開始練習正念冥想，這種事就再也沒有出現在自己身上了。記得當我還是小孩子的時候，「鐵肺」一詞使我印象深刻。我十分高興，後來有了脊髓灰質炎疫苗，我對這疫苗的發明者充滿著無限的感激之情。

胡思亂想（Vagabondage de l'esprit）

有一項關於「胡思亂想」的卓越研究，顯示了以下幾個亮眼的結果：一、針對大約五千名年齡各異的志願者，隨機追蹤紀錄在一天當中不同時刻的心理狀況，為期數週。結果顯示，他們

的頭腦有一半的時間總是在胡思亂想（也就是說，正想著其他的事情，而不是專注於手上正在做的事情）。二、越胡思亂想，越不容易幸福（在追蹤紀錄的時候，也同步評估當下的情緒）。三、即使心不在焉時的情緒是愉悅的，即便正在做的是愉快的白日夢，也永遠不及專注於自己正在做的事情來得愉悅。

研究人員把得出的結論發表在科學刊物，標題是〈胡思亂想的心靈，是不快樂的心靈〉。還有另一個結論，也可當作是建議：專注於正在做的事情，即使是工作，也比想著別的事情，哪怕想的是愉快的事，都更能夠讓自己快樂。這種相關性，同時也是因果關係——並不僅僅是因為我們不快樂，所以胡思亂想（例如沉溺在陰鬱的反覆思考中），反之亦然。我們不知道該如何穩定心緒，讓自己專注於眼前的事情，因而往往削弱了幸福的能力。這就是冥想能夠提高正面情緒的原因之一，因為冥想能夠強化我們活在當下、穩定心靈的能力。

打破的盤子（Vaisselle cassée）

在每一個行動中，大腦世界悄然伴隨著我們；然而，我們的親人卻覺察不到這一點。除非我們跟他們解釋……

這件事發生已經有些時日了，場景就在我家的廚房裡。正當家裡其他成員收拾餐桌的時候，這天是輪到二女兒把盤子放進洗碗機裡面。她靜靜地做著這件事，我突然看到她的臉上閃現了只有在想到趣事時才有的燦爛笑容。接著，她就叫道：「我說，已經很久沒有打破什麼東西了！」頓時，全家人哄然大笑。這是真的，經常總會有人打破玻璃杯或盤子；而且，更妙的是，

常常都是二女兒打破東西。所以，此刻也只有她會突然意識到沒有打破任何東西，只有她覺察出一切事情進行得很順利，並且因此而高興！那一天，女兒給了我們兩方面的教誨。

第一，是認知心理學的教誨：我們所做的一切，都伴隨著內心的喋語。其中混合著當下發生的事情、自我的經驗，以及對眼前事情的期待。我們所經歷的外在事件，就跟其他人所經歷的一樣；然而，在內心發生的事情，就只屬於我們自己的了。第二，是正向心理學的教誨：為事情順利而高興，即使只是件簡單的事情。

不久之後，對我來說甚至還有了第三個教誨。有一天早上，二女兒剛打破了一個玻璃杯（因為她不夠注意自己的動作）。我還記得之前的場景，於是，瞬間止住了自己愛發牢騷的習慣，微笑地看著她說：「你可以小心一點嗎？！」我還記得前幾天的開懷大笑（真是天賜的恩典），因此，我對自己說：時不時還是值得打破些盤子的……

價值（Valeur）

價值觀，就是我們會優先考慮的存在目的。在理想的情況下，我們可以將價值觀當作日常生活中的首要重點，像是愛、分享、公正、慷慨、善良、簡單、助人、團結、尊重自然、愛護動物、坦誠等等。按照自己的價值觀行事，並且倡導自己所奉行的價值觀，能夠使我們幸福。無論發生什麼事，即使自己的行為不被「獎勵」或認可，都是能夠使我們幸福的。所有的研究都告訴我們，實踐這些價值觀，能給人帶來幸福。

瓦爾哈拉殿堂（Valhalla）

瓦爾哈拉殿堂，是維京人的天堂。您必須是一名驍勇善戰的武士，並且為了戰鬥陣亡，瓦爾哈拉殿堂才有意義。在瓦爾哈拉殿堂裡，有野豬吃，每天早上開始戰鬥，直至死亡，再由奧丁神（Odin）使其復活，然後再大吃大喝一頓。因此，只有對喜愛這一切的人，才是有意義的……

廣闊的世界（Vaste monde）

有一天，我傳簡訊問女兒什麼時候回家，想知道是否需要等她一起晚餐。我的訊息是：「妳在哪裡？」她狡黠地回答：「我在世上，寶貝！」她通常都是滿懷喜悅地活在世界上，就像那一天傳給我的訊息那樣。我實在不需要知道她幾點會回到家裡——她回來的時候就會回來，就是最好的了。

魔術貼還是鐵氟龍？（Velcro ou Téflon?）

真是奇怪又無聊：面對自己的想法，就像大腦有兩面似的，一面是魔術貼孔，另一面是鐵氟龍。魔術貼面吸引負面想法，牢牢黏著不放，不離開腦海，這就是反芻思考。鐵氟龍面則吸收正面想法，滑至我們的良知，然後消失，這樣真是浪費，真是可惜！如果我們能夠經常想到要扭轉自己的心理功能，讓憂慮滑過，讓歡樂反芻。那又會如何呢？

自行車（Vélo）

事情發生在前幾天，我騎著自行車穿越巴黎。剛開始時，一切

順利；在交叉路口，一輛車子停下來讓我先行。駕駛臉上甚至還帶著微笑。我向他輕輕點頭致謝，他也友好回應。我是有優先權的，然而，只要他加速而不是剎車，就會從我眼前飛過……五分鐘之後，來到有些狹窄的道路，有一輛車子在我後面。它並不是靜靜地跟著我直到前方較寬的路上，而是迅速超車，差點擦碰到我；如果我稍有偏差，就會被撞倒在地。我在心裡痛罵道：「王八蛋！」

然後，我又繼續騎著自行車。我當然知道，剛剛第二個情緒激動遠遠比第一個強烈。而且，我知道如果不做任何反應，這段遭遇將會在精神上留下強烈的記憶。這很正常，因為攸關生命。儘管如此，如果我仍然滯留在單純的情緒記憶裡面，我對汽車駕駛的看法就會被扭曲，不再記得有另一半的汽車駕駛是好的；於是腦裡充斥著想當然耳的錯覺，以為自行車騎在路上處處危險。

結果，我又回想起那位禮讓我的汽車駕駛，還有，當我在車陣中穿行時沒有向我按喇叭，並且遵守規則的那些駕駛們（我應該也讓他們煩擾不已）。我重新調整了一下看法，讓自己冷靜下來；我得承認，這麼做也是為了自己……

蒙面復仇者（Vengeur masqué）

蘇洛（Zorro），這個費解的人物，披著黑色斗篷的蒙面復仇者，是我幸福童年裡的一大記憶。當時只有一家電視台，每週四下午「蒙面俠蘇洛」就會出現在黑白電視裡（當時週四不用上學，但是星期六要上學）。我仍然記得那種稀有的幸福──

那個時代不像今日這樣，孩童們能夠自由、不受時間限制又大量地接收螢幕影像。我似乎認為以前比較好，應該是因為我老了。然而，可以肯定的是，對於我們這些六〇年代的老小孩來說，幸福是比較容易的——因為，當物質稀罕又偶爾有之的時候，總是比源源不絕、無限供應，來得容易讓人珍惜。

秋天的風（Vent d'automne）

有一天，我無法騰出絲毫時間與遠道而來的佛教徒朋友碰面。他如此回應我這種西方式的過度忙碌、永遠騰不出時間的生活：「謝謝你的答覆，克里斯多夫。秋風輕輕地吹拂在我們臉上。我們就像這樣，在當下相遇。每一步都充滿著和平……」

我讀完這幾行字，完全被他訊息裡傳達的智慧、溫柔、簡單以及慷慨，震撼不已。我覺得自己幾乎準備取消幾秒鐘之前所有的職務，只為了片刻的相遇……

真理（Vérité）

對一位哲學家來說，寧要傷心的真理，也不要撫慰的謊言。就我個人而言，即使承認難以駁倒這個看法，但也很難認同這樣的立場。只因為我是無可救藥的護理人員。親愛的安德烈·孔德－斯朋維勒對我們之間的這個爭論，已經做了完美又合情理的總結：「克里斯多夫，身為好醫生，希望病人和讀者能夠擁有健康；我則希望讀者能夠擁有多幾分的真相、洞悉力與智慧……然而，有能夠讓人舒服的謊言或幻覺，也有能夠傷人的真理。因此，對哲學家來說：寧要傷人的真理，也不要讓人舒服

的幻覺；寧要殺人的真理（前提是，真理殺的只是我！），也不要讓人活下去的謊言。對醫生而言，想必不同。這只證實了，哲學與醫學是兩種完全不同的東西。當然，兩者都是合理，也是必要的。『個人發展』有時候產生的錯覺，會讓人以為哲學與醫學是同一回事；也就是說，哲學能夠治癒，健康足以取代智慧。我一點也不相信這個論點。」讀完這段簡單、有見地又智慧的話，難道不會使大腦快樂嗎？

美德（Vertus）

美德，意味著為了符合自己價值觀所做的努力。作個賢德之人，並不是偶爾或者不得已時，才做做好事，而是必須憑藉著意志行善。操守良好，並不會妨礙快樂或滿意；相反的，實踐道德態度時所感受到的正面情緒，證明著誠懇（我並非只是做做樣子）以及真實（這確實符合個人價值觀）。因此，美德的養成，完全屬於正向心理學必要的一部分——美德，帶領當事人與周遭的人，一起邁向更幸福的境界。從事這項主題的研究人員，窮盡各種文化，從各類宗教聖書到哲學論文或禮儀，在所有人類認為必要的優良品質中，費心列表說明；他們總結後得出了六種稱之為「崇高」的道德，分別是：智慧、勇氣、人道、正義、節制、昇華。每項美德都與「力量」連結，精進實踐有助於達成目標。例如，以節制來說，實踐的力量就是自我掌控、謹慎及謙卑。這些結果都是從大量的研究中評估而來，並且有可能在未來的這些年裡接受考驗。然而，正向心理學再次應證了希臘哲學和亞里斯多德的信念：「善之於人類，就在

於靈魂歸順美德的行動中。」

邪惡（Vice）

亞里斯多德認為，邪惡總是成雙出現：一是過多，另一則是不足（例如，魯莽與怯懦，貪婪與揮霍）。在追求幸福的路上，會有什麼邪惡呢？一方面可能是過度，也就是痴迷於追求完美：「我真的夠幸福嗎？不亞於我身邊的人嗎？我所擁有的是最大的幸福嗎？」另一方面則可能來自於忽視，也就是帶著懶散的面貌（「對我而言，生命實在沒有什麼用」），或者是帶著過動的面貌（「我太忙碌了，無法幸福」）。亞里斯多德補充說，在這兩個極端之間，存在理想的中庸之道；這不該被視為妥協的區域，而要視作兩座深淵之間的山峰。拉羅什福柯也說：「在善的成分裡加入惡，就如在藥品裡添加毒物。然而，必須小心調和節制，使它能夠有效地對抗生活裡的罪惡。」拉羅什福柯又點醒迷思，要我們在實踐美德時，切記謙虛為懷。這是真的，有時候謙虛裡面參雜了一絲傲慢，就像儒勒·何納強調的：「我為自己的謙虛而傲慢……」說得非常真確，就像某些慷慨的行為，單單是為了沽名釣譽。然而，這只不過是個小問題；重要的是，別忘了實踐道德行為！

生命（Vie）

生命美好。生命艱難。以上兩種說法，都是正確的。無需嘗試建立一個平均值。還不如早早承認，生命裡有摑掌，也有擁抱。

舊衣服（Vieux habits）

父親去世以後，我們清空他的衣櫃。母親非常激動，我也十分感傷。然而，讓我安慰的是，我拿了一些父親的衣服，準備繼續穿。現下寫這幾行字時，我身上穿的就是他的一條蘇格蘭格子長褲，似乎是 1980 年代的時尚風格。每次穿上這條長褲，女兒都會大叫，妻子則嘆氣微笑。當然，肯定不是因為父親的衣服把我拱到時尚的尖端。但是，這滿足了我的兩個基本習性：一是，不要丟掉「還可以穿的」衣服。另外，藉著貼身的接觸，經常想到「自己的」死亡。每個人都有自己的神經狀態——這些舊衣服撫慰我的精神，讓我喜樂，至少使我滿足又和諧。

老先生（Vieux monsieur）

他是我的一位幸福導師。今天，他也是一位生病的老先生。最近，我有好幾次又見到了他。面對這位二十五年來令我受益良多的人，我非常感動。同時也為他擔心，因為他年事已高，又罹患危險致殘的疾病。他該如何面對這兩個隱憂呢？坦白說，我也有點擔心自己——擔心自己最崇愛的幸福智慧模範，將如何面對人生盡頭，如何通過這個一步步逼近的疾病與死亡的撞擊考驗。

於是，我慢慢聆聽並且細細觀察他。他老了，行動遲緩，不再神采奕奕。再加上痛苦間或來襲，在他臉上和身體都留下了痕跡。他也顯得倦怠，因為我注意到他隱隱地放棄了某些動作（像是撿起掉在地上的物品），或是放棄了某些言語（像是解釋一些複雜的事情）。但是，除此之外，有些時候他彷彿甦醒

過來似的，臉上明亮了起來，聲音清朗，雙眼再次炯炯有神。幸福又回來了，就像陽光穿透雲層，又像風突然鼓脹起遲滯的帆桅，再次歡樂地讓大船猛進快速前駛。於是，他高興了起來，對一切又感到興趣，而且還靈思泉湧，傳播慷慨仁意。他還是原來的自己，還是我所認識、愛戴敬仰的那個人。快到盡頭了，他快要接近生命的終點了。然而，在年華的塵埃之中，他一點也沒有棄絕、沒有改變，仍然堅持著同樣的價值觀（生命畢竟是值得的，每一次當我們盡可能地微笑，都會讓生命更美麗），以及同樣的幸福（歡喜地看著生命本質以及周圍的一切）。他已經將生命安住到最好了。他盡量讓自己活得快樂，並且盡力帶給別人快樂。他知道，自己在塵世的日子即將接近尾聲。這讓他有些悲傷，因為他是如此地熱愛生命；但是，這並不妨礙他繼續快樂。

我感覺到，溫柔和感激之情交織在一起。我覺得自己放心又平靜，比以往更有動力追隨他的教誨——每當生命給你機會的時候，記得要全力以赴，別忘了要快樂。

老心理醫生（Vieux psychiatre）

我的教子歐飛，與他的妹妹歐荷來家裡作客。我請他們給女兒的魚換水。排空水族箱之前，他們得用小撈網兜住魚。他們當然互不相讓吵了起來。歐飛是個小心謹慎的男孩，責備歐荷太粗魯了：「慢點！妳想嚇死那條大隻的魚嗎！沒看到牠都那麼老了。是不能嚇老人的：他們是會被嚇死的！」怎麼說呢？被逗笑了之後，我也有些被嚇到：因為，自己竟然認同於這隻老

魚，而不是認同於小孩！甚至，我也以為他們說得有道理，驚嚇對我的心臟不好（對任何人也是不好的）。這個有趣的小插曲，倒是個好建議，也好好地提醒了我要注意健康。「聽到了嗎，老兄！繼續努力減輕自己的焦慮吧！」

面孔（Visage）

真好玩，我發覺在這本書裡（至少在這本入門書的法文版裡），面孔一詞剛好在櫥窗一詞之前。我並沒有刻意如此安排，即使這會讓我高興。面孔，就是我們情感的櫥窗。我們當然可以在任何情況下，學習培養沉著鎮定，也就是美國人所謂的撲克臉，即是撲克牌玩家泰然處之的臉孔，希望對手永遠不知道自己的感受，不知道自己拿到的是好牌還是壞牌。如果你將生命看做是一場規模龐大的撲克牌競賽，想必是要好好練就一張撲克臉，虛張聲勢嚇唬對手，贏得賭金。否則，寧可把力氣花在別的地方，讓情緒自由地在臉上呼吸。別忘了，這就跟大腦的運作一樣——心靈總是比較容易反芻負面的情緒（勝於反芻正面情緒），面孔也是一樣。臉上保持眉頭深鎖的時候，總是比幸福笑顏的時間來得長。應該試著重新平衡一下了吧！

櫥窗（Vitrine）

這是童年記憶裡一個偉大的時刻！在塞文山脈（Cévennes）爺爺居住的貢吉（Ganges）小鎮上，就在他經常帶我去喝石榴汁的里奇咖啡廳對面，當時有一家叫做「雜貨」的商店。那裡賣的都是一些除了食物和衣服以外的東西，像是掃帚、墨水管、

平底鍋、洗衣粉、梳子……還有玩具！滿坑滿谷的玩具，真像阿里巴巴的寶穴。那個年代的孩子不像現在的孩子有這麼多玩具，因此，當他們面對玩具的時候，就更是怦然心動了。

有一天，我跟爺爺一起散步閒逛到了這家商店前面，櫥窗剛剛換新，真是令人嘆為觀止！櫥窗裡是一片西部場景，布滿著數不勝數的「小騎兵」。印第安村落裡搭著一個帳篷，還有徒步和騎馬的戰士；遠一些，牛仔們駕著一輛公共馬車走近；更遠一些，有一座木製的防禦碉堡，不禁讓人想起了阿拉莫（Alamo）要塞[1]。很長一段時間，我跟爺爺就這樣站在櫥窗前面，興致勃勃地品評著這片場景。就在我們轉身要離開的時候，爺爺看了我一眼，詭異地一笑，說：「走，我們進店裡去。」爺爺認識貢吉鎮裡所有的人，因此，我本以為他是要去跟老闆閒聊。但是，一進到店裡，我就聽到爺爺說：「整個櫥窗都買了，給這位小朋友！」女店員小心翼翼地把玩具一件一件地裝起來，於是，我們就抱著好大的箱子離開了……

真是有趣，當時彷彿浸淫在一陣濃烈快樂的氣息中，如此永遠定格在內心的記憶裡。我當然還有很多其他關於爺爺的記憶；但是，每次回想起來，終究還是這個記憶最令我印象深刻，最讓我感動。因為，爺爺一點也不富裕。那一天，他肯定是傾家蕩產，只為了延長我們兩人共享的那段孩子般雀躍的美好時光……

爺爺，感謝你所做的一切；曾經認識你，真是太棒了！

在他人身上，看到正面（Voir le positif chez autrui）

在我身上，還存留著童年歲月裡，在別人面前經常會有的自慚形穢與不知所措（我常常覺得其他人比我聰明、比我好看，或者比我有才華）。我很容易看到他人身上那些令人崇拜讚賞的地方。

在這方面，我只保存了那些年的經驗對自己最有益的地方——能夠為他人的優點而高興。並且，避免了最糟糕的一面——在比較之中，我可以欣賞敬佩他人，但不會因此而貶低自己。很幸運的是，我從來不需要經過「優越感情結」那道關卡；也就是，為了不想自慚形穢而不再欣賞他人，甚至不惜蔑視他人。

護窗板（Volets）

有一年夏天，昏熱的白晝過去之後；睡覺時，所有的窗戶都大開著，以便讓夜晚的涼風吹進屋裡。到了凌晨三點鐘左右，一場大雷雨開始陣陣作響。真是再好不過了，可以清涼降溫。然而，這傾盆大雨同時也意味著，大開的窗戶周圍會因為雨點灑進來而積了點水。雷雨的聲響吵醒了我，加上擔心會淹水的念頭（缺一不可），促使我半夢半醒地從床上起來，巡視屋內並且關上房子裡所有的窗戶。小女兒也因為同樣的原因起身。我問她：為什麼在這個時候起床？她解釋說自己也是起來關窗戶的。在這個家裡，就屬我們兩個是最容易會擔心的人，所以也難怪會在這個時間點出現。然而，我還是不免想到兩件事情。

第一是，在她這樣的年紀，竟然已經覺得有責任起身關家裡的窗戶了（不過，她就是這樣，就是如此自動自發、有責任感又有同情心）。第二是，看起來沒什麼，可是暗地裡焦慮卻讓我

們為他人服務。好，我很清楚這種情況，只不過此時又再一次確認了。當另外三位「老神在在」的家人呼呼大睡的時候，我們這兩個「憂心忡忡」的人，就上下巡邏，還兼來回拖地。就因為這樣，她們可以翻個身繼續呼呼大睡。明天早上，那三位愛睡覺的會比我們這兩個來得有精神些，更有精力嘻笑打鬧。這就是所謂的人才組合，不是嗎？

意志（Volonté）

意志，已經不再是心理學上的時髦用語。然而，在正向心理學，還差強算得上時髦。哲學家阿蘭在自己的《談話錄》（Propos）中指出：「悲觀主義源於情緒，樂觀主義則是意志。」對於阿蘭來說，毫無疑問，人類的本質是悲傷的，就如空氣的實質是清新的一樣。因此，他寫下了「所有放縱自己的人，都是悲傷的」、「嚴格來說，情緒，永遠都是壞的」等等。如果我們放縱自己的本性，我們之中的許多人就會順著斜坡往下走。與阿蘭生於同一個時代的紀德（Gide），在著作《日記》（Journal）裡建議道：「順著斜坡是很好的，然而，要是上坡才行。」準備努力精進，滿懷毅力和謙遜，這些都是提升幸福的方式。還有其他不是我們可以決定的因素，像是依賴運氣或是借助他人的好意。我們需要所有能夠提升幸福的途徑。

悲傷之旅（Voyages de tristesse）

悲傷之旅，是指所有步上悲傷哀愁的旅途，像是探望得了重病的親人、參加朋友的葬禮等等。這種旅行的基調，是沉重的、

痛苦的，亦是怪異的，為生命添加了一種不尋常的重力。這樣的行旅，就像走在一片沒有鳥叫的森林之中，每一個腳步都不輕鬆，每一個腳步都不尋常。每一個腳步，都讓我們走近痛苦和死亡——擔憂即將死亡的心愛之人，也有點思忖起我們自己的死亡。每個細節，都感動著我們，所有的相會都是強烈的。下榻旅館中接待員的面容、醫院護士的眼神，接待並且引領我們到病房；走廊的味道，進入病房以及看見病人的第一眼；或者教堂前的廣場，然後是通往墓地碎石子路的聲音。

節哀，不要再為痛苦裡添加悲傷。輕柔地感受著什麼是可能說的，也許是必要說的話。什麼是適宜的舉止、合適的話語。不要假裝掩飾什麼，也不要在安慰他人的時候哭泣，不要在應該講講天空、陽光、生命的時候，添加沉重。而是感受這一切，紮實地活在當下。

每一秒都誠心專注。每句話、每個緘默，都是沉重不已。一句溫暖的話語，可以超乎想像地，溫暖著我們的心。而一句中傷的話，也能使我們哀痛不已，一蹶不振。沒有什麼是輕鬆的。每一次的呼吸裡，都瀰漫著悲慘的氣息——這也就是悲劇，提醒著我們，痛苦和死亡，從來都是離笑聲和生命不遠的。難以形容的混雜心情，交織著悲傷，難以置信，對所有細節的極度敏感，所有的事物都能滲透到內心裡面。彷彿呼吸著來自於冥界的氣息，走在深淵的邊緣。然而，鳥兒還是依舊在我們身邊歌唱。雲彩依舊在高高的天空上飄著。

然後，是歸程。一點也感覺不到比較輕鬆，只是暫且喘息一下，壓力或許比較不那麼強烈罷了。而回憶衝撞搖撼著我們，讓我

們完全無法整理出頭緒。動物性又原始本能的記憶，充斥著各式的影像、聲音、氣味、印象、暈眩，以及情感。沒有辦法賦予這一切任何意義。沒有任何意義。僅僅是溫柔如棉的痛苦，夾雜著尖銳傷人的刺針，迫使我們更竭力地呼吸，迫使我們更專注地看著火車窗外飛逝過的一切，讓我們重新連結生命。

慢慢消化著自己所經歷的一切。感覺好似不可能，或者會很難重新拾起生命。但是，我們又很肯定自己能夠重新拾起生命。行動，就是最好的止痛劑；行動，可以讓我們遺忘這一切。跟死亡世界交鋒一遭之後，再次輕而易舉地恢復生活，真是讓人既放心又不安。

有時候，突然一道強烈的光芒，照亮一切。一個陌生人突如其來的微笑，我們規律的呼吸撫慰著自己，讓自己平靜下來。抬起頭來，看著飄過的雲彩。陽光，正從雲端小小的裂縫之中，穿透出來……

1.編註：位於美國德州，最早由傳教站改成的要塞。德州獨立戰爭時被墨西哥軍隊包圍，在長達十三天的戰鬥後，墨西哥軍隊攻佔阿拉莫，所有男性抵抗者均被處死；幾週後，德州的軍隊以「銘記阿拉莫」為口號，擊敗墨西哥軍隊，德州獨立，復加入美國。

瓦爾登湖
Walden

哲學家梭羅在湖畔住了兩年，
就住在樹林裡的小木屋。
我夢想去那裡：這樣好嗎？
畢竟，不能實現的夢想，總是比較美的……

睡美人列車（Wagon de la Belle au bois dormant）

在一列清晨的火車上，出發半個小時之後，我從埋讀的書裡抬起頭來，發現了一個驚人的景象：每個人都在睡覺。我還從來沒有見過這樣的情形，列車裡所有的人睡著了。我覓尋著是否還有另外一些像我這樣睡不著的眼睛；找不到，當下這一刻我是唯一醒著的人。於是，我好好地欣賞眼前這一幕（不確定在生命裡，是否常常能有如此的機會）——有些人仰頭向後，嘴巴張得大大的；有些人彎著手臂支著頭；還有一些人，隨著夢境和火車的晃動變換姿勢。我抱著好玩又善意的心態，一一看著這些置身夢鄉的面孔和身體。幾乎對他們滿懷著責任感，就像正看著自己女兒小時候睡覺一樣。我很喜歡這樣，期望著沒有人會走過車廂打擾此刻的寧謐，自己是唯一的守望者；就像起得很早，當大家都還在睡覺的時候，我開始打坐或工作。這並不是什麼優越感，而是滿足了自己孤獨的社會性格——我單獨一人安靜自若，而其他人就在不遠處，對我一無所求。同時也是自我孤獨的幸福，又有所連結的幸福。

瓦爾登湖（Walden）

「我是在麻薩諸塞州康考特鎮（Concord）瓦爾登湖畔，自己建造的一間房子裡，撰寫了這本書裡大部分的章頁。我獨自一人住在森林裡，方圓一英里之內沒有任何鄰居。我自給自足，生活了兩年又兩個月。如今，我又回到了文明生活。」

美國作家亨利・梭羅（Henry Thoreau）的《瓦爾登湖》（Walden）[1] 一書，就是這麼開始的。在這本自傳體的故事裡，

我們看到作者傾心於極簡的幸福，放棄一切不必要的東西。只需一瓦避雨，有東西吃，偶遇其他的人；然而，最主要是，日常生活裡與大自然的接觸。這就是梭羅兩年之中的森林生活，為他帶來深沉寧靜的幸福。這本經典書籍，迷倒了幾代的讀者，從普魯斯特到甘地；是當今環保生態運動的靈感源泉，也被奉為是「遞減幸福」的理想表率。這本書從頭到尾，我都喜歡。書中結論之前的最後一句話，真是樸實的典範：「就這樣，我結束了第一年的林中生活，第二年與第一年類似。最後，我在 1847 年九月六日離開了瓦爾登湖。」

華爾街（Wall Street）

「我在陽台上跟一隻螞蟻賽跑，結果我輸了。於是，我坐在陽光下，想到華爾街那些家財萬貫的奴隸。」這句話顯然是克里斯提昂・博班，對於簡單生活的幸福相對於競逐財富的混亂，所寫下的精闢註腳。

薇依（Weil）

我正在重讀西蒙娜・薇依的書《重負與神恩》（*La Pesanteur et la Grâce*）。在書中精采的序言裡，哲學家古斯塔夫・提邦回憶說，薇依是個不容易相處的人，非常苛刻又理想化。但是，在絕對的理想主義裡，她又是多麼的超然卓越。偉大的靈魂往往都是如此──難以相處，可是讀起來卻又讓人驚豔。

提邦提到西蒙娜・薇依如何認為「選擇」是「一個低水平的概念」：「必須對善惡同等看待，真正的一視同仁；也就是說，

對兩者投射一樣的關注光線。結果是，善會自動勝出。」接著又進一步提到：「當我仍然游移在做與不做一件惡行時（例如是否要占有向我示好的女人、是否要背叛朋友等等），即使是選擇了善，我也一點都沒有超越被自己拒絕的邪惡之上。為了讓『善』行完全真純，我必須超越可悲的游移不定；我行之於外的善，必須確實詮釋出自己的內在需求。」西蒙娜・薇依實在不能算是個隨和的人，不是嗎？然而，暫且在能夠間或做到「純粹」的善行之際，我們也可以開始做一些不很純粹的善行。受惠的人，也許不會那麼講究善行的純度⋯⋯

擔憂（Worry）

一位女性朋友最近送給我一個鑰匙環，上面印著一句看起來與我的調調相仿的英文格言（這也就是她會選來當作禮物送給我的原因）：「Live. Believe. Worry a bit.」我翻譯成：「好好生活。保有信念。再加上一點擔憂。」這句話看起來倒像是食譜，有主要元素（生活），次要元素（信心），還有讓食物更有滋味、不可或缺又有益，但必須只能加入少許的調味料（擔憂）。這道食譜與材料比例，完全適合我⋯⋯

1. 譯註：又譯為《湖濱散記》。

匿名
Anonyme

不幸能夠成就精采的小說。
敘述起來高潮迭起，真正經歷起來卻艱辛萬分。
幸福的生活會無聊嗎？
當然不會：只不過是既歡愉又安靜罷了。

X（X）

X，是匿名的字母。我很幸運，經常能夠遇到匿名讀者對我的友善舉動。我記得在 2011 年十一月的某個星期裡，有兩個好運從天而降。首先是一張非常大的明信片，重現莫內（Claude Monet）維特耶花園（Jardin de Vétheuil）的景緻。讀者署名喬琪特，然後寫著她的姓和居住的瑞士城市。她滿懷友善地感謝我的《情緒》（Les États d'âme）一書給她的幫助。但是，她沒有留下住址。

第二個好運，是在剛參加完與馬修‧李卡德[1]一起的小型發表會上。所有人都離開之後，我才發現到一封寫著我名字的信，靜靜地躺在簽名會的桌子上，好像隨時會被人遺忘了似的。信封裡面有一張 CD，還有兩張明信片，表示感謝我寫的書。這張 CD 精選合輯，多年來曾經陪伴著這位女讀者的心情，而她則是低調到差點讓人忽略了。同樣的，這封信也沒有留下地址，只是署名桑德琳。

這樣的言語舉動，每次都深深地觸動著我。這樣的匿名行為，也總是讓我感動不已，甚至讓我覺得有點不自在，因為不能夠向她們表示感謝之忱。我不禁自問，到底為什麼會有這樣退縮謙讓的舉動呢？是習慣了不願意透露姓名？是痛苦的自我否定？還是來自於不想打擾別人的反射行為？匿名，是因為不想為難我回信和致謝？或者是一種完全謙遜的方式——只想感謝我，不期待回報。或者，這是一種智慧的做法，旨在自我遺忘與減輕自我的心理負擔？這種自我謙退的方式，一直讓我著迷

（想必我離這個境界還太遠）。我非常高興，這兩位女性讀者在這條路上領先了我。

感謝喬琪特和桑德琳的教誨。

匿名行動（X en action）

行善不欲人知，被視為正向心理學裡很好的練習。這對行善的一方很好，對受益的一方當然也非常好（一想到有人只希望我們好，不求感恩，至少不求我們直接表達謝意，真是令人高興）。比方說，留點小費，表示自己滿意所得到的服務，即使我們不會再來這家餐廳或酒吧。然而，原則是：這動作必須不是為了有所圖（像是「留點小費，讓人看得起，有益下次光臨」等等），而是純粹想要讓別人快樂。一位美籍女同事說，當她心情好的時候，在高速公路交流道收費站，會為自己後面的下一位駕駛支付通行費。永遠不會再遇見那個人，也不會收到他的感謝。行善不為人知，能夠讓人提高士氣，也是美化世界的方法──因為這行動將摒除自私，使群體獲益。

詞彙借用（Xénisme）

詞彙借用，就是借用另外一種語言，保持原字不變。在自適與幸福的領域中，詞彙借用之多，真令人驚訝：像是，*cool*（太帥了）、*zen*（禪）、*top*（超厲害）……法國人以愛發牢騷又不擅長幸福著稱，也表現在法文這個語言本身的限制上！

喜旱植物（Xérophile）

喜旱植物,就是能夠存活在乾燥地方的植物。幸福,有時候也必須耐旱,必須像駱駝一樣容易知足。就是能夠在生活中「穿越荒漠」(大家都知道,荒漠是極其乾旱的地方)──在荒漠中,很少被肯定認可、很少成功,有時候甚至連愛情與親情也很少(意味著最艱難又深遠的缺乏)。儘管如此,還是必須不忘記要快樂,不放過飲用所有小小幸福的清涼水源來解渴。

1. 編註:馬修‧李卡德(Matthieu Ricard, 1946-),早年在巴斯德研究院研究分子遺傳學,完成博士論文後決定放棄科學研究生涯,赴尼泊爾喜馬拉雅山區修行;他於1979 年出家成為一名藏傳佛教僧侶,1989 年起擔任達賴喇嘛的法文翻譯。李卡德的父親讓‧弗朗索瓦‧何維爾(Jean-François Revel)是法國政治哲學家、法蘭西學院院士;其母雅娜‧勒杜茉藍(Yahne Le Toumelin)是一名抽象派畫家,後來也出家成為比丘尼。1997 年以他和父親的對談寫成的《僧侶與哲學家》(*Le moine et le philosophe*),獲得廣大讀者的好評,已翻譯成二十一種語言。

陰陽
Yin et Yang

不幸時的幸福是：有人撫慰著你。
幸福時的不幸則如：夏日的最後一天。
以上兩者相隨相繼，滋養著你的生命。
都是好的。

遊艇（Yacht）

有些日子裡，我好想擁有一艘遊艇。這樣的念頭並不會常常出現，只有當我在夏日寧靜碼頭漫步的時候，才會興起。這些時刻，我希望自己也能在日落時分，聽著夏夜暖風送來陣陣帆纜清脆的敲擊聲，在美麗的甲板上小酌一杯。不過，念頭一下子就飛跑了，也不會讓我難過。這種幾分鐘的一陣豪華夢想，讓我開心，又不會留下任何苦澀。羨慕有錢人嗎？聽聽聖奧古斯丁曾經怎麼說的：「我們只看到有錢人所擁有的，卻看不到他們所欠缺的。」

沒問題先生（Yes man）

沒問題先生，是金凱瑞（Jim Carrey）主演的一齣喜劇片的主角。主人翁離婚之後，退縮回自己的世界，拒絕一切別人對他的建議，如出遊、參加各類活動等等。無所不在的保護層，毫不猶疑地抗拒生命裡逐一到來的新鮮事；除了安全無虞或沉悶不堪的日常例行，他一概拒絕其他所有事物，因此變得匱乏。有一次，接受一位朋友的告誡之後，主人翁報名參加了一個成長營隊，學習讚頌肯定的美德與力量。結果，他完全顛覆了自己的生活——一堆不完全是愉悅的事件層出不窮，顛覆了他的判斷基準，結果，他的生活添加了許多歡樂，也添加了無窮的壓力。電影很誇張諷刺，然而，傳遞的訊息卻很中肯——為了拒絕而說「不」，通常可以保護我們，但卻無法帶來滋養；為了接受而說「是」，雖然顛覆我們，但是，也能帶來豐富的生活。

陰陽（Yin et yang）

太極圖，象徵二元性，也象徵陰與陽
之間，相互依存以及相互融合。

陰與陽，是中國道家哲學裡支配世界的兩大原則，也就是全然的互補以及相互依存；兩者缺一，就不能存在。陰代表女性，陽則代表男性。正向心理學遵循道的教誨，也提醒人們，幸福的核心裡可能會出現不幸，反之亦然。生命經常向我們證實，幸福與不幸兩者，不僅相依相隨，而且可能纏結一塊，或者各自獨立。

至少隨著時間流逝，有時候，不幸裡存在著幸福。就像，今日的失敗將成為明日的轉機；或者，在家人的葬禮上，大家欣喜能夠在哀傷中齊聚一堂。

有些時候，幸福裡也夾雜著不幸──就在我們意識到幸福會改變、扭曲，或者離我們遠去的時候。例如，那些看著孩子長大離家的父母們，因為孩子有能力展翅高飛而感到快樂，同時也不免帶著輕微的不快樂，因為他們知道，在日常生活裡，不久就得與孩子們分開了。

太好了！（Youpi!）

除非是在爛書，或者是在爛片裡，否則沒有人會再用「Youpi!」

這個表達熱情的口頭語了[1]。這個字的起源已經不太可考，應該是個借用詞彙，就像在正向心理學裡有許多借用詞彙一樣：像是英文裡的 *Whipee* 或美式英語裡的 *Yippee*，都是熱情的呼喊。而您呢，什麼才是您內心或外在的熱情歡呼聲呢？

1. 譯註：法國年輕人已經不再使用 Youpi 一詞了。

禪
Zen

禪之道：精進以期減輕負擔。
不要試圖想要解決一切，
讓死結慢慢消蝕吧。
生命的每一天，坐下來，
沉思，打坐。我在。

Z

轉台（Zapper）

起初，電視觀眾是為了避開廣告而轉台。在英語裡，*to zap* 是指開始「屠殺、射擊、除掉」。之後，這個字被用來形容以一種快速又膚淺的方式，從一個節目跳到另外一個節目，不僅僅在廣告的時段，而是，只要當節奏放緩或者缺乏興趣的時候，就會轉台（結果，導演就把原本每三分鐘的高潮頻率，調製成每三秒鐘切換一次影像）。最後，轉台的意思就變成，只要注意力降低就改變想法或主題。所有關於這個現象所進行的研究都證實：無論對專注力、智力或者幸福感而言，思維切換的習慣都是有害的。

斑馬（Zèbres）

幾年前，美國有一本暢銷書如此問道：「為什麼斑馬不會潰瘍？」這個問題比乍看之下顯得更重要。想像一下，如果您自己變成了斑馬……生命勢必經常受到威脅，因為在您生活的大草原上，您是大型食肉動物最喜歡的獵物。獅子總是以您為狩獵的對象，而您通常都能夠死裡逃生，但是仍然不免驚險萬分！在您心裡，可能會有很多可怕的記憶。每天夜晚，都會從差一點被擭住的連連惡夢邊緣驚醒過來。下一回，當您到水邊解渴的時候，總是會非常焦慮地想著：萬一有獅子（或者更確切地說，是母獅子，因為獵食是她們的工作）躲在角落裡伺機而動呢？

總之，如果斑馬有像我們一樣的大腦，牠們很可能滿是潰瘍。因為，牠們不僅是被獅子追逐的時候會焦慮，甚至在被追逐之

前以及之後都是焦慮。也就是說，牠們一輩子都會生活在焦慮之中。幸好，牠們的大腦不像我們這樣運作。斑馬沒有潰瘍，因為牠們只活在當下。只有在危險的當下，牠們才萬分焦慮。一旦危險過了，就不再焦慮，只享受眼前。我們實在應該學會像斑馬一樣……

禪（Zen）

事實上，大乘佛教分支下的禪，一點也不好玩、一點也不輕鬆！總之，一點也不禪。到底是在怎麼樣的情況下，讓「禪」在我們的想像，以及我們所使用的詞彙中，竟然與輕鬆的概念聯結在一起呢？無論是石頭宗，半閉雙眼、面壁冥想數小時，或者是臨濟宗，以大家無法解決的矛盾悖論著稱的公案，任其溶解於沒有意義的空虛裡。說實話，禪，一點也不輕鬆，而是非常嚴苛的。然則，禪也有讓我們接近幸福願景的地方——像所有大乘佛教的教理，禪宗主張眾生本身皆有能力達到覺悟。除此之外，沒有其他要實現或發現的了。只需要從空無中解脫自己，超越那些阻塞生活以及心靈的長物就可以了。就像聖－艾修伯里（Saint-Exupéry）所說的：「看來，達到完美的境地，並不是不再需要補充什麼；而是，沒有什麼可以刪除了。」對於幸福來說，不也是一樣嗎？

變焦放大（Zoom）

一個完美的夏日午後，不太熱，帶點暖風，也沒有擾人的蒼蠅在我身邊飛旋。就這樣躺在花園的草地上，隱約思忖著要閱讀

或是午睡一下。但是，在此之前，我端詳起緊貼著地面的景象
——那是一片歡樂的叢林，不可思議地混合著植物風光，由各
類青草以及野花所組成；裡面隱藏著勃勃的生機，有或漫步或
做工的昆蟲。然而，匆忙或緊張的眼睛，看不見這樣充滿著亂
鑽振動能量的生活景緻。靈魂向我低語：「真美。」身體向我
輕訴：「真好。」身心兩者都要求我在那裡多待一會兒，盡力
將鼻子貼近土地。我覺得自己不僅僅是在欣賞，或者轉變想法；
而是，正在與生命的力量連接。很難用言語來形容清楚。我不
禁想起了韓波（Rimbaud）以及他的詩作《感覺》（Sensation）。
您是否也願意，我們以此詩，作為這本幸福指南的結語呢？

夏夜湛藍之際，我會走上小徑，
穀穗輕刺著，我踩過淺草：
愛夢想的我，會感覺到絲絲的涼意滑過腳邊。
任由風兒梳理撫觸我的頭。
我不發一語，也不想什麼，
但是無限的愛，直襲靈魂；
我將遠遊、遠遊，像那吉普賽人，
快樂地漫步於大自然裡——彷彿有女子並肩同行。

結語

當我死去的時候

「在雪雨交織的加油站裡，等待著裝滿汽車油箱之際，我突然想到，自己還活著；天上榮耀，隨即轉化了眼前所見到的一切。不再有什麼是醜陋的，也不再有什麼是令人無動於衷的了。我終於瞭解，被剝盡一切的瀕死之人。我要代替他們品嘗，並且默默獻上每一秒鐘無情的壯麗。」

——克里斯提昂・博班，《天空廢墟》

我常常會想到自己的死亡。

我記得很清楚，自己第一次與死亡的相會，是在一個令人驚恐又害怕焦慮的夜晚。當時，還是小男孩的我，腦海裡突然爆發這樣的想法：有一天，你也會死，永遠的消失，再也不會回到這個世界。我記得很清楚那個夏天的夜晚，那個房間，自己睡覺的那張床。還有，自己那樣的痛苦和深不可測的寂寞。我不記得，被我哭泣的睡夢驚醒過來的父母，是否對我說了什麼安撫的話。只記得被焦慮緊緊地攫住，然後放開，好似一個可怕堅實又有力的手腕，抓住了一隻無憂無慮飛翔的麻雀，然後釋放：「鳥兒，沒什麼好急的；我會再找到你的。」那次以後，這樣的焦慮從來沒有離開過我。之後，我的專業也讓我知道，這樣的焦慮不會放過任何人。沒有人可以逃脫。真的沒有。

因此，就像所有人一樣，我常常會想到自己的死亡。這就是為什麼，我也像所有人一樣，如此熱愛幸福。面對未來終有一天會消失的事實，面對這個隱密又持續的意識，幸福，就成了無可匹敵的解藥。相形之下，金錢、名譽、肯定、崇拜，不過是為了讓人暫且遺忘事實的平凡藥水。就像那些多糖飲料，是無法真正解渴的。唯有幸福，才是靈汁，讓我們享用生命的況味，並且讓我們有力量知道死亡的存在。就像清水活泉安撫著我們，總在生命和生活的某個地方，源源不斷地流著。

一個春天的早晨。

今年的冬天非常嚴酷難熬，有時候甚至十分淒楚。親人去世，我生病。這兩件事情不能相提並論，但是卻一起到來。儒勒‧何納在《日記》一書中寫道：「病痛，是死亡的練習。」隨著年齡的增長，我們覺得自己老了。長久以來，病痛只不過是可以不去上學的藉口罷了，終究是會痊癒的。如今，疾病卻變得像戰爭裡沒有射中我們的子彈；會讓我們受傷，卻不會要我們的命。是在向我們宣布故事的結束，對我們耳語：「該準備離開了。」我們只需傾聽病痛，微笑，然後繼續前行。

春天。就在今天早上，在身體的每一個細胞裡，明顯而強烈地感受到春天的到來。

窗戶大開，敞向星期天早晨的空氣與光線，也敞向星期天的樂章。我辨識出星期天早晨裡，千般喧嚷中特有的安靜。太陽出來了，風有點涼，但是慢慢就會變得溫煦。在家裡，各人做著各自的事情。孩子們玩著，我們可以聽見他們的歡聲和笑語，

不斷從一個角落遊移到另外一個角落。遠處傳來手搖風琴微微哀傷的曲調，旋繞著一縷智慧的悲傷，是一種讓人還會想要生活與微笑的悲傷。

待會，朋友們來家裡午餐，我們會品點好酒，一起談天說地。霎時，我會從談話中抽離出來，面帶微笑雲遊去了。我會意識到鳥兒高歌，還有蟲兒啃噬園裡花卉的窸窣。我還會察覺到，蜜蜂沾滿了花粉，從花朵裡退出來。我會想到蜂蜜的奇蹟。自己身邊的談話聲，化為嗡嗡的幸福快樂，我甚至不會想要明白這到底意味著什麼。

鄰近的教堂，鐘聲響起。

我不再需要任何事物。就在當下這一刻，我現在就可以死去。我已經見識到了幸福。我常常猜想著，幸福到底是什麼模樣；也常常感覺到，幸福的存在。我常常聽到幸福在我身畔呼吸，或者就在我身後。我可以離開了。可以把自己的位置讓給別人。我已經享用了自己該有的份額。降臨在我身上的一切，就像一連串令我受之有愧的恩典；然而，隨著越是攀升的奇蹟，我甘之若飴。最終，我會在喜悅中死去。

我真的很想知道，在生命的另一邊，我會發現什麼……

延伸閱讀

○《當生命陷落時：與逆境共處的智慧》（2001），佩瑪・丘卓（Pema Chodron），心靈工坊。

○《轉逆境為喜悅：與恐懼共處的智慧》（2002），佩瑪・丘卓（Pema Chodron），心靈工坊。

○《與無常共處：108 篇生活的智慧》（2003），佩瑪・丘卓（Pema Chodron），心靈工坊。

○《不逃避的智慧》（2005），佩瑪・丘卓（Pema Chodron），心靈工坊。

○《隨在你：放心的智慧》（2005），吉噶・康楚仁波切（Dzigar Kongtrul Rinpoche），心靈工坊。

○《自我評估：愛自己才能更好地與人相處》（2005），克里斯托夫・安德烈（Christophe André），上海人民出版社。

○《快樂學：修練幸福的 24 堂課》（2007），馬修・李卡德（Matthieu Ricard），天下雜誌。

○《幸福的藝術：品味幸福的 25 課》（2008），克里斯托夫・安德烈（Christophe André），北京三聯書店。

○《踏上心靈幽徑－穿越困境的靈性生活指引》（2008），傑克・康菲爾德（Jack Kornfield），張老師文化。

○《生命不再等待》（2008），佩瑪・丘卓（Pema Chodron），心靈工坊。

○《達賴喇嘛：心與夢的解析》（2008），法蘭西斯可・凡瑞拉（Francisco J.Varela），大是文化。

○《美好五分鐘：平靜專注的一百則練習》（2009），傑弗瑞・布蘭特力、溫蒂・米爾斯坦（Jeffrey Brantley & Wendy Millstine），心靈工坊。

○《情緒療癒》（2010），法蘭西斯科・瓦瑞拉博士等（Francisco J.Varela, Ph.D., etc.），立緒。

○《是情緒糟，不是你很糟：穿透憂鬱的內觀力量》（2010），馬克・威廉斯等（Mark Williams, Ph.D., etc.），心靈工坊。

○《第七感：自我蛻變的新科學》（2010），丹尼爾・席格（Daniel J. Siegel），時報。

○《智慧的心：佛法的心理健康學》（2010），傑克・康菲爾德（Jack Kornfield），張老師文化。

○《喜悅的腦：大腦神經學與冥想的整合運用》（2011），丹尼爾・席格（Daniel J. Siegel），心靈工坊。

○《不被情緒綁架：擺脫你的慣性與恐懼》（2012），佩瑪・丘卓（Pema Chodron），心靈工坊。

○《正念的奇蹟：每日禪修手冊》（2012），一行禪師（Thich Nhat Hanh），橡樹林。

○《正念：八週靜心計畫，找回心的喜悅》（2012），馬克・威廉斯、丹尼・潘曼（Mark

Williams, Ph.D. & Danny Penman），天下文化。

○《減壓，從一粒葡萄乾開始：正念減壓療法練習手冊》（2012），鮑伯‧史鐸、依立夏‧高斯坦（Bob Stahl, Ph.D. & Elisha Goldstein, Ph.D.），心靈工坊。

○《放輕鬆：揮別壓力的正念減壓法》（2012），傑弗瑞‧布蘭特力（Jeffrey Brantley），法鼓文化。

○《禪修的療癒力量：達賴喇嘛與西方科學大師的對話》（2012），喬‧卡巴金、理察‧戴衛森、薩拉‧豪斯曼（Jon Kabat-Zinn, Richard J. Davidson & Zara Houshmand），晨星。

○《正念父母心：享受每天的幸福》（2013），麥菈‧卡巴金、喬‧卡巴金（Myla Kabat-Zinn & Jon Kabat-Zinn），心靈工坊。

○《情緒大腦的祕密檔案：從探索情緒形態到實踐正念冥想》（2013），理查‧戴維森、夏倫‧貝格利（Richard J. Davidson & Sharon Begley），遠流。

○《不害怕：各種恐懼症以及怎樣克服恐懼症》（2013），克里斯多夫‧安德烈（Christophe André），湖南文藝出版社。

○《正念減壓初學者手冊》（2013），喬‧卡巴金（Jon Kabat-Zinn），張老師文化。

○《當下，繁花盛開》（2013），喬‧卡巴金（Jon Kabat-Zinn, Ph.D.），心靈工坊。

○《自尊的力量》（2014），克里斯托夫‧安德烈（Christophe André），北京科學技術出版社。

○《生命如此美麗：在逆境中安頓身心》（2014），佩瑪‧丘卓（Pema Chodron），心靈工坊。

○《重新學會愛：在傷痛中自我修復，創造幸福》（2015），鮑赫斯‧西呂尼克（Boris Cyrulnik），心靈工坊。

○《靜能量：找回內在平衡的 25 個心靈處方》（2014），克里斯多夫‧安德烈（Christophe André），心靈工坊。

○《一日一冥想：25 堂名畫課帶你走向靜心，活出完全覺知的自己》（2015），克里斯朵福‧翁德瑞（Christophe André），自由之丘。

○《你是盡責憂慮者嗎？：別再杞人憂天，找回平靜人生》（2015），伊利特‧科恩（Elliot Cohen），心靈工坊。

○《找回內心的寧靜：憂鬱症的正念認知療法（第二版）》（2015），辛德‧西格爾、馬克‧威廉斯、約翰‧蒂斯岱（Mark Williams, Ph.D., etc.），心靈工坊。

國家圖書館出版品預行編目資料

記得要快樂 : A 到 Z 的法式幸福 / 克里斯多夫．安德
烈 (Christophe Andre) 作 ; 慕百合譯．
-- 初版 . -- 臺北市 : 心靈工坊文化, 2015.12
　面 ; 　公分
譯自 : Et n'oublie pas d'être heureux : Abécédaire de
psychologie positive
ISBN 978-986-357-051-6(平裝)

1. 心理學

170　　　　　　　　　　104025788

HO 102

記得要快樂
A 到 Z 的法式幸福
ET N'OUBLIE PAS D'ÊTRE HEUREUX
Abécédaire de psychologie positive

作者——克里斯多夫‧安德烈（Christophe André）
譯者——慕百合

本書獲法國在台協會《胡品清出版補助計畫》支持出版
Cet ouvrage, publié dans le cadre du Programme d'Aide à la Publication 《Hu Pinching》,
bénéficie du soutien du Bureau Français de Taipei.

出版者——心靈工坊文化事業股份有限公司
發行人——王浩威　總編輯——王桂花
責任編輯——徐嘉俊　特約編輯——陳民傑　美術設計——雅堂設計工作室
通訊地址——10684 台北市大安區信義路四段 53 巷 8 號 2 樓
郵政劃撥——19546215　戶名——心靈工坊文化事業股份有限公司
電話——02-2702-9186——02-2702-9286
Email——service@psygarden.com.tw　網址——www.psygarden.com.tw

製版‧印刷——中茂製版分色印刷事業股份有限公司
總經銷——大和書報圖書股份有限公司
電話——02-8990-2588　傳真——02-2290-1658
通訊地址——248 新北市新莊區五工五路二號
初版一刷——2015 年 12 月
ISBN——978-986-357-051-6
定價——600 元

ET N'OUBLIE PAS D'ÊTRE HEUREUX : Abécédaire de psychologie positive
Copyright © ODILE JACOB, 2014
This Chinese language COMPLEX CHARACTERS edition is published by arrangement with Edition Odile Jacob, Paris, France, through Dakai Agency.
Complex Chinese Edition Copyright © 2015 by PsyGarden Publishing Company